MIT GOTT STREITEN

QUAESTIONES DISPUTATAE

Begründet von
KARL RAHNER UND HEINRICH SCHLIER

Herausgegeben von
PETER HÜNERMANN UND THOMAS SÖDING

169

MIT GOTT STREITEN

MIT GOTT STREITEN

NEUE ZUGÄNGE ZUM THEODIZEE-PROBLEM

KARL-HEINZ MENKE
GERD NEUHAUS
MAGNUS STRIET
HARALD WAGNER

HERAUSGEGEBEN VON
HARALD WAGNER

HERDER

FREIBURG · BASEL · WIEN

Die Deutsche Bibliothek – CIP-Einheitsaufnahme

Mit Gott streiten : neue Zugänge zum Theodizee-Problem / hrsg. von Harald Wagner. – Freiburg im Breisgau ; Basel ; Wien : Herder, 1998
(Quaestiones disputatae ; 169)
ISBN 3-451-02169-2
NE: Wagner, Harald [Hrsg.]; GT

Satz: Ulrike Stehling, Münster
Druck und Bindung: Difo-Druck, Bamberg 1998
Gedruckt auf umweltfreundlichem, chlorfrei gebleichtem Papier
ISBN 3-451-02169-2

Inhalt

Vorwort

Die Behandlung des Theodizeeproblems in der neuzeitlichen Theologie darzustellen heißt eigentlich: Sinn und Legitimation von Theologie unter neuzeitlichen Bedingungen überhaupt zu bedenken und zu beschreiben. Das *Gottesproblem überhaupt* – unter den Bedingungen und Vorzeichen neuzeitlichen Denkens – kommt ins Spiel. Wie läßt sich denn ein Gott denken, der angesichts von unermeßlichem Leiden »alles so herrlich regieret«? Wird auf der Schiene von »Lösungen« des Theodizeeproblems Gott nicht als eine Wirklichkeit verstanden, die das Faktische und Bestehende legitimiert? Muß Gott so nicht geradezu zu einer zynischen Rechtfertigungskategorie werden für Menschen, die mit unsäglichem Leid umzugehen haben? So läßt sich verstehen, daß das theologische Problem der Theodizee eigentlich immer mehr zu einer *Kritik der Theodizee* wurde. Daß man dann neue Ansätze auf dem Weg der Christologie sucht, weil nur in geschichtlich-empirischer Konkretheit der Zugang zum Leiden und seiner Bewältigung eine Theologie der Theodizee – ein Reden von Gott angesichts scheinbarer »Abwesenheit Gottes« – verantwortet werden kann, entspricht der christologischen Zentrierung neuzeitlicher Theologie überhaupt, verharmlost aber u.U. die Frage nach der Allmacht Gottes, die ja bei der Theodizeefrage direkt im Spiel ist, und opfert eigentlich das Gesamt metaphysischer Fundierung des Gottesproblems. Steht man dann also in neuzeitlicher Frage nach Theodizee rasch bei der Frage nach *dem Menschen* – und der Valenz seiner Selbsterfahrung (Freiheitsbewußtsein) und Welterfahrung, so wird die Theodizee zur Anthropodizee, verliert aber damit auch ihren – im engeren Sinn – theologischen – und auch eschatologischen Stachel. Wenn es richtig ist, daß im neuzeitlichen Bewußtsein Anthropologie immer nur sozial betrieben werden kann, also unter der Voraussetzung der Sozialität des Menschen (Gemeinschaft, Gesellschaft), dann verschiebt sich das Problem auch theologisch von einer Individualanthropologie – wo die Frage nach Sinnkonstitution und damit auch Subjektkonstitution zentral ist – zur Frage nach der Freiheit und ihrer Sinnhaftigkeit in gesellschaftlichen Zusammenhängen. *J.B. Metz* ist rechtzugeben, wenn er anmerkt: »Wer etwa antwortet dem Freiheitsanspruch der vergangenen Leiden und Hoffnungen, wer antwortet der Herausforderung der Toten, wer sensibilisiert das Gewissen für ihre Freiheit, wer kultiviert die Solidarität mit ihnen, zu denen wir selbst übermorgen gehören werden? Wer schließlich kann sein Verständnis von Freiheit auch mit jenen teilen, die nicht den emphatischen Tod in der vordersten Front eines revolutionären Befreiungskampfes sterben, sondern die den schrecklich banalen, verheißungslosen Tod des Alltags sterben? Wer insistiert auf *diesen* Dimensionen unserer Geschichte der Freiheit? Eine Gesellschaft, die diese Dimension ignoriert, bezahlt mit dem wachsenden Verlust an eigener anschaulicher Freiheit.«[1] Die alte Geschichtsphilosophie und -theologie wird hier mit deutlicher gesellschaftlicher Wende weiterbetrieben.

Vieles wäre noch zu neuzeitlichen Bewältigungsversuchen des Theodizeeproblems anzumerken. Das kann natürlich nicht im knappen Vorwort zu diesem Band geschehen, zumal auch gute Zusammenfassungen zu diesem Punkt vorliegen.[2] Auch beschränken sich die Beiträge auf die *systematische* Perspektive. Das ist weder eine Abwertung von z.B. biblischen Grundlegungen - auch in systematischen Abhandlungen heutiger katholischer Dogmatik bzw. Fundamentaltheologie ist die Hl. Schrift stets präsent - noch von pastoraltheologischen, religionspädagogischen und anderen Anwendungen. Jedoch sind wir der Ansicht, daß es nicht nur aus quantitativen Gründen eine Beschränkung braucht, sondern daß gerade die systematischen Fächer eine solche Beschränkung, die ja eine Reduktion auf reflektierte Grundlinien und Leitgedanken bedeutet, liefern können und sollen. Natürlich ist auch hier keine Einheitlichkeit festzustellen. Deshalb ist auch eine »Quaestio Disputata«, die *unterschiedliche* Aussagen vereint (welche im übrigen den Autoren vorlagen, so daß wechselseitige Bezugnahme möglich war), der faktischen Diskussionslage angemessen.

Im ersten Beitrag dieses Bandes, *Theodizee und Glaubensgeschichte. Zur Kontingenz einer Fragestellung*, fragt *Gerd Neuhaus* nach den realen Bedingungen des sittlichen Bewußtseins, das sich im Protest gegen den Schöpfergott und seine Schöpfung äußert. Genauerhin geht es um die Frage, ob das sittliche Bewußtsein seiner selbst überhaupt mächtig ist oder ob es sich am Ende nicht gar als abhängig erfährt von dem, wogegen es aufbegehrt: der Welt, gegen die es protestiert. Von Camus unterscheidet Neuhaus deshalb ein Absurdes zweiter Ordnung, »in der sich das sittliche Bewußtsein hinsichtlich seiner Genese als Teil jener Welt erweist, der ihr Veto doch gilt«. Infrage gestellt werde dadurch

---

[1] *J.B. Metz*: Zur Präsenz der Kirche in der Gesellschaft, in: Freiheit in Gesellschaft (Reihe: Kirche im Gespräch), Freiburg 1971, 70f.

[2] Z.B. die Publikationen von *W. Sparn* (u.a.: Mit dem Bösen leben. Zur Aktualität des Theodizeeproblems, in: NZSTh 32 (1990) 207-225); *H.-G. Janßen* (Das Theodiezeeproblem der Neuzeit. Ein Beitrag zur historisch-systematischen Grundlegung politischer Theologie, Frankfurt/M. 1982; ders.: Gott - Freiheit - Leid. Das Theodiezeeproblem in der Philosophie der Neuzeit, Darmstadt 1989) und *C.-F. Geyer* (Das Theodizeeproblem heute, in: NZSTh 17 (1975) 179-194).

aber die Autonomie des sittlichen Bewußtseins. Anders, so Neuhaus, die Struktur des biblischen Jahweglaubens: Der als abwesend erfahrene Gott ist hier diejenige Größe, die es erlaubt, Widerspruchserfahrungen zu objektivieren, ohne - wie das vermeintlich autonome sittliche Bewußtsein - schließlich an diesen Erfahrungen zu zerbrechen, aber auch ohne schließlich an sich selbst zugrunde zu gehen. Im zweiten Beitrag dieses Bandes, *Versuch über die Auflehnung. Philosophisch-theologische Überlegungen zur Theodizeefrage*, stellt *Magnus Striet* das von Dostojewskij seiner Romanfigur Iwan Karamasow in den Mund gelegte Argument in den Mittelpunkt seiner Überlegungen, daß jede im Nachhinein des erlittenen Leides gewährte Wiedergutmachung immer schon zu spät komme; ein Argument, mit dem Iwan sich zutraut, die Theodizeefrage schon jetzt endgültig zu beantworten. Methodisch geschieht dies im Rahmen einer transzendentalen Analytik der Freiheit, der eine grundsätzliche Verhältnisbestimmung von Philosophie und Theologie vorgeordnet ist. Im Gegensatz zu Neuhaus rechnet Striet mit einem sittlichen Bewußtsein, das seine Geltung unabhängig von seiner Genese besitzt, das aber dennoch zu seinem gelingenden Selbstvollzug von faktischen Vorgaben abhängig sein, ja, das ohne das Bewußtsein Gottes erlöschen könnte. Die kritische Auseinandersetzung mit Iwan erfolgt durch eine Reflexion auf das Wesen der menschlichen Freiheit, die als sich selber Gesetz seiend bestimmt wird, und im Rahmen derer die Allversöhnungslehre als Implikat des sittlichen Bewußtseins ausgewiesen wird - ein Implikat aber, das sich offenbarungstheologisch als Versprechen der Treue Gottes zu seiner Schöpfung, ohne daß Gott in der Verwirklichung dieses Versprechens die Freiheit des Menschen überginge, begreifen läßt. Im dritten Beitrag, *Der Gott, der jetzt schon Zukunft schenkt. Plädoyer für eine christologische Theodizee*, trägt *Karl-Heinz Menke* die christologische Perspektive in die Theodizeediskussion ein. Auch Menke läßt den Ausgang seiner Überlegungen von Dostojewskij bestimmen: Um der Gefahr einer Rückkehr des Zwei-Stockwerk-Denkens in die Theologie zu entgehen, besteht Menke darauf, daß »die von Gott nach dem Ablauf dieser Weltgeschichte gegebene Antwort nicht einem ganz andern als dem hier und jetzt fragenden Menschen gelten« darf. Gegen die vor allem im Anschluß an Johann Baptist Metz betriebene absolute Eschatologisierung der Theodizeefrage erinnert Menke an das Erbe des jüdischen Tora-Glaubens sowie des christlichen Glaubens an die Selbst-Offenbarung Gottes in der Geschichte. Im jüdischen Glauben werde bereits im Hier und Jetzt zumindest anfanghaft ein alles umfassender Sinn erfahren, und zwar dann, wenn seine Tora, die Tora Gottes, in die menschliche Leiderfahrung hineingelassen werde. Im christlichen

Glauben schließlich werde Jesus als die Selbst-Mitteilung des Absoluten in der Geschichte bekannt, und zwar als eine Selbst-Mitteilung, in der Jesus sich als der Christus mit dem absoluten Sinn der Geschichte identische Mensch erwiesen habe. Weil aber »Jesus sich dem Anderen so geöffnet« habe, daß Gott »›seine Gegenwart‹ wurde, war sein Handeln das Handeln Gottes selbst und sein Tod die endgültige Erfahrung der Zukunft«. Deshalb der Untertitel seines Beitrags: ein Gott, der – trotz des Leids in der Welt – jetzt schon Zukunft schafft, aber auch als ein solcher schon jetzt erfahren werden kann. In dem abschließenden Beitrag, *»Crux probat omnia. Anstöße zur Bewältigung des Theodizeeproblems aus reformatorischer Theologie«*, gehe ich selbst lutherischen Impulsen für einen heutigen Umgang mit der Theodizeefrage nach. Dabei geht es vor allem um den Grundansatz lutherischer Theologie, der theologia crucis, von wo aus das Leiden des Menschen im Sinne der via passiva, also von Gott initiiert, als Vergöttlichung des Menschen interpretiert werden kann. In der Perspektive dieses Ansatzes im Umgang mit der Theodizeefrage bei Luther (und in dessen Tradition) werden weitere Konkretisierungen vorgenommen, wie etwa im Hinblick auf die Ekklesiologie sowie das Verhältnis von Vernunft und Glaube.

Herausgeber und Autoren hoffen und wünschen, daß sie so dazu beitragen, daß die Frage der Theodizee – die eigentlich die Frage nach der absoluten Zukunft ist – offengehalten wird. Daß es dabei allemal um ein Streiten mit Gott gehen wird, ist dem Selbstbewußtsein des heutigen Menschen vielleicht noch selbstverständlicher als dem Ijob und seinen Zeitgenossen.

Dieses Buch wäre nicht zustandegekommen ohne das vielfältige Engagement meiner MitarbeiterInnen am Lehrstuhl für Dogmatik und Dogmengeschichte der Katholisch-Theologischen Fakultät der Universität Münster. Meine Sekretärin, Frau U. Stehling, hat mit Kompetenz, Umsicht und großem Arbeitseinsatz das Register und den Satz erstellt. Mein Assistent, Herr M. Striet, selbst Mitautor, hat zahlreiche Ratschläge zur Gesamtkonzeption gegeben. Frau S. Pasel, Herr M. Halstrup und Herr M. Schwarz haben die Korrekturen gelesen und da und dort Verbesserungsvorschläge gemacht. Ihnen allen danke ich von Herzen.

Münster, im September 1997 — Harald Wagner

I

Theodizee und Glaubensgeschichte

Zur Kontingenz einer Fragestellung

Von Gerd Neuhaus, Bochum

1. Eine These und ein ihr widersprechender Befund

Der Titel des vorliegenden Beitrags enthält bereits eine These, die da lautet: *Der angesichts des Leidens sich artikulierende Aufschrei gegenüber Gott ist ein kontingentes - ein nicht-notwendiges - Geschehen.* Diese These gilt unabhängig davon, ob der genannte Aufschrei die Gestalt atheistischer Auflehnung gegen den Gottesglauben oder die einer religiösen Klage annimmt.

Während die zuerst genannte Gestalt in einer geradezu klassisch gewordenen Formulierung *Georg Büchners* begegnet[1], erkennt zwar die zuletzt genannte auch keinen rechtfertigenden Sinn des Leidens, rechnet aber doch zumindest prinzipiell mit der Möglichkeit dessen, was sie nicht erkennt.[2] Insofern ist die religiöse Gestalt der Klage eine Form negativer Theologie, deren Eigenart gerade dann hervortritt, wenn wir sie mit der atheistischen Version vergleichen.

Für den genannten Georg Büchner ist die Frage nach dem Warum des Leidens der »Fels des Atheismus«. Sie bezeugt einen »Riß in der Schöpfung«[3], der es unmöglich macht, im Weltgeschehen das Walten eines guten Schöpfers zu erkennen. Anders die religiöse Klage: Sie nimmt zwar auch den genannten Riß wahr, doch trägt sie ihn vor Gott als der einzigen Instanz, die ihn zu heilen vermag. Wenn also diese Gestalt der Klage menschlich durch nichts zu beschwichtigen ist, dann tritt sie in dieser Unversöhnlichkeit für die Möglichkeit einer Antwort ein, die allein Gott zusteht. Sie steht insofern in der Tradition Hiobs - nicht des Hiobs der Rahmenerzählung, der sich schiedlich-friedlich mit seinem Unglück abfindet und da sagt: »Der Herr hat gegeben, der Herr hat genommen,

---

[1] »Warum leide ich? Das ist der Fels des Atheismus« (*G. Büchner*: Dantons Tod, in: ders.: Werke und Briefe, München ^{7}1973, 5-63, hier: 40).

[2] *J.B. Metz* spricht in diesem Sinne von der Fähigkeit zur Theodizeefrage als der »Frömmigkeit der Theologie« (vgl. *ders*: Theologie als Theodizee, in: W. Oelmüller [Hrsg.]: Theodizee - Gott vor Gericht?, München 1990, 103-118, hier: 104).

[3] Vgl. *G. Büchner*: Dantons Tod (s.o. Anm. 1), 30.

der Name des Herrn sei gelobt« (Hiob 1,21), sondern jenes Hiob, der uns in den Dialogen mit seinen Freunden begegnet. Denn dieser klagt nicht nur Gott an, sondern gleichzeitig seine Freunde, die ihm unter Aktivierung traditioneller Erklärungsmuster einreden wollen, seine Klage sei nicht nur »nicht nötig«, sondern im religiösen Sinne auch »nicht möglich«.

Damit haben wir zunächst zwei Merkmale festgestellt, durch die sowohl die religiöse Klage als auch die atheistische Auflehnung gegen den Gottesglauben gekennzeichnet sind:

1. In beiden Versionen bleibt die Theodizeefrage unbeantwortet und muß in diesem Sinne als »offen« gelten. Sie unterscheiden sich lediglich in der Deutung dieser Offenheit. Für den Atheisten zeugt diese Offenheit von der Unmöglichkeit einer *Antwort überhaupt*, für den Gläubigen von der Unmöglichkeit einer *menschlichen Antwort*.

2. Weit davon entfernt, sich im Sinne unserer Eingangsthese nun als kontingent zu begreifen, kommen beide Gestalten derselben Frage einstweilen in der Annahme ihrer *absoluten* Berechtigung überein. In einer Welt, die sie – jedenfalls im Zeugnis Büchners – als »das Chaos« erfahren, kommen sie nicht auf die Idee, sich vom herrschenden Chaos über die mangelnde empirische Berechtigung ihrer Idee einer Welt belehren zu lassen, die »in Ordnung« wäre.

Der zuletzt genannte Punkt macht dabei auf eine ganz spezifische Asymmetrie aufmerksam, die im Verhältnis zwischen *sittlichem Anspruch und empirischer Entsprechung* besteht. Konkret heißt das: Die sittliche Idee des Friedens wird durch die Regelmäßigkeit der Kriege nicht widerlegt, die sittliche Idee menschlicher Selbstbestimmung nicht durch Fremdbestimmung und Unterdrückung in Frage gestellt. Die Auflistung solcher Beispiele ließe sich fortsetzen, mündete aber hinsichtlich ihrer Struktur immer wieder in eine Behauptung, die Herbert Marcuse um das inzwischen legendäre Jahr 1968 herum in einem Vortrag einmal folgendermaßen ausgedrückt hat: »Wenn unsere [gemeint sind: sittlichen] Ideen nicht mit den [empirischen] Tatsachen übereinstimmen, dann ist dies um so schlimmer für die Tatsachen.« Damit wird das empirische Falsifikationsprinzip in einer bezeichnenden Weise auf den Kopf gestellt. Denn sittliche Ideen fühlen sich nicht durch eine Wirklichkeit widerlegt, die sich ihnen nicht fügt, sondern sehen sich umgekehrt durch solche Art der Widerlegung gerade herausgefordert. In einer Gesellschaft, in der nicht gemordet würde, bedürfte es erst gar keines Tötungsverbotes. Wenn jeder die Wahrheit sagte, brauchte man die Lüge nicht zu verbieten, und wo Mann und Frau einander achten und ehren, bedarf es keines Verbots der »Unzucht«. Wenn also sittliche Haltungen wie die Achtung vor dem

Leben, die Ehrlichkeit und die »Keuschheit« als Tugenden herausgestellt werden, dann zeugen die solcherart gelobten Tugenden in umgekehrter Form von einer Welt, in der Menschen einander töten, betrügen und sexuell ausbeuten. In dieser Hinsicht stellt Brechts »Mutter Courage« lakonisch fest: »Überhaupt, wenn es wo so große Tugenden gibt, das beweist, daß da etwas faul ist«[4], um dann umgekehrt hinzuzufügen: »In einem guten Land brauchts keine Tugenden, alle können ganz gewöhnlich sein, mittelgescheit und meinetwegen Feiglinge«[5].

Damit ist in erster Hinsicht eine Verhältnisbestimmung von Kontingenz und Notwendigkeit der Theodizeefrage gegeben. Die Theodizeefrage lebt aus einer sittlichen Einstellung, die sich in Widerspruch zur gegebenen Wirklichkeit setzt. Sofern wir sittliche Gebote als *Regeln* verstehen, können wir darum sagen: Diese vom sittlichen Bewußtsein behaupteten Regeln gelten im Rahmen ihres eigenen Selbstverständnisses unabhängig davon, ob die empirische Realität ihnen gehorcht. Sie begreifen sich in diesem Sinne als »falsifikationsresistent«, da sie beanspruchen, im Namen einer höheren Autorität aufzutreten als jene empirischen Vorkommnisse, denen sie ihr »um so schlimmer für die Tatsachen« entgegensetzen. Insofern versteht sich etwa das sittliche Urteil über den Tod eines Kindes, das im 19. und 20. Jahrhundert geradezu *das* Beispiel der Auflehnung gegen Gott geworden ist, als *notwendige* Reaktion auf ein empirisches Vorkommnis, das – jedenfalls im Rahmen des sittlichen Urteils – als *nicht notwendig* gelten muß. Darin zeigt sich noch einmal der hier bereits genannte Absolutheitsanspruch, mit dem das sittliche Urteil der empirischen Wirklichkeit gegenübertritt.

Er wird ein weiteres Mal greifbar in der Ambivalenz der »Warum«-Frage, mit der wir oft gerade auf das Sterben von Kindern reagieren, aber auch von unschuldigen Opfern und von Menschen, die wir lieben. Die Eigenart des sittlichen Urteils tritt nämlich darin hervor, daß sich die genannte »Warum«-Frage häufig an den Himmel richtet, wo Gott schweigt, während sie innerhalb der auf Erden empirisch wirksamen Kausalmechanismen einstweilen beantwortbar ist[6]. Und der Absolutheits-

---

[4] Vgl. *B. Brecht*: Mutter Courage und ihre Kinder, Frankfurt ⁸1967 (= edition suhrkamp 49), 25.

[5] Ebd., 26.

[6] Darauf macht u.a. *H. Lübbe* in seinem Buch »Religion nach der Aufklärung« (Graz-Wien-Köln 1986) aufmerksam, als er eine entsprechende Todesanzeige seiner Heimatzeitung behandelt: »›Warum?‹ – mit diesem Ultrakurztext versah kürzlich eine Schülergruppe die im übrigen vollkommen verstummte Traueranzeige zur Mitteilung des Todes einer ermordeten Mitschülerin. Dieser Lakonismus wirkte im Ensemble sonstiger Traueranzeigen mit ihrem reichen Psalmvertrost recht eindrucksvoll – als ein Zeugnis religiös

anspruch des sittlichen Urteils zeigt sich darin, daß er auch jene Sinnangebote zurückweist, die sich auf der empirischen Ebene anbieten.

Damit muß *im Selbstverständnis des sittlichen Urteils* nicht die eigentliche sittliche Option, sondern das verurteilte Geschehen als kontingent - mehr noch: als »regelwidrig« - gelten, und zwar auch und gerade dort, wo auf der empirischen Ebene durchaus die Kausalzusammenhänge angegeben werden können, denen das solchermaßen verurteilte Geschehen unterliegt. Der genannte Absolutheitsanspruch des sittlichen Urteils tritt auf einer höheren Stufe in nochmals radikalisierter Gestalt auf, wenn er die Instanz eines von ihm selbst unterschiedenen »Absoluten« - nämlich Gott - im Namen des Leidens anklagt und in diesem Sinne »deabsolutiert«. Insofern tritt die Gott anklagende Theodizeefrage im Namen einer sittlichen Idee auf, der sie selbst Gott unterwirft.

Zugleich läßt sich solche »Deabsolutierung« Gottes hier wiederum in ihrer atheistischen wie in ihrer negativ-theologischen Gestalt ausdifferenzieren. In der atheistischen Gestalt setzt sich das sittliche Urteil an die Stelle Gottes und verabsolutiert sich selbst nicht nur gegenüber der empirischen Welt, sondern auch gegenüber *jeglicher* Gottesvorstellung. In der religiösen Gestalt setzt es sich allenfalls an die Stelle *ganz bestimmter* Gottesvorstellungen, die an der Realität des Leidens zerbrechen. Und zwar geschieht dies um der Möglichkeit einer Antwort willen, die allein der gesuchte Gott geben kann und für die die Klage gewissermaßen den Ort freihält. Darin liegt eine Selbstrelativierung der sittlichen Empörung, die es erlaubt, im Blick auf den angeklagten Gott von einer »relativen Absolutheit« des sittlichen Urteils zu sprechen.

Bis hierhin ist das Verhältnis von Notwendigkeit und Kontingenz als ein Verhältnis zwischen einem sittlichen Anspruch und einer empirischen Wirklichkeit bestimmt worden, die sich diesem Anspruch nicht fügt. Damit ist im Selbstverständnis der Theodizeefrage jenes Verhältnis genau umgekehrt, das wir in der einleitenden These formuliert haben. Noch einmal sei darum an dieser Stelle klargestellt, wie die hier vertretene These trotz des einstweilen erarbeiteten Befundes lautet: Nicht die empirische

---

verarmter Jugendkultur ebenso wie als Zeugnis evidenter Theodizee-Resistenz« (200). Wie sehr diese Klage auf sittlicher Ebene eine Antwort zurückweist, die auf empirischer Ebene vor Augen liegt, macht die Fortsetzung der zitierten Fallbeschreibung deutlich: »Selbstverständlich gibt es hier eine Ebene der Betrachtung, auf der es mit der Beantwortung jener Frage ›Warum?‹ grundsätzliche Schwierigkeiten nicht gibt. Es handelt sich, dem Vernehmen nach, beim fraglichen Mordfall um einen Eifersuchtsfall. Was Eifersucht sei, wissen die meisten, und wozu sie führen kann, ist uns allen zumindest aus Werken der klassischen Literatur wohlbekannt. Auf der Handlungsebene also läßt sich die Frage ›Warum?‹ hier sehr wohl beantworten [...]« (ebd.).

Wirklichkeit, sondern das der Theodizeefrage zugrunde liegende sittliche Urteil sei in einem noch näher zu bestimmenden Sinne kontingent.

2. Kontingenz und Notwendigkeit - ihr Verhältnis in Objektivation der Theodizeefrage

Warum meine These dem einleitend erarbeiteten Befund widerspricht, wird in einem ersten Schritt vielleicht verständlich, wenn wir die Theodizeefrage nicht in ihrem eigenen Selbstverständnis aufsuchen, sondern nach den Bedingungen ihres geschichtlichen Auftauchens fragen. Daß sie sich im beschriebenen Sinne zur empirischen Welt in ein Verhältnis des Widerspruchs setzt, ist also bis hierhin als Merkmal ihres Selbstverständnisses deutlich geworden. Dieser Widerspruch geht sogar so weit, daß das Leiden eines einzigen unschuldigen Kindes zur Anklage der Schöpfung insgesamt führen kann[7]. Gerade das Beispiel des leidenden Kindes zeigt aber, daß der dargestellte Absolutheitsanspruch des sittlichen Urteils selbst empirischen Bedingungen unterliegt. Denn es gibt zu denken, daß erst im 19. und 20. Jahrhundert das leidende Kind im genannten Sinne zum Grund des Aufschreis werden konnte, während etwa im Mittelalter und in der beginnenden Neuzeit, wo die Kindersterblichkeit innerhalb der ersten Lebensjahre teilweise bis zu 40 Prozent betrug, demgegenüber der Tod eines Kindes mit einer relativen Gefaßtheit erlebt wurde. Der französische Kulturhistoriker *Philippe Ariès* macht in seiner »Geschichte der Kindheit« darauf aufmerksam, daß unsere überlieferte Rede vom Ende der Kindheit als dem »Eintritt ins Leben« noch mentalitätsgeschichtlich von einem Bewußtsein zeugt, das uns als solches fremd geworden ist. Diesem galt die Kindheit gerade wegen der hohen Sterblichkeitsquote als äußerst gefährdet, so daß Eltern schon aus Selbstschutz sich emotional nicht so sehr an das einzelne Kind banden[8]. Bedenkt man weiterhin, daß die genannte hohe Sterblichkeitsrate der Kinder begleitet war von einer entsprechenden Geburtenquote, dann wird leicht einsehbar, warum der Tod des einzelnen Kindes nicht wie in den hier behandelten literarischen Beispielen zur Revolte gegen

---

[7] Für *Dostojewskijs* Iwan Karamasow geraten die Tränen eines einzigen unschuldigen Kindes zur »Erschütterung des Weltalls« (vgl. *F.M. Dostojewskij*: Die Brüder Karamasow, München ^{8}1987 [= dtv 2043], 330), und *Camus*' Dr. Rieux weigert sich »bis in den Tod hinein [..], die Schöpfung zu lieben, in der Kinder gemartert werden« (*A. Camus*: Die Pest, Hamburg 1995 [= rororo 15], 177).

[8] *Ph. Ariès*: Geschichte der Kindheit (frz. Paris 1960), München ^{7}1985, 99 f.

die gesamte Schöpfung führen konnte. Denn neben den verstorbenen Kindern waren einstweilen seine noch lebenden Geschwister zu versorgen, so daß eine konsequentes Nein zur gesamten Schöpfung auch die Lebensgrundlagen der Überlebenden vernichtet hätte.

So relativiert schon dieser historische Befund den einleitend behandelten Absolutheitsanspruch sittlicher Empörung, so daß die hier bereits gewonnene Formulierung von deren *relativer Absolutheit* nun eine weitere Bedeutung gewinnt. Es gibt nicht nur den relativen Absolutheitsanspruch, den wir in der Offenheit der religiösen Theodizeefrage herausgestellt haben, sondern auch eine ganz andere relative Absolutheit, die sie mit ihrer atheistischen Zwillingsschwester gemeinsam hat: Ob angesichts der empirischen Welt die Theodizeefrage laut wird, hängt entgegen dem Selbstverständnis dieser Frage nicht einfach davon ab, ob in dieser Welt objektive Ereignisse auftreten, welche die Haltung sittlicher Entrüstung automatisch provozieren. Vielmehr hängt auch die subjektive Sensibilität des sittlichen Bewußtseins ganz entscheidend von eben jener empirischen Welt ab, zu der es sich in der Haltung sittlicher Entrüstung in unversöhnlichem Gegensatz zu befinden meint. Anders formuliert: Das sittliche Bewußtsein wird zwar durch empirische Ereignisse geweckt und in diesem Sinne »pro-voziert«; in seiner Fähigkeit, sich durch die empirische Welt provozieren zu lassen, ist es jedoch stärker in diese Welt verwoben, als ihm im Akt sittlichen Urteilens klar ist.

Nicht nur Ariès' »Geschichte der Kindheit« zeigt, daß der Vervielfachung kindlichen Leidens keine entsprechende Quantifizierung sittlicher Empörung, sondern vielmehr umgekehrt deren Abnahme entspricht. Auch Camus' Erzählung »Die Pest«[9] artikuliert in der Figur des Arztes Dr. Rieux ja nicht nur die Auflehnung gegen eine Schöpfung, in der Kinder unschuldig leiden, sondern zeigt auch in bedrückendem Ausmaße, wie sehr das in dieser Auflehnung lebende sittliche Urteil verstummt, wenn der vorzeitige und gewaltsame Tod nicht mehr der Einzelfall, sondern die Regel ist. Wir halbieren sozusagen die Figur des Dr. Rieux, wenn wir sie theologisch immer nur als eine der Auflehnung und des Protestes wahrnehmen. Denn gerade er weiß, wie sehr das sittliche Urteil um seiner eigenen Möglichkeit willen sich stets von neuem einer empirischen Welt entreißen muß, die Tag für Tag darüber aufklärt, daß nicht das sittliche Ja zum Leben, sondern der Mord die Regel ist: »Wer den Krieg mitgemacht hat, weiß kaum noch, was ein Toter ist« (33). Und so begegnet Dr. Rieux nicht nur als derjenige, der

---

[9] Ich zitiere im folgenden daraus unter Angabe der jeweiligen Seitenzahl im fortlaufenden Text.

sich angesichts des Todes eines pestkranken Kindes gegen die Schöpfung auflehnt, sondern auch als jemand, der in dem Maße, in dem sich die Pest ausbreitet, »an seinen Freunden und an sich die Fortschritte einer eigenartigen Gleichgültigkeit beobachtete« (152). Entsprechend steht im Laufe der Erzählung das Wort der »Verpestung« nicht nur für die von der Seuche tödlich befallenen Menschen, sondern auch für den Anpassungsprozeß eines sittlichen Bewußtseins, das »in die eigentliche Ordnung der Pest eingetreten« ist (147). Gerade weil in der Verzweiflung noch ein sittlicher Impuls lebt, der sich dagegen wehrt, daß Menschen vorzeitig sterben, die doch zum Leben geboren waren, kann Rieux »die Gewöhnung an die Verzweiflung schlimmer als die Verzweiflung selbst«[10] finden.

Damit ist einstweilen das zuerst genannte Verhältnis von Kontingenz und Notwendigkeit umgekehrt. Wenn wir nämlich die Theodizeefrage nicht innerhalb ihres eigenen Selbstverständnisses aufsuchen, sondern die Bedingungen ihres geschichtlichen Auftauchens objektivieren, dann müssen wir ihrem Selbstverständnis widersprechen. Das in ihr wirksame sittliche Bewußtsein ist somit entgegen seinem eigenen Selbstverständnis in jene Geschichte verwoben, von der es sich im Akt des Urteilens distanziert. Insofern muß es als kontingent gelten, denn die Realität menschlichen Leidens und Sterbens erzeugt von sich aus gerade nicht notwendig jenen Aufschrei, der in die Theodizeefrage mündet.

H. Verweyen, dessen fundamentaltheologischer Entwurf in seiner Systematik sich wie kein anderer der Theodizeefrage stellt, betont in diesem Zusammenhang, »wie sehr eine auch noch so ›objektive‹ Erfahrung ›transzendental vermittelt‹, d.h. durch ein subjektives bzw. intersubjektives Vorverständnis geprägt wird«.[11] Er verdeutlicht dies im Blick auf die Pest im Mittelalter, die zwar in manchen Städten innerhalb weniger Jahre bis zu 50% der Bevölkerung auslöschte, aber auch nicht ansatzweise zu jener Revolte gegen den Kosmos und gegen Gott führte, die uns bei Camus begegnet. Und er stellt gleichzeitig jene transzendentale Vermittlung dar, die eine solche Erfahrung in den religiösen Traditionen Asiens gefunden hätte: »Eine ähnliche Konfrontation mit dem ›schwarzen Tod‹ hätte im Raum des östlichen Denkens die Vorstellung

---

[10] Darum heißt es von jener Phase, wo die Menschen »in der Pest ihre eigentliche Lebensform erblicken und ihr bisherigen Dasein vergessen« (77) haben: »Selbstverständlich verharrten sie in der Haltung des Unglücks und des Leidens, aber sie spürten den Stachel nicht mehr. Im übrigen war Dr. Rieux zum Beispiel der Ansicht, daß gerade darin das Unglück bestand und daß die Gewöhnung an die Verzweiflung schlimmer ist als die Verzweiflung selbst« (148).

[11] *H. Verweyen*: Gottes letztes Wort. Grundriß der Fundamentaltheologie, Düsseldorf 1991, 219.

verstärkt, wie sehr die Welt des objektiv Faßbaren und Gültigen nur als Schein und Illusion gelten kann und daher der Mensch auf die einzige Versöhnung angewiesen ist, die in seiner Auflösung ins ›brahman‹ bzw. ins ›nirvâna‹ besteht.«[12] Insofern unterscheide ich zwischen einer empirischen *Realgeschichte*, die dem jeweiligen Bewußtsein entweder zeitgenössisch oder in einem Akt historischer Rekonstruktion vor Augen tritt, und einer *transzendentalen Geschichte*, in der sich diejenigen Urteilsmaßstäbe entwickeln, mit denen das sittliche Bewußtsein sich über die Realgeschichte zu erheben beansprucht.[13] Die transzendentale Geschichte unserer sittlichen Urteilsformen steht dabei in einer noch näher zu bestimmenden Abhängigkeit von jenem geschichtlichen Realprozeß, über den das sittliche Urteil sich zu erheben wähnt. Diese Abhängigkeit wollen wir im folgenden näher untersuchen. Eines können wir jedoch einstweilen sagen: Beide »Geschichten« verlaufen nicht einfach parallel zueinander, denn sonst entspräche der empirischen Zunahme des Leidens eine Steigerung der sittlichen Entrüstung.[14]

3. Zwei Deutungsmöglichkeiten und ihre Ideologieanfälligkeit

Der zuletzt genannte Befund erlaubt zwei Deutungsmöglichkeiten, die einander keineswegs ausschließen, hier aber nebeneinander vorgestellt werden sollen, weil mit beiden eine spezifische Ideologieanfälligkeit einhergeht.

Daß derjenige, der den Krieg erlebt, irgendwann nicht mehr weiß, was ein Toter ist, haben wir soeben von demselben Dr. Rieux gehört, den wir sonst eher als Figur einer durch nichts zu beschwichtigenden Revolte wahrnehmen.[15] Genauso bringt eine »Lesebuchgeschichte« von

---

[12] Ebd.

[13] Vgl. dazu *G. Neuhaus*: Theodizee – Abbruch oder Anstoß des Glaubens, Freiburg ^{2}1994, 46-77.

[14] Mit Recht bestimmt *E. Schillebeeckx* Leiderfahrungen als »negative Kontrasterfahrungen« (vgl. *ders.*: Menschen. Die Geschichte von Gott, Freiburg u.a. 1990, 27), denn Negativität kann erst vor dem sei es noch so unbestimmten Kontrasthintergrund eines demgegenüber »Anderen« zum Gegenstand der Erfahrung werden. Weil die Präsenz dieses Kontrasthintergrundes für unser sittliches Urteil aber nicht notwendig gesichert ist, kann ich der Bewertung nicht folgen, die diese »Kontrasterfahrungen« bei ihm finden: »Sie bilden eine menschliche Grunderfahrung, die ich als solche für ein vor-religiöses und allen Menschen zugängliches Grunderlebnis halte, nämlich für das Veto, das der Mensch gegen die Welt, wie diese ist, erfährt« (ebd.).

[15] Darum auch mein Unbehagen gegenüber der im Religionsunterricht herrschenden – und durch viele Arbeitsmaterialien nahegelegten – Gepflogenheit, die Figur des Dr. Rieux nur von der Begegnung mit dem sterbenden Kind her wahrzunehmen. Vgl. dazu *G. Neuhaus*:

Wolfgang Borchert zum Ausdruck, wie sehr das sittliche Ja zum Leben verstummen kann in einer Welt, in der nur noch gemordet wird:

> Als der Krieg aus war, kam der Soldat nach Haus. Aber er hatte kein Brot. Da sah er einen, der hatte Brot. Den schlug er tot.
> Du darfst doch keinen totschlagen, sagte der Richter.
> Warum nicht, fragte der Soldat.[16]

Auf phänomenologischer Ebene hat *Alain Finkielkraut* im Anschluß an *Lévinas* sogar festgestellt, daß die Wahrnehmung eines Leidenden gerade in dem Maße sittliche Empörung provoziere, wie er in der Vereinzelung begegne. Wenn umgekehrt sein Antlitz in der Masse der Leidenden verschwinde, nehme die sittliche Entrüstung sogar ab[17], so daß die Gestalt des sittlichen Bewußtseins sich zur empirischen Weltgestalt umgekehrt proportional zu verhalten scheint: Wo der Mord und der vorzeitige Tod zur Regel geworden sind, wird die Stimme des sittlichen Bewußtseins schwächer; erst wo sie die Ausnahme bilden, nimmt das sittliche Bewußtsein sie in einer solchen Eindringlichkeit und Vergrößerung wahr, daß die Tränen eines einzigen Kindes nun das ganze Weltall erschüttern. *Nietzsche* hat aus diesem Sachverhalt die Schlußfolgerung gezogen, daß das einzige wirksame Mittel gegen die menschliche Not die Not selber sei[18].

Daraus läßt sich eine Form von »Bewältigung« der Theodizeefrage ableiten, die diese nicht *beantwortet*, wohl aber durch Tilgung ihrer transzendentalen Voraussetzungen *eliminiert*. Auch dafür bietet Brechts »Mutter Courage« ein Beispiel, wenn nämlich die Übermacht des Krieges dazu führt, ihn zum Normalzustand zu erklären, so daß in der so

---

Urvertrauen und Absurditätserfahrung: Camus' »Die Pest«, in: KatBl 118 (1993) 164-170.

16 *W. Borchert*: Draußen vor der Tür und Ausgewählte Erzählungen, Reinbek ³⁰1967, 93.

17 Vgl. *A. Finkielkraut*: Die Weisheit der Liebe, München 1987, 180 f.

18 »Aus der allgemeinen Ungeübtheit im Schmerz [...] und einer gewissen Seltenheit des Anblicks eines Leidenden ergiebt sich nun eine wichtige Folge: man hasst jetzt den Schmerz viel mehr, als frühere Menschen, und redet ihm viel übler nach als je [...]. Das Auftauchen pessimistischer Philosophien ist durchaus nicht das Merkmal grosser, furchtbarer Nothstände; sondern diese Fragezeichen am Werthe alles Lebens werden in Zeiten gemacht, wo die Verfeinerung und Erleichterung des Daseins bereits die unvermeidlichen Mückenstiche der Seele und des Leibes als gar zu blutig und bösartig befindet [...]. – Es gäbe schon ein Recept gegen pessimistische Philosophien und die übergrosse Empfindlichkeit, welche mir die eigentliche ›Noth der Gegenwart‹ zu sein scheint: – aber vielleicht klingt diess Recept schon zu grausam und würde selber unter die Anzeichen gerechnet werden, auf Grund deren hin man jetzt urtheilt: ›Das Dasein ist etwas Böses‹. Nun! Das Recept gegen ›die Noth‹ lautet: *Noth*« (*F. Nietzsche*: Die fröhliche Wissenschaft, in: ders.: Kritische Studienausgabe 3, hg. von G. Colli u. M. Montinari, München 1988, 413 f.).

gewonnenen Lesart vorübergehend »der Frieden ausbricht«[19]. Dies ist die angedeutete erste Deutungsmöglichkeit. Philosophisch war es vor *Nietzsche* schon *Arthur Schopenhauer*, der auf dieses Vermittlungsverhältnis zwischen empirischer Weltsituation und sittlichem Bewußtsein hinwies. Er stellte nämlich zu Recht fest, daß sich Leiderfahrungen als Enttäuschung jener Erwartungen einstellen, die wir an das Leben herantragen. Insofern in Leiderfahrungen die Wirklichkeit sich von sich aus gerade in denjenigen Gehalten »fühlbar macht«, die unsere Erwartungen durchkreuzen, stellen sie ein »Positum« dar, das wir in unseren sittlichen Vorstellungen negieren. So gelangt er dazu, das Verhältnis von Positivem und Negativem umzukehren und die sogenannten leidverursachenden Übel zu den positiven Normalzuständen der Geschichte zu erklären[20]. Von hier aus ist es dann wiederum nicht weit zu Nietzsches Frage: »*Wozu überhaupt Moral*, wenn Leben, Natur, Geschichte ›unmoralisch‹ sind?«[21]. Und *Odo Marquard* greift diesen Gedanken auf, wenn er als subjektive »Leidvermeidungsstrategie« empfiehlt, keine zu hohen Erwartungen an das Leben heranzutragen, weil erst deren Enttäuschung die Realität des Leidens konstituiere[22].

Umgekehrt läßt sich feststellen, daß das Auftauchen der Theodizeefrage ein gesellschaftliches Indiz allgemeinen Wohlergehens sei. So hat zum Beispiel erst der Fortschritt in Hygiene und Medizin dazu geführt, daß die allgemeine Kindersterblichkeit abnahm, so daß der Tod eines einzelnen Kindes nur kraft des so gegebenen Kontrasthintergrundes zum Anlaß sittlicher Empörung werden konnte.[23] Damit ist die angesprochene zweite Deutungsmöglichkeit vorgestellt. Sie versichert sich ausdrücklich des besagten Kontrasthintergrundes, anstatt ihn zu tilgen –

---

[19] Vgl. *B. Brecht*: Mutter Courage (s.o. Anm. 4), 77.

[20] »Ich kenne […] keine größere Absurdität als die der meisten metaphysischen Systeme, welche das Übel für etwas Negatives erklären; während es gerade das Positive, das sich selbst fühlbar machende ist« (*A. Schopenhauer*: Parerga und Paralipomena II, in: ders: Sämtliche Werke, hg. von Frhr. von Löhneysen, Darmstadt 1961-65, Bd. 5, 344).

[21] *F. Nietzsche*: Die fröhliche Wissenschaft (s.o. Anm. 18), 576 f.

[22] Vgl. den entsprechenden Diskussionsbeitrag in: W. Oelmüller (Hrsg.): Leiden, Paderborn u.a. 1986, 164.

[23] Vgl. dazu noch einmal *O. Marquard*, der die Theodizeefrage darum empirisch auf die »Penetranz der Reste« zurückführt: »Weil die Übel, die Leiden unselbstverständlich werden, wird die Frage nach ihnen und die Frage nach der Verträglichkeit von Gottes Güte mit dem Übel nunmehr überdringlich, denn es regiert das Gesetz der zunehmenden Penetranz der Reste: je mehr Negatives getilgt wird, umso ärgerlicher wird, gerade weil es sich vermindert, das Negative, das übrigbleibt. […] Der moderne Mensch ist einer, der es schafft, unter immer weniger immer mehr zu leiden« (*O. Marquard*: Schwierigkeiten beim Ja-Sagen, in: W. Oelmüller [Hrsg.]: Theodizee – Gott vor Gericht?, München 1990, 87-102, hier: 89).

mit dem Ergebnis freilich, daß auf diesem Wege der solcherart kontrastierte Vordergrund vergleichgültigt wird. Dieser Deutung ist mit der erstgenannten eine ausgeprägte Ideologieanfälligkeit gemeinsam, laufen sie doch auf unterschiedlichen Wegen auf den Nachweis hinaus, daß die leidverursachenden Übel »so übel nicht sind«, so daß das Leiden in einem ganz realen Sinne nun »gar nicht nötig« ist. Denn beide Deutungen machen darauf aufmerksam, daß erst dort, wo ein wie auch immer gearteter Kontrasthintergrund gegeben ist, sich eine explizite Leiderfahrung einzustellen vermag. Die Eliminierung der Theodizeefrage bestünde im ersten Fall darin, den genannten Kontrasthintergrund auszulöschen, so daß das einzelne Leid im Leid der vielen zum Verschwinden gebracht wird. Im zweiten Fall bestünde die Eliminierung darin, sich ausdrücklich dieses Kontrastgrundes zu versichern, so daß die Theodizeefrage zum negativen Indikator dessen wird, wie gut es uns »eigentlich« geht[24]. Auf jeden Fall würde die Erfahrung des Leidens im Ergebnis nivelliert, und die objektiven Bedingungen, unter denen Menschen leiden, würden vollkommen vergleichgültigt. Die konkreten Leidenswiderfahrnisse wären allenfalls die Probe auf das Exempel, ob wir vom Leben womöglich zu viel erwarten.

Auch wenn wir die Ideologie*gefahr* dieser beiden Deutungsmöglichkeiten erkennen, bedeutet sie doch nicht zwangsläufig deren Ideologie*charakter*. Vielmehr schützt deren Wahrnehmung die Theodizeefrage davor, selbst ideologische Züge anzunehmen. Was nämlich der potentielle Ideologiecharakter der Theodizeefrage ist, hat sich für uns am Rande schon angedeutet, als wir bemerkten, daß das Sterben eines Kindes je nach dem transzendental-geschichtlichen Stand des sittlichen Bewußtseins sowohl den »Kosmos erschüttern« (vgl. Dostojewskij und Camus) als auch zu einem unter bestimmten demographischen Bedingungen von vorneherein einkalkulierten Regelfall werden kann (vgl. Ariès). Hier hatten wir festgestellt, daß die Kindersterblichkeit bei einer entsprechend hohen Geburtenquote schon deswegen keine Anklage der Schöpfung zuläßt, weil im Horizont dieser Schöpfung einstweilen immer noch genug andere Kinder darauf warten, versorgt zu werden. Denn es gibt nicht nur das *geschehene* Unrecht, das wir in einer Haltung solidarischer Wendung »nach rückwärts« beklagen, sondern auch das *aktuell geschehende oder drohende Unrecht*, dem wir – wenn auch oft nur in Grenzen – Einhalt

---

[24] Zur Ideologiegefahr, die gerade in der transzendentalen Rückfrage nach denjenigen positiven Verstehensvoraussetzungen liegt, die die Erfahrung des Schreckens als solche konstituieren, vgl. *G. Neuhaus*: Transzendentale Erfahrung als Geschichtsverlust?, Düsseldorf 1982.

gebieten können. Gerade wenn die Klage über irreparables Leid absolute Geltung beansprucht, muß sie sich nämlich davor hüten, an jenem aktuellen Leid mitschuldig zu werden, das sich hinter ihrem Rücken aufbaut und erst dann in ihren Gesichtskreis eintritt, wenn es ebenfalls irreparabel geworden ist.

Ein beeindruckendes Beispiel dafür, wie gerade der von uns so genannte »relative Absolutheitsanspruch« der religiösen Theodizeefrage dieser Ideologiegefahr entkommt, ist Lessings »Nathan«. In unserem Zusammenhang ist hier von Interesse, wie dieser nach der Ermordung seiner Frau und seiner sieben Söhne zunächst Gott, die Welt und sich selbst verwünscht und in diesem Sinne ein Nein zur empirischen Welt spricht.[25] Wäre dies sein letztes Wort über die Wirklichkeit gewesen, dann hätte er freilich daraufhin nicht die kleine Recha als eigenes Kind annehmen können, die zuvor zur Waisen geworden war. Diese Verwandlung des Schmerzes über *irreparables* Unrecht in die praktische Veränderung von *aktuellem* Unrecht, geschieht durch die vertrauende Einstimmung in einen selbst unbestimmbaren göttlichen »Ratschluß«, dem Nathan vertraut, ohne ihn als solchen zu kennen.[26]

Ohne die Fähigkeit zur Selbstrelativierung - ganz gleich in welcher der von uns vorgestellten Formen - geriete der Absolutheitsanspruch sittlicher Empörung zu einem Akt narzißtischer Selbststilisierung des sittlichen Ich.[27] Darum muß die Theodizeefrage gerade um ihres sitt-

---

[25] »Als/Ihr kamt, hatt' ich drei Tag und Nächt' in Asch /Und Staub vor Gott gelegen, und geweint. –/ Geweint? Beiher mit Gott auch wohl gerechtet,/ Gezürnt, getobt, mich und die Welt verwünscht« (*G.E. Lessing*: Nathan der Weise, VV 3045-3049).

[26] »Doch nun kam die Vernunft allmählich wieder./Sie sprach mit sanfter Stimm': 'und doch ist Gott!/Doch war auch Gottes Ratschluß das! Wohlan!/Komm! übe, was du längst begriffen hast,/was sicherlich zu üben schwerer nicht,/als zu begreifen ist, wenn du nur willst« (VV 3052-3057). Zur Unbestimmtheit des Relativpronomens (»übe, *was* du [..] begriffen hast, *was* [..] zu üben schwerer nicht als zu begreifen ist«) vgl. *I. Strohschneider-Kohrs*: Zur Relation zwischen Lessings Erziehungs-Schrift und der religio-Erfahrung Nathans, in: J. Hubbert u.a.: Freiheit Gottes und Geschichte des Menschen, Annweiler 1993, 57-74, hier vor allem: 62-64.

[27] In diesem Zusammenhang unterscheidet *J. Maier* im Blick auf die theologische Wahrnehmung des Holocaust zwischen einer »Holocaust-Theologie« und einer »Holocaust-Ideologie«: »In fünfzig Jahren wird man angesichts dessen, was in unserer Zeit Jahr um Jahr in der sogenannten Dritten Welt an Ungeheuerlichkeiten vor sich geht, mit gutem Recht fragen, was aus der Geschichte gelernt worden ist, als man zwar der Generation der NS-Zeit selbstgerecht vorwarf, das Unglück der jüdischen Zeitgenossen nicht wahrgenommen zu haben, während man gleichzeitig darüber wegblickte, wieviele Millionen jährlich allein an Kindern in der Welt zugrunde gehen, weil ihnen das Allernötigste fehlt, und das in einer Zeit, als für Rüstung und Luxus Unsummen ausgegeben wurden. Die Holocaust-Theologie wollte das moralische Bewußtsein schärfen, die Holocaust-Ideologie hat es einseitig instrumentalisiert und abgestumpft« (*J. Maier*: Geschichte der jüdischen Religion, Freiburg [2]1992, 670).

lichen Anspruchs willen an der Aufhellung jener geschichtlichen Voraussetzungen interessiert sein, die ihren sittlichen Anspruch an das Leben erst erzeugen.

4. Die Wechselseitigkeit eines Kontrastverhältnisses und ihre Konsequenzen: »Die Pest« von Camus

Mit *Hansjürgen Verweyen* bin ich der Auffassung, daß die Theodizeefrage ihre schärfste literarische Ausprägung in der mehrfach schon angesprochenen Figur des Pestarztes Dr. Rieux bei Camus gefunden hat. Während nämlich das Leid des von Hunden zu Tode gehetzten Kindes bei Dostojewskij noch die Antwort erlaubt, hier sei nicht Gott, sondern primär der Mensch im perversen Gebrauch seiner Freiheit verantwortlich zu machen, geht das Kind bei Camus nicht an den Folgen menschlichen Freiheitsmißbrauchs, sondern an der »durch die Pest lädierten Schöpfung«[28] zugrunde. Und die menschliche Freiheit kommt angesichts der Pest nur in ihrer Ohnmacht zu Wort. Allerdings ist die letzte Radikalität der Theodizeefrage nicht schon dort erreicht, wo das Kind stirbt, sondern da, wo sich der sittliche Protest seiner eigenen Möglichkeitsbedingungen vergewissert. Denn Rieux weiß um die zweifache Ohnmacht seines sittlich guten Willens. Zum einen kennt er analog zur Situation des Sisyphos jene Ohnmacht, die den Kampf gegen die Pest »eine endlose Niederlage« sein läßt (vgl. 105). Zum anderen weiß er aber auch, daß sein sittlich guter Wille auf der empirischen Ebene nicht nur der Pest, sondern auch seiner selbst nicht unmittelbar mächtig ist. Darum muß sich dieser Wille stets von neuem einer Welt entwinden, in der die Pest zum Alltag geworden ist. Insofern sieht Rieux nicht nur das Leid; er nimmt auch scharfsinnig das empirische Bedingungsgefüge wahr, dem seine Fähigkeit unterworfen ist, dieses Leid als »empörende Schmach« (vgl. 173) zu empfinden. Da gibt es zum einen jenen Prozeß der Gewöhnung, wo die Präsenz des Todes zur alltäglichen Regel geworden ist und das sittliche Bewußtsein in dem bereits behandelten Sinne abstumpft. Zum anderen gibt es aber auch die Gefangenschaft des sittlichen Bewußtseins in jenem Konventionalismus des Alltags, aus dem die Pest erst erweckt. Darum begegnet bei Camus die Wahrnehmung einer spezifischen

[28] Zu dieser Formulierung und der damit artikulierten Radikalisierung der Theodizeefrage vgl. *H. Verweyen*: Fundamentaltheologie – eine Zwischenbilanz, in: ThRv 82 (1986) 89-102, hier: 95.

»Erbitterung des Anfangs« (vgl. 148)[29]. Dies zeigt sich in Personen, die für die vordergründige Handlung eher Randfiguren sind, wie dem Ehepaar Castel, das erst angesichts der drohenden Pest jene Liebe füreinander entdeckt, die in einem jahrelangen Gewöhnungsprozeß gleichsam eingefroren war. Es zeigt sich vor allem auch im Vater des später sterbenden Kindes - des Richters Othon. Dieser behandelt seine Familienmitglieder so lange wie dressierte Tiere, wie ihr Dasein im wahrsten Sinne »selbstverständlich« ist; erst wo die Pest in seinen unmittelbaren Lebenskreis einbricht und deren Dasein seine Selbstverständlichkeit verliert, erfährt er das Leben als ein zu behütendes Gut. So erwacht tragischerweise seine Liebe zu seinem Sohn genau in dem Maße, wie ihre Artikulationsgestalten ihn nicht mehr erreichen. Zärtliche Formulierungen wie »mein Kind« (171) oder »mein kleiner Junge« (211) kommen erst dann aus seinem Munde, als es schon zu spät ist.

Insofern legt gerade »Die Pest« Zeugnis von dem ab, was wir zuletzt den *relativen Absolutheitsanspruch* des sittlich guten Willens genannt haben oder was wir genauso auch als seinen *bedingten Unbedingtheitsanspruch* bezeichnen können. In der Wahrnehmung dieses Bedingungsverhältnisses liegt nun die Versuchung einer bestimmten Antwort auf die Theodizeefrage. Wir können sie in Anlehnung an *Hermann Cohen* eine »Theodizee des Leidens« nennen, weil nämlich gerade über den Einbruch des Leidens der Andere gleichsam die Augen aufschlägt und vom »Er« zum »Du« wird.[30] Diese Möglichkeit wird in der »Pest« nicht nur in der ersten Predigt des Pater Paneloux behandelt, der über den Einbruch der Pest den »Augenblick des Nachdenkens« gekommen sieht (vgl. 78); auch Cottard stellt unumwunden fest: »Die einzige Art, die Leute zusammenzubringen, besteht immer noch darin, daß man ihnen die Pest schickt. Schauen Sie doch um sich« (158). So legt »Die Pest« gerade in der Genese des sittlichen Bewußtseins Zeugnis von jenem »Sündenbockmechanismus« ab, den *René Girard* kulturgeschichtlich als Moment jeglicher menschlicher Identitätsbildung herausstellt.[31] Dieser versteht nämlich unter dem Sündenbockmechanismus nicht im engeren Sinne ein kultisches Ritual, wie es in Lev 16 überliefert ist, sondern einen bewußtseinsbildenden Prozeß, in dem die tödliche Gewalt, die dem anderen widerfährt, meine eigene Identität konstituiert. Und genau diesem Me-

---

[29] Vgl. auch die sinngemäß gleiche Rede vom »Entsetzen des Anfangs« in der Sterbeszene des Philipp Othon (174).

[30] Vgl. dazu *H. Cohen*: Religion der Vernunft aus den Quellen des Judentums, Köln ²1970, 19.

[31] Vgl. vor allem *R. Girard*: Der Sündenbock, Zürich 1988.

chanismus verdankt sich die Genese eines Bewußtseins, das erst dort die im Du aufscheinende sittliche Verpflichtung wahrnimmt, wo andere sterben.

Rieux erkennt diesen Vermittlungszusammenhang, weigert sich aber ganz entschieden, darin eine Rechtfertigung des Leidens zu sehen, weil ihm die Pesttoten ein zu hoher Preis für jene sittliche Sensibilität sind, die sich auf ihre Kosten erst erhebt. Er gesteht, »daß die Pest auch ihr Gutes hat, daß sie die Augen öffnet, daß sie zum Denken zwingt« (102), aber mit dem entscheidenden Zusatz: »Das kann ein paar wenigen dazu verhelfen, größer zu werden. Wer jedoch das Elend und den Schmerz sieht, die die Pest bringt, muß wahnsinnig, blind oder feige sein, um sich mit ihr abzufinden« (ebd.).[32] Dementsprechend fühlt er sich »mit den Besiegten enger verbunden als mit den Heiligen« (207).

Insofern steht die Erfahrung der Ohnmacht nicht erst am Ende eines sittlich guten Willens, der seinen Widerstand gegen die Pest als eine »einzige Niederlage« wahrnimmt; sie steht im zuletzt genannten Sinne zunächst an dessen Anfang, weil dieser Wille aus dem Dämmerzustand menschlicher Gewöhnung erst durch den Einbruch des Leidens geweckt werden muß. In dieser zweiten Gestalt der Ohnmacht ist er zugleich auf eine wiederum zweifache Weise vom Prozeß der Gewöhnung bedroht. Dies gilt zunächst einmal für jenes in Gewohnheiten erstarrte Leben, wo der Andere zur selbstverständlichen Gegebenheit erstarrt und in das erst der Tod einbrechen muß, um jene sittliche Sensibilität füreinander herzustellen, die die Liebe aus ihrem gefrorenen Zustand weckt. Es gilt zum anderen für einen Zustand, wo die Pest selbst zur alles umschließenden Lebensform geworden ist, in die nicht mehr der kontrastierende Schein des »normalen« Lebens fällt. Darum ist die Selbstwahrnehmung des sittlich guten Willens an jenen Moment gebunden, wo die Pest und jenes Leben, das von ihr unterbrochen wird, einander wechselseitig erhellen: in der besagten »Erbitterung des Anfangs«. Insofern weiß Rieux am Ende der Pest auch, daß das Glück der Liebenden, die nach langer Trennung nun einander in die Arme fallen, »an jene bedrängende Minute« gebunden ist, »da die Zeit des Leidens zu Ende ging und die Zeit des Vergessens noch nicht angebrochen war« (240). Der Augenblick der Wahrheit ist darum der des Schweigens, wo keine »rettende« Kon-

[32] Dies ist auch gegenüber einer Theodizee der »Seelenbildung« einzuwenden, wie sie *A. Kreiner* in Anlehnung an John Hick entwickelt in: ders.: Gott und das Leid, Paderborn 1994. Vgl. dazu meine Rezension in: ThRv 92 (1996) 130-135. Zu diesem Einwand vgl. auch *R. Ammicht-Quinn*: Von Lissabon bis Auschwitz. Zum Paradigmawechsel in der Theodizeefrage, Fribourg-Freiburg/Br. 1992, 227 ff.

vention irgendwelche Sprachmuster bereitstellt, die den Einbruch des Grauens zumindest rhetorisch zu bändigen vorgeben. »Im Augenblick des Unglücks allein gewöhnt man sich an die Wahrheit, das heißt ans Schweigen« (95), notiert darum auch Rieux' Weggefährte Tarrou. Und Rieux ist sogar der Meinung, daß Paneloux nur deshalb im Rahmen mitgebrachter theologisch-rhetorischer Konventionen die Wahrnehmung der Pest bändigen kann, weil er noch nie dem Atem eines Sterbenden gelauscht hat (vgl. 103), der allein vermocht hätte, ihm die Sprache zu verschlagen. Deshalb kann er Paneloux sogar seine Predigt verzeihen.[33]

Dieser wechselseitige Erhellungszusammenhang hat – schon bei vordergründiger Betrachtung – etwas Bedrückendes. Denn was die Genese jener sittlichen Wahrnehmung betrifft, mit der etwa das Ehepaar Castel plötzlich wieder zueinander findet, müssen wir sagen: *Die Pestopfer sind für die Möglichkeit eines flüchtigen Glücks gestorben, das anderen erst angesichts ihres Sterbens zuteil wird.* Und es ist bezeichnend, daß das Ehepaar Castel zu seinem Glück nur gelangt, indem es dessen für andere tödlichen Preis verdrängt.[34]

Anders verhält es sich bei Rieux selbst, der diesen Vermittlungszusammenhang erkennt und darum nicht nur von der »Eigenartigkeit« eines Glücksgefühls spricht, das sich im Angesicht des Todes entfaltet[35], sondern dieses Glück zuletzt sogar »ungerecht« nennt.[36] Letzteres hat schließlich zur Folge, daß Rieux am Ende nicht mehr zu jener Glückserfahrung befähigt ist, deren tödliches Bedingungsgefüge er durchschaut hat.

Wie sehr eine »Theodizee des Leidens« sich verbietet, zeigt sich in einer weiteren Hinsicht noch einmal in der bereits dargestellten Entwicklung des Vaters, der erst durch den bereits geschehenen Tod seines Sohnes zu spät zu einer Sprache findet, in der seine Liebe dem eigenen Kind gegenüber zu leben beginnt. Insofern ist er ein Beispiel für eine Erkenntnis, die sich sehr viel früher schon bei *Walter Benjamin* formuliert findet, der in Wahrnehmung desselben wechselseitigen Vermittlungs-

---

[33] »Die Christen sprechen manchmal so, ohne es je wirklich zu denken. Sie sind besser, als sie scheinen« (102).

[34] Vgl. den Hinweis darauf, »daß neben dieser unvermutet entdeckten Wahrheit die Pest wenig Bedeutung hatte« (58). Auch dies trifft sich mit den Ergebnissen, zu denen *Girard* gelangt. Denn dieser behauptet, daß es zur Wirksamkeit des Sündenbockmechanismus gehört, daß das solcherart erwachte Bewußtsein nachträglich die tödlichen Spuren seiner Genese verdrängt (vgl. *ders.*: Der Sündenbock [s.o. Anm. 31], 139).

[35] Vgl. die Rede vom »eigenartigen Glücksgefühl« (»étrange bonheur«), das Tarrou und Rieux erfahren, als sie sich eines Nachts ans Meer begeben und dort für Momente jener Pest entronnen sind, die auf diese Weise ihr Glück kontrastierend ermöglicht (209).

[36] Zur Formulierung von der »Ungerechtigkeit des Glücks« vgl. ebd., 241.

zusammenhangs feststellt, daß unsere Liebe zu einem anderen Menschen ihre eindringlichste Sprache erst in dem Moment findet, wo sie realiter ihn gar nicht mehr erreicht.[37]

Die Wahrnehmung dieser Ohnmacht, in der der sittlich gute Wille seiner selbst nicht mächtig ist und seine Selbstwahrnehmung sich der Präsenz dessen verdankt, was er - einmal erwacht - negieren muß, verleiht der Theodizeefrage bei Camus ihre letzte Schärfe. Denn die im Namen des leidenden Kindes sich erhebende Anklage gilt sowohl einer lädierten Schöpfung als auch ihrem etwaigen Schöpfer, ist jedoch auf der Ebene ihres eigenen Selbstverständnisses ihrer Geltung fraglos gewiß. Die Genese dieser Anklage klärt jedoch über ein wesentliches Selbstmißverständnis dieses sittlichen Bewußtseins auf, weil es in seinem eigenen Geltungsanspruch selbst durch jene empirische Welt lädiert ist, der ihr Veto doch gilt. Die äußerste Radikalität der Theodizeefrage ist also dort erreicht, wo die zweifelnde Anklage Gottes sich in die Selbstanklage des sittlichen Bewußtseins verwandelt und in diesem Sinne die Frage nach der *Theodizee* die nach der *Anthropodizee* einbegreift.

5. Zur Unmöglichkeit, Genese und Geltung des sittlichen Bewußtseins zu trennen

Damit verbietet sich eine naheliegende Unterscheidung, die - wäre sie aufrechtzuerhalten - die Behandlung der Theodizeefrage sonst erleichterte: die von *Genese* und *Geltung* des sittlichen Bewußtseins.[38] Im Rahmen dieser Unterscheidung hat zwar das sittliche Bewußtsein eine Geschichte, die wir einleitend als jene *»transzendental-geschichtliche Voraussetzung«*

---

[37] »Stirbt ein sehr nahestehender Mensch uns dahin, so ist in den Entwicklungen der nächsten Monate etwas, wovon wir zu bemerken glauben, daß - so gerne wir es mit ihm geteilt hätten - nur durch sein Fernsein es sich entfalten konnte. Wir grüßen ihn zuletzt in einer Sprache, die er schon nicht mehr versteht« (*W. Benjamin*: Einbahnstraße, in: ders: Gesammelte Schriften IV, Frankfurt 1972, 83-148, hier: 94). Diese Verflochtenheit des sittlichen Bewußtseins in die empirische Welt wäre m.E. in einer transzendentalen Freiheitslehre stärker zu berücksichtigen. Sie markiert den Punkt, wo der Prozeß intersubjektiver Anerkennung nicht nur durch die Endlichkeit der jeweiligen Freiheitssubjekte, sondern vor allem durch seine materiale Vermittlung fragmentiert wird. Von hier aus wäre auch das Gespräch mit den kritischen Anfragen zu führen, die *Karl-Heinz Menke* in seinem Beitrag an mich richtet.

[38] Dies wäre vor allem gegenüber *J. Splett* einzuwenden, der die Erfahrung unbedingter sittlicher Verpflichtung von deren empirischem Realisationszusammenhang zu trennen versucht. Vgl. *ders.*: Rezension von *G. Neuhaus*: Theodizee - Abbruch oder Anstoß des Glaubens, in: ThPh 39 (1994) 609-613.

kenntlich gemacht haben, die sowohl dem Akt sittlicher Empörung als auch der darin wurzelnden Theodizeefrage ermöglichend vorausliegt. Doch bliebe diese transzendentale Geschichte dem Geltungsanspruch des sittlichen Bewußtseins äußerlich. Wir hingegen mußten feststellen, daß sich die empirische Realgeschichte und die transzendentale Geschichte sittlicher Urteilsformen zwar begrifflich-abstrakt unterscheiden lassen, realiter aber einander wechselseitig durchdringen. Dieses Durchdringungsverhältnis gestaltet sich so, daß wir den Autonomieanspruch des sittlichen Bewußtseins in seiner bis hierhin behandelten Gestalt als Selbsttäuschung kritisieren mußten, da dieses sittliche Bewußtsein in dem dargestellten Sinne seiner selbst nicht mächtig ist. Denn es lebt von Gnaden jener Welt, der sein eigener Widerspruch doch gilt. Insofern ist angesichts dieses Bedingungsverhältnisses die einzig mögliche Gestalt wahrer Autonomie nur über das objektivierende Eingeständnis der besagten Ohnmacht zu gewinnen.

Der Begriff des Absurden, wie er bei Camus faktisch entwickelt ist, gilt hingegen lediglich der Ohnmacht des sittlichen Bewußtseins im zuerst behandelten Sinne. Bezogen auf diesen Begriff läßt sich von der Situation des Sisyphos mit Recht sagen: Ein wirklich totaler Fluch ließe nicht einmal mehr das objektivierende Bewußtsein seiner selbst zu. Die Fähigkeit des Sisyphos, jenen Fluch noch einmal zu objektivieren, der ihn immer wieder scheitern läßt, zeugt davon, daß das menschliche Bewußtsein von diesem Fluch gerade nicht erfaßt ist. Angesichts dieser Fähigkeit erkennt Camus das Glück des Sisyphos gerade in der »Stunde des Bewußtseins«[39], wo dieser im Abstieg den über ihn verhängten Fluch fixiert und sich darin als »stärker als sein Fels erweist«[40]. In diesem Sinne kann Camus feststellen: »Aber die niederschmetternden Wahrheiten verlieren an Gewicht, sobald sie erkannt werden.«[41]

Ich habe jüngst von dieser *von Camus reflektierten* Gestalt des Absurden als dem »Absurden erster Ordnung« gesprochen[42] und davon jenes »Absurde zweiter Ordnung« unterschieden, das Camus zwar erzählerisch gestaltet, selbst aber nur ansatzweise reflektiert hat: die zweite Gestalt der Ohnmacht, in der sich das sittliche Bewußtsein hinsichtlich seiner Genese als Teil jener empirischen Welt erweist, der

---

[39] *A. Camus*: Der Mythos von Sisyphos, Reinbek [14]1970, 99.

[40] Ebd.

[41] Ebd., 100.

[42] Dazu und zum Folgenden vgl. *G. Neuhaus*: Theodizee – Abbruch oder Anstoß des Glaubens? Eine Annäherung von ausgewählten Beispielen der Literatur her, in: J.B. Metz (Hrsg.): »Landschaft aus Schreien«. Zur Dramatik der Theodizeefrage, Mainz 1995, 9-55, hier vor allem: 43-53.

ihr Veto doch gilt. In der Wahrnehmung dieses Zusammenhangs stellt jedoch die Genese des sittlichen Bewußtseins seine Geltung in Frage, und der zuletzt zitierte Satz muß umgekehrt lauten: *Hier ist eine Wahrheit erkannt, die erst als erkannte niederschmetternd wird.* Damit hat Camus' »Pest« auf ganz spezifische Weise zu der bereits genannten Frage Nietzsches hingeführt, warum man moralisch sein soll, wenn Natur und Geschichte unmoralisch sind. Insofern steckt in der Theodizeefrage ein Problempotential, das nicht erst den Glauben an Gott, sondern zuallererst die vermeintliche Autonomie des sittlichen Bewußtseins in Frage stellt. Darum betrifft dieses Problempotential nicht allein und schon gar nicht zuerst den Glauben. Gerade wenn wir den Gottesglauben verabschieden, taucht nämlich um so ungeschützter die Frage nach dem Geltungsanspruch einer sich autonom wähnenden sittlichen Vernunft wieder auf, die das Lebensrecht der Leidenden und Sterbenden einklagt.

Dies wirft nun freilich ein ganz neues Licht auf die im atheistischen Selbstverständnis begegnende Theodizeefrage. Sie muß sich dann nämlich die Gegenfrage stellen lassen, ob sie angesichts des Leidens womöglich deshalb so heftig die Paradoxie des Gottesglaubens herausstellt, um von der genannten Widersprüchlichkeit ihres vermeintlich autonomen sittlichen Bewußtseins abzulenken.[43] Dann besäße diese Gestalt der Theodizeefrage selbst noch einmal Sündenbockfunktion für ein sittliches Bewußtsein, das sich von seiner eigenen Befangenheit im Sündenbockmechanismus ablenken will. Bei Büchner jedenfalls scheint mir eine solche Sündenbockstruktur vorzuliegen: Während in »Dantons Tod« auf der einen Seite die logische Widersprüchlichkeit herausgestellt wird, die der Glaube an einen gütigen und allmächtigen Schöpfergott angesichts des Leidens gewinnt, demaskiert Danton auf entsprechende Weise jene Idee autonomer sittlicher Vernunft, der Robespierre anhängt. Sie ist ihm geboren aus dem »elenden Vergnügen [..], andre schlechter zu finden« als sich (vgl. Büchner, 21), so daß Robespierre das Laster »nicht proskribieren« darf: Er ist »ihm zu viel schuldig, durch den Kontrast nämlich« (ebd.).

Wenn aber der sittliche Autonomieanspruch in der Fragwürdigkeit des Gottesglaubens stellvertretend seine eigene Fragwürdigkeit behandelt, dann gewinnt der für nicht-existent erklärte Gott gerade als solcher noch

---

[43] Diese Frage ist vor allem zu stellen an die Arbeit von *G. Streminger*: Gottes Güte und die Übel der Welt. Die Theodizeefrage, Tübingen 1992. Vgl. auch meine Auseinandersetzung damit in: *G. Neuhaus*: Menschliche Identität angesichts des Leidens. Wonach fragt die Theodizeefrage?, in: G. Fuchs (Hrsg.): Angesichts des Leids an Gott glauben? Zur Theologie der Klage, Frankfurt/M. 1996, 17-52.

einmal eine identitätsstiftende Funktion für das sittliche Bewußtsein. Insofern gibt es im Blick auf die Stabilisierung menschlicher Identität nicht nur die häufig diskutierte Möglichkeit einer Placebo-Funktion des Glaubens, sondern auch eine weniger beachtete Placebo-Funktion des sich am Leiden entzündenden Unglaubens.

Damit sind wir ein zweites Mal bei der Ideologiegefahr angelangt, der die Theodizeefrage unterliegt, wenn sie sich der Aufhellung ihrer transzendental-geschichtlichen Bedingungen verweigert.

6. Die Wechselseitigkeit des festgestellten Kontrastverhältnisses in der Genese des biblischen Monotheismus

Die biblische Tradition der Theodizeefrage ist für uns an dieser Stelle aus zwei Gründen von Interesse. Erstens kann an ihr genau jenes wechselseitige Kontrastverhältnis studiert werden, das wir bis hierhin behandelt haben. Dies gilt bis in die aufgezeigte Paradoxie eines sittlichen Bewußtseins hinein, das sich in seiner Möglichkeit dem Einbruch des Leidens in eine für geordnet gehaltene Welt verdankt. Und in dieser Hinsicht werden wir feststellen, daß in der biblischen Tradition die sittliche Idee einer dem Menschen als solchen eigenen Würde nicht erst die Theodizeefrage transzendental-geschichtlich möglich macht, sondern ihrerseits durch eine vorausgegangene Gestalt der Theodizeefrage transzendental-geschichtlich vorbereitet worden ist. Wir werden zweitens feststellen, daß Gott dabei schließlich als diejenige rettende Wirklichkeit angesprochen wird, vor der klagend das Leid derer in Erinnerung gerufen werden kann, zu deren Lasten sich menschliche Identität ausprägt. Insofern ist die biblische Gestalt der Theodizeefrage von Anfang an strukturell auf jene Erfahrung bezogen, die wir hier als die des Sündenbockmechanismus reflektiert haben.

Damit gewinnt die Theodizeefrage eine zweifache Funktion: Sie führt einerseits zu der Vorstellung einer unbedingten Würde des einzelnen als Person hin und geht andererseits in verwandelter Gestalt aus jener sittlichen Idee wieder hervor, die sie doch selber vorbereitet hat. Schon allein dieser Befund erlaubt eine einstweilige Bewertung der biblischen Theodizeefrage: Sie bedeutet keinen störenden Einbruch von außen in ein Gefüge geordneter Glaubensvorstellungen, sondern wird lesbar als ein inneres Moment des Gottesglaubens selbst. Auf diese Weise deutet sich zugleich auch eine Neubewertung jener Paradoxie an, von der wir bis hierhin festgestellt haben, daß das sittliche Bewußtsein daran notwendig zerbrechen muß, wenn es sie nicht verdrängt. Sie wird so verstehbar als

Ausdruck einer Größe Gottes, die das Maß des menschlich Faßbaren übersteigt. Insofern ist dem biblischen Gottesglauben nicht nur eine dezidierte Theodizee*anfälligkeit*, sondern eine nicht minder ausgeprägte Theodizee*fähigkeit*[44] eigen.

a) Theodizeeanfälligkeit und Theodizeefähigkeit des Jahweglaubens

In diesem Zusammenhang ist zunächst daran zu erinnern, daß die biblische Alleinverehrung Jahwes sich der Kontinuität einer bestimmten Erfahrungsstruktur verdankt: daß nämlich die Protoisraeliten sich stets siegreich der Übermacht historischer Widerstände erwehren konnten. Der Gott Jahwe wird auf diesem Wege ansprechbar als jene - selbst unsichtbar bleibende - Bedingung, die nur indirekt identifizierbar wird vermittels dessen, was sie bewirkt, indem sie Israel zu Großem befähigt: »Die einen sind stark durch Wagen, die andern durch Rosse, wir aber sind stark im Namen des Herrn, unsres Gottes. Sie sind gestürzt und gefallen; wir bleiben aufrecht und stehen« (Ps 20,8f).

Für den zeitgenössischen Leser eines solchen Bekenntnisses zur Größe des biblischen Gottes stellt sich hier in der Regel zunächst die irritierte Frage nach der tödlichen Gewalt gegenüber anderen Völkern, durch die sich diese Größe Gottes auszeichnet. Diese Frage wird beantwortbar, wenn man zunächst einmal die hier bereits angedeutete Struktur des Jahweglaubens näher betrachtet. Daß der biblische Gott seine Wirklichkeit nur indirekt bekundet vermittels dessen, was er an Unvergleichlichem bewirkt, hat eine ganz spezifische Einheit seiner Offenbarung und seiner Verborgenheit zur Folge: Er ist *an sich* verborgen, *für uns* jedoch indirekt offenbar in dem, wozu er sein Volk befähigt und was er auf diese Weise bewirkt. Damit ist in der Entstehung des biblischen Glaubens zunächst einmal eine bemerkenswerte Parallele zur Entwicklung einer wissenschaftlichen Theorie gegeben.[45] Denn diese gelangt ebenfalls über die Beobachtung von zunächst kontingent anmutenden singulären Ereignissen zur hypothetischen Annahme einer tieferen Regelmäßigkeit. Eine solche Hypothese wird freilich erst in der Retrospektive formulierbar, wenn nämlich in der Abfolge singulärer Vorkommnisse sich eine

---

[44] Wenn ich hier und im folgenden von »Theodizeefähigkeit« und »-anfälligkeit« spreche, dann steht der Theodizeebegriff primär für die Theodizee*frage*, nicht für die Antwort darauf.

[45] Darauf macht *S. Scharrer* aufmerksam in: ders.: Theologische Kritik der Vernunft, Tübingen 1977, 99 f.

tiefere strukturelle Gleichheit offenbart. Und genau diese tiefere Kontinuität einer Erfahrung bestand in der Genese des Jahweglaubens darin, daß stets dort, wo aufgrund der Übermacht äußerer Verhältnisse den Israeliten der Weg in die Freiheit verbaut schien, sich plötzlich dieser für unmöglich gehaltene Weg auftat. Dies war der Fall bei der Flucht aus Ägypten, im Durchzug durch die lebensfeindliche Wüste, in der Landnahme sowie schließlich im Aufstieg des Hirtenjungen David zum König über Israel. Solcherart wurde es möglich, die eigene Stellung unter den Völkern nicht als eigene Leistung zu verstehen, sondern als Gabe eines unsichtbaren Gottes, dessen Größe sich nur indirekt bekundet in der Größe jenes Volkes, das er sich erwählt hat. Insofern sieht *Gerhard von Rad* den Jahweglauben geboren aus einem »Urtrieb des Menschen, den Bereich des Kontingenten mit allen Mitteln aufmerksamster Beobachtung so weit wie möglich einzugrenzen und, wo irgend möglich, dem undeutbaren Kontingenten doch einen, wenn auch vielleicht tief verborgenen, Sinn abzuringen«.[46]

Nun kann in der »Logik der Forschung« eine hypothetische Annahme dann Anspruch auf Wissenschaftlichkeit anmelden, wenn aus ihr die Formulierung empirischer Bedingungen abgeleitet werden kann, die eintreten müßten, wenn sich diese Hypothese als falsch erweisen sollte.[47] Genau das ist in der Logik des biblischen Glaubens der Fall, denn wenn die Größe Jahwes sich in der Vorzugsstellung Israels unter den Völkern bekundet, dann liegen die Bedingungen einer solchen »Falsifikation« dort vor, wo Israel zum Spielball anderer und mächtigerer Völker wird. Entsprechend verstummt das Lob der Herrlichkeit Gottes nach der Deportation ins Babylonische Exil, weil dieses Lob »auf fremder Erde« unmöglich scheint, so daß die solcherart Klagenden »die Harfen an die Weiden in jenem Land« hängen (vgl. Ps 137,2-4). Diese Begründung des Jahweglaubens in der Deutung geschichtlicher Widerfahrnisse macht nicht nur eine augenfällige Parallele zur »Logik der Forschung« aus, sondern läßt mich darum auch von seiner *Theodizeeanfälligkeit* sprechen.

Allerdings zwingt die logische Struktur dieses Glaubens, die wir hier mit dem Begriff des »relativen Absolutheitsanspruchs« angesprochen haben, zu einer ganz spezifischen Bewertung solcher Falsifikation. Diese ergibt sich aus der dargestellten Einheit von Offenbarung und Verborgenheit Gottes in dem, was wir geschichtlich als sein Handeln erfahren. Wenn nämlich Gott sich immer auch verbirgt in dem, was wir geschicht-

---

[46] *G. von Rad*: Weisheit in Israel, Neukirchen-Vluyn 1970, 166.

[47] Zur Bedeutung des Falsifikationsprinzips als Kennzeichen einer wissenschaftlichen Hypothese vgl. *K. Popper*: Logik der Forschung. Tübingen ^{2}1966, 14-17 u. 47-59.

lich als Manifestation seiner Größe erfahren, dann wird die genannte Falsifikation zur Herausforderung, Gott gerade in denjenigen Gehalten zu vernehmen und in diesem Sinne offenbar werden zu lassen, die dem Glaubenden bislang verborgen waren. Dies ist mit der angesprochenen *Theodizeefähigkeit* des Jahweglaubens gemeint.

Damit tritt im Rahmen unserer Überlegungen nun eine weitere Parallele auf: nämlich zu jenem Ort der Wahrheit, als der bei Camus der Einbruch des Leidens in eine für geordnet gehaltene und von äußerlichen Konventionen bestimmte Welt begegnet. Hier hatte es nämlich geheißen:

> Am Anfang und am Ende von Heimsuchungen macht man immer ein wenig in Rhetorik. Im ersten Fall hat man die Gewohnheit noch nicht verloren, und im zweiten hat man sie schon wieder angenommen. Im Augenblick des Unglücks allein gewöhnt man sich an die Wahrheit, das heißt ans Schweigen (95).

Entsprechend sieht sich auch der Gläubige in der Situation des Leidens vor eine Wahrheit gestellt, die ihm die Sprache verschlägt, weil sie aus den vertrauten Konventionen religiösen Sprechens aufrüttelt. Er erfährt sich hier mit der - unheimlichen - Größe Gottes eben in denjenigen Gehalten konfrontiert, die ihm bislang verborgen blieben. Insofern ist die Theodizeefrage gerade in ihrer paradoxen Struktur ein Ort der Wahrheit, weil sie in schmerzlicher Weise offenbart, daß die Gegenwart Gottes nicht in denjenigen Erfahrungen aufgeht, in denen sie *für uns* greifbar wird, sondern umgekehrt dazu auffordert, bereits gewonnene Erfahrungen dieser Gegenwart neu zu interpretieren. Darum kennt der Betende den »zerknirschten Geist« als ein »Gott wohlgefälliges Opfer« (Ps 51,19).[48]

Anders als bei Camus ist freilich der »Himmel, wo Gott schweigt«[49], kein Grund, sich von ihm abzuwenden. Denn das Bewußtsein, daß Gott immer nur so offenbar ist, daß er sich zugleich auch verbirgt, läßt den Gläubigen auch dort noch mit der Gegenwart Gottes rechnen, wo er sie seinerseits nicht mehr spürt.[50] Darum kann er selbst dann noch klagend

---

[48] Insofern spricht *J.B. Metz* sehr zu Recht von der Theodizeefrage als der »Frömmigkeit der Theologie« (s.o. Anm. 2). Vgl. dazu inzwischen auch *J.B. Metz* (Hrsg.): Landschaft aus Schreien (s.o. Anm. 42).

[49] Vgl. die entsprechende Formulierung Rieux': Aber da die Weltordnung durch den Tod bestimmt wird, ist es vielleicht besser für Gott, wenn man nicht an ihn glaubt und dafür mit aller Kraft gegen den Tod ankämpft, ohne die Augen zu dem Himmel zu erheben, wo er schweigt« (104).

[50] »Mein Gott, ich rufe bei Tag, doch du gibst keine Antwort; ich rufe bei Nacht und finde doch keine Ruhe. Aber du bist heilig, du thronst über dem Lobpreis Israels« (Ps 22,3f). Vgl. dazu ausführlich *O. Fuchs*: Die Klage als Gebet. Eine theologische Besinnung am Beispiel des Psalms 22, München 1982; *J. Becker-Ebel*: Psalm 22. Rettungs- und

Gott ansprechen, wenn er sich subjektiv von ihm verlassen fühlt, um dann von seiner eigenen Sprachlosigkeit zu erzählen.

Diese Einschätzung der Theodizeefrage als »Ort der Wahrheit« befähigt den Gläubigen dazu, mit dem Widerspruchscharakter dieser Frage anders umzugehen. Dabei gilt auch biblisch, was wir in einer ersten Annäherung an unser Thema festgestellt haben: Leiderfahrungen sind Kontrasterfahrungen, in denen herrschende Erwartungen durch Widerfahrnisse durchkreuzt werden, die erst vor dem entsprechend kontrastierenden Erwartungshintergrund ihre Negativität gewinnen. Und auch in der biblischen Tradition der Theodizeefrage ist jene Form der »Problemeliminierung« bezeugt, auf die uns einleitend – wenn auch in unterschiedlicher Bewertung – Nietzsche und Camus aufmerksam machten: Wir können Leiderfahrungen überwinden, wenn wir uns von jenen positiven Kontrasthintergründen verabschieden, angesichts derer das Leid erst seinen Stachel gewinnt. So klagt Jeremia diejenigen an, die die Erinnerung an die überlieferten Machttaten Jahwes dem Gewicht der gegenwärtigen Tatsachen opferten und auf diese Weise den kontrastierenden Hintergrund der Leiderfahrung egalisierten.[51] Umgekehrt gibt es aber auch die entsprechende Vergleichgültigung des solcherart kontrastierten Vordergrundes. Dies ist vor allem im Buch Kohelet bezeugt, das zur Leidbewältigung einen Rat erteilt, der sonst eher in den religiösen Traditionen Asiens begegnet: nämlich sein Herz nicht an die Welt des sinnlich Faßbaren zu verlieren, weil geschichtliche Leiderfahrung ohnehin nur »ein Windhauch« sei (vgl. Koh 8,12b-15).[52] Traditionsbildend für den biblischen Umgang mit der Theodizeefrage war jedoch nicht die Eliminierung eines jener beiden Pole, die die Struktur dieser Frage ausmachen, sondern die klagende Objektivation dieses Widerspruchs vor Gott. Und es sei noch einmal gesagt: Die Objektivation dieses Widerspruchs wird nur dadurch möglich, daß Gott als eine Wirklichkeit gedacht wird, die selbst unsichtbar ist und nur indirekt sichtbar wird vermittels jener geschichtlichen Ereignisse, die ihrerseits Gott niemals offenbaren, ohne ihn gleichzeitig zu verbergen. Daraus folgt für den Wider-

---

Loblied eines »Gottverlassenen«, Freiburg 1989.

[51] »So spricht der Herr: Was fanden eure Väter Unrechtes an mir, daß sie sich von mir entfernten, nichtigen Göttern nachliefen und so selber zunichte wurden? Sie fragten nicht: Wo ist der Herr, der uns aus Ägypten heraufgeführt, der uns in der Wüste den Weg gewiesen hat, im Land der Steppen und Schluchten, im dürren und düsteren Land, im Land, das keiner durchwandert und niemand bewohnt?« (Jer 2,5f).

[52] Deshalb wird auch beim Buch Kohelet in diesem Punkt bisweilen ein »Abfall vom heilsgeschichtlichen Denken« konstatiert (vgl. *W. Strolz*: Heilswege der Religionen, Bd. 2, Freiburg u.a. 1986, 159).

spruchscharakter der Theodizeefrage: Sie stellt vor Gott gerade in seiner Verborgenheit und macht ihn als verborgenen ansprechbar. Umgekehrt befähigt diese Ansprechbarkeit des verborgenen Gottes das gläubige Bewußtsein dazu, den genannten Widerspruchscharakter zu objektivieren, ohne an ihm zu zerbrechen. Denn die Klage, daß jener Gott, der einst an den Vätern Großes gewirkt hat, für den Betenden gegenwärtig sein Antlitz verbirgt, ist von einem Unterstrom des Vertrauens in den als abwesend erfahrenen Gott gehalten. Sie traut nämlich Gott zu, uns ein »reines Herz« und einen »neuen, beständigen Geist« zu schenken (vgl. Ps 51,24), der uns auch dort seine Gegenwart erfahren läßt, wo wir zuvor nur seine Abwesenheit gespürt haben. Gerade dies kann nun beispielhaft an der religiösethischen Neuorienterung studiert werden, die mit jener Gestalt der Theodizeefrage einsetzt, die durch das Babylonische Exil provoziert wurde.

b) Die mit dem Babylonischen Exil einsetzende religiös-sittliche Neuorientierung

Unsere Überlegungen zur logischen Struktur des Jahweglaubens haben das Verhältnis von Offenbarung und Verborgenheit Gottes nun in einer sehr frühen Gestalt dieses Glaubens aufgesucht - dort nämlich, wo sich die Größe Jahwes nicht nur in der Macht seines Volkes manifestiert, sondern diese Macht sich zugleich auch darin bekundet, daß sie »den Feind zerschmettert« (vgl. Ex 15,6) und »ins Meer wirft« (Ex 15,1b). Insofern stellt das Leid, das den anderen widerfährt, einstweilen weder die Güte noch die Allmacht Jahwes in Frage, sondern wird umgekehrt sogar zum Beweis einer göttlichen Güte und Allmacht, die freilich exklusiv nur dem eigenen Volk zugewandt ist. Denn der Glaube an die eigene Vorzugsstellung unter den Völkern ist begleitet von der Annahme, daß Jahwe stärker ist als deren Götter. Darum wird das zitierte Lob eines Gottes, der den Feind zerschmettert, fortgeführt mit den Worten: »Wer ist wie du unter den Göttern, o Herr? [...] Du strecktest deine Rechte aus, da verschlang sie die Erde« (Ex 15,11f). So erweist sich Jahwe in der Gewalt gegenüber anderen Völkern als »König über allen Göttern« (vgl. Ps 95,3).

Umgekehrt vermag auch das Leid, das dem einzelnen als Glied Israels zustößt, den Glauben an Jahwe nicht zu erschüttern. Denn in der früh-israelitischen Stammesgesellschaft gilt der einzelne als eingebunden in die Geschlechterfolge, so daß nicht nur die Gerechtigkeit, sondern auch die Schuld des einzelnen sich im Schicksal der Nachfahren äußern kann: »Bei denen, die mir feind sind, verfolge ich die Schuld der Väter an den

Söhnen der dritten und vierten Generation; bei denen, die mich lieben und meine Gebote halten, erweise ich Tausenden meine Huld« (Ex 20,5f; Dtn 5,9f). Hier deutet sich zwar schon an, daß das Erbarmen Gottes größer ist als seine strafende Gerechtigkeit, denn während diese nur bis in die »vierte Generation« reicht, ergießt sich jene über »Tausende«. Doch kann sich angesichts des Leidens einzelner die Theodizeefrage zunächst deshalb nicht stellen, weil eben im Leid des subjektiv Unschuldigen die Schuld der Väter fortwirkt; und umgekehrt zeugt das Wohlergehen des Frevlers einstweilen von jener »Huld«, die sich angesichts eines einzelnen Gerechten über »Tausende« ergießen kann.

An dieser Stelle ist nun eine Zwischenbetrachtung über jenen »Sündenbockmechanismus« fällig, den wir in Anlehnung an *Girard* bereits dort festgestellt haben, wo die Genese des für die Theodizeefrage konstitutiven sittlichen Bewußtseins sich dem tödlichen Leid verdankt, das »den anderen« geschieht. So haben wir bereits festgestellt: Das »gestorben für ...«, das uns bei Camus im Verhältnis zwischen dem Schicksal der Pestopfer und jenen Liebenden begegnete, die erst über die Konfrontation mit der Pest zueinander finden, steht nach Girard an der Wurzel jeglicher Identitätsbildung. Wie wir inzwischen gesehen haben, bildet Israel darin keine Ausnahme, wenn seine eigene Identität sich über die Wahrnehmung eines Gottes bildet, der »in seiner erhabenen Größe den Gegner zu Boden wirft« (vgl. Ex 15,7). *Raymund Schwager* spricht darum im Anschluß an Girard von den alttestamentlichen Texten als »Mischtexten«[53], insoweit ihr Zeugnis vom Handeln Gottes über die historische Erfahrung der Gewalt vermittelt ist. Denn die Erfahrung des erbarmenden Handelns Gottes ist hier *gebrochen* durch eine dem menschlichen Bewußtsein inhärente Gewaltstruktur: »gebrochen« in dem Sinne, in dem auch ein Spiegel durch die ihm eigenen Krümmungen, Schatten und Risse das in ihm sich reflektierende Antlitz »bricht«.[54] Die Eigenart der biblischen Tradition besteht nun nach Girard darin, daß sie in zunehmendem Maße diesen Mechanismus bloßlegt.

---

[53] Vgl. *R. Schwager*: Der wunderbare Tausch. Zur Geschichte und Deutung der Erlösungslehre, München 1986, 30; *ders.*: Biblische Texte als »Mischtexte«: Das hermeneutisch-spirituelle Programm der »Entmischung«, in: KatBl 119 (1994) 698-703.

[54] Nicht zufällig greift auch das II. Vatikanum in »Dei Verbum« auf die Metapher des Spiegels zurück, um das kirchliche Verständnis eines Offenbarungsgeschehens zu dokumentieren, das eben nicht Gott »von Angesicht zu Angesicht« schaut: Die »Heilige Überlieferung und die heilige Schrift beider Testamente sind gleichsam ein Spiegel, in dem die Kirche Gott, von dem sie alles empfängt, auf ihrer irdischen Pilgerschaft anschaut, bis sie hingeführt wird, ihn von Angesicht zu Angesicht zu sehen, so wie er ist« (Dei Verbum 7).

So vollzieht sich die Wahrnehmung des biblischen Gottes nicht nur gespiegelt im Sündenbockmechanismus, sondern bricht diesen Mechanismus im Ansatz bereits auf. Dies deutete sich für uns schon darin an, daß die strafende Gerechtigkeit Gottes gleichsam überholt und eingerahmt wird von einem Erbarmen, das »Tausenden« zuteil wird. Es zeigt sich aber auch darin, daß für Israel die Größe Gottes nicht nur vor dem kontrastierenden Hintergrund der gefallenen Ägypter erstrahlt, sondern sich zuallererst darin bekundet, daß sie die Israeliten aus jener Opferrolle befreit, die sie im ägyptischen »Sklavenhaus« eingenommen haben. Dies hat eine eigentümliche Folge für die Genese des biblischen Ethos: Auf der einen Seite fordert ein Gott, dessen Erbarmen exklusiv Israel zugewandt zu sein scheint, zunächst nur zur Liebe jenes »Nächsten« auf, der innerhalb der eigenen Volksgemeinschaft begegnet.[55] Auf der anderen Seite gilt das Gebot der Nächstenliebe dem Fremden dann doch insoweit, wie er in Israel zu Gast ist. Die Begründung dieses Gebotes lautet jedoch nicht wie im späteren Monotheismus, daß der Fremde genauso wie der Israelit sein Leben dem Schöpfer allen Lebens verdankt, sondern sie ist psychologischer Natur: Gerade weil die Israeliten selbst Fremde in Ägypten waren, können sie sich in einen Fremden versetzen und wissen, wie ihm zumute ist.[56]

Dies ändert sich nun im Rahmen jener umfassenden religiös-sittlichen Neuorientierung, die mit dem Babylonischen Exil einsetzt. Auch wenn angesichts der transzendental-geschichtlichen Voraussetzungen, innerhalb derer das religiöse Bewußtsein sich einstweilen aufhält, weder das Leid anderer Völker, noch das dem einzelnen Volksangehörigen widerfahrene Leid die Theodizeefrage auszulösen vermag, so geht doch aus dem bisher Gesagten hervor, an welcher Stelle der Jahweglaube einstweilen theodizeeanfällig ist. Dies ist in jenen geschichtlichen Widerfahrnissen der Fall, wo Israel als Volk zum Spielball anderer Völker wird. Solche Erfahrungen setzen nach dem Tod Salomos und dem Auseinanderfall des Großreiches Israel ein und finden ihren einstweiligen Höhepunkt mit dem Babylonischen Exil (586-538). Der Psalm 137 kündet davon, wie sehr der solcherart erzwungene Aufenthalt in der Fremde nun die Macht und Güte Jahwes in Frage stellt. Er zeugt vom Spott der siegreichen Babylonier, welche die Unterwerfung und Deportation der Juden als Zeichen der

---

[55] »An den Kindern deines Volkes sollst du dich nicht rächen und ihnen nichts nachtragen. Du sollst deinen Nächsten lieben wie dich selbst« (Lev 19,18).

[56] »Der Fremde, der sich bei euch aufhält, soll euch wie ein Einheimischer gelten, denn ihr seid selbst Fremde in Ägypten gewesen« (Lev 19,34).

Ohnmacht des jüdischen Gottes feiern.[57] Und er dokumentiert zugleich die Unfähigkeit der im Exil Lebenden, »auf fremder Erde« das Lob Jahwes anzustimmen.[58]

Damit ist eine Situation eingetreten, wo der Einbruch des Leidens als Ort einer »Wahrheit« reflektiert wird, deren angemessener Ausdruck zunächst das Schweigen ist, weil sie die gegenüber der Wirklichkeit erworbenen Sprach- und Deutungsmuster durchkreuzt. Insofern verstummt hier nicht nur das überlieferte Lob Gottes, sondern dem Betenden droht hier »die Zunge am Gaumen [zu] kleben« (vgl. Ps 137,6). Freilich ist das Schweigen nicht das letzte Wort, weil die hier behandelte Struktur des Jahweglaubens es gestattet, auch den als abwesend erfahrenen Gott nochmals anzusprechen und ihm somit *von der eigenen Sprachlosigkeit zu erzählen*.

Bezeichnend für die Bewältigung der solcherart entstandenen Theodizeeproblematik ist nun die Verlebendigung jenes Kontrastverhältnisses, in dem die überlieferte Erinnerung an die Machttaten Jahwes eben nicht einfach durch die Übermacht der herrschenden Tatsachen zum Lug- und Trugbild erklärt wird oder gar in Vergessenheit gerät. Damit ist neben der genannten »Wahrheit des Schweigens« ein weiterer Berührungspunkt mit jener Struktur der Theodizeefrage gegeben, die wir bei Camus herausgestellt haben: In der »Pest« begegnete uns nämlich die Gefahr, daß der Einbruch des Leidens zu einem neuen Gewöhnungsprozeß führt, in dem das Leid schließlich seinen Stachel verliert, weil die kontrastierende Erinnerung eines von der Pest nicht gezeichneten Lebens verblaßt. Darum war Dr. Rieux bemüht, dieses Kontrastverhältnis lebendig zu erhalten, damit die Pest nicht zur »Lebensform« wird. In der gleichen Weise versucht nun in diesem Psalm der Betende, im Modus der Erinnerung jenen Kontrasthintergrund zu erhalten, vor dem der Aufenthalt in der Fremde erst zur Qual wird: »Wenn ich dich je vergesse, Jerusalem, dann soll mir die rechte Hand verdorren« (V.5).

Ich habe an anderer Stelle eine solche Erfahrung, für die hier der Name »Jerusalem« steht, eine identitätsstiftende »Urerfahrung« genannt. Sie zeichnet sich dadurch aus, daß sie nicht einfach ein Glied in der Zeitfolge darstellt, sondern im Modus der Erinnerung eine gegebenenfalls kontrastierende Präsenz gewinnt, kraft derer sie und die gegenwärtige

---

[57] »Dort verlangten von uns die Zwingherren Lieder, unsere Peiniger forderten Jubel: ›Singt uns Lieder vom Zion!‹« (Ps 137,3).

[58] »Wir hängten unsere Harfen an die Weiden in jenem Land. [...] Wie könnten wir singen die Lieder des Herrn, fern, auf fremder Erde?« (Ps 137,2-4).

Erfahrungswirklichkeit einander wechselseitig erhellen.[59] Wie wir gesehen haben, fordert gerade der Widerspruchscharakter solcher unaufgelösten Kontrasterfahrungen dazu auf, keine der beiden Pole dieser Erfahrung dem jeweils anderen zu opfern, sondern nach Gott als jener verborgenen Wirklichkeit zu fragen, die allein diesen Widerspruch auflösen kann. Insofern gerät hier der Paradoxiecharakter der gegebenen Situation zur Aufforderung, Gott gerade in seiner Verborgenheit anzusprechen.

Dies bedeutet für den Umgang mit jener Erinnerung, für die im vorliegenden Psalm stellvertretend der Name »Jerusalem« steht, eine Einstellung, die sich folgendermaßen in Worte fassen läßt: »Die überlieferten Machttaten Jahwes waren zu groß, um durch die elende Gegenwart einfach in ein Lug- und Trugbild verwandelt zu werden.« Oder: »In den erinnerten Machttaten muß Gott in einer Weise verborgen sein, die zu entdecken verstehbar macht, was wir jetzt nicht verstehen können.« Damit sind wir bei dem angelangt, was wir einstweilen die *Theodizeefähigkeit* des Jahweglaubens genannt haben, wenn der Paradoxiecharakter auftretender Erfahrungen zur Aufforderung wird, Gott gerade als Verborgenen und Unbekannten anzusprechen.

Es ist nun auffallend, daß der vorliegende Psalm in einer wesentlichen Hinsicht die genannte Paradoxieerfahrung und insofern die *Theodizeeanfälligkeit* des Jahweglaubens dokumentiert, ein entscheidendes Moment seiner *Theodizeefähigkeit* hier aber ausfällt. Zwar haben wir gesehen, daß der als fehlend erfahrene Gott immer noch als diejenige Instanz vorausgesetzt wird, der die erfahrene Sprachlosigkeit erzählt werden kann. Freilich wird der Widerspruch zwischen der elenden Gegenwart und der Erinnerung an die überlieferten Machttaten Jahwes hier allein auf Kosten einer Gegenwart aufgelöst, die nun ihrerseits zum vordergründigen Trugbild erklärt wird. Man fühlt sich in diesem Zusammenhang an Marcuses »um so schlimmer für die Tatsachen« erinnert, wenn hier die Erinnerung an Jerusalem in einer Weise aktiviert wird, die die Hoffnung auf den kommenden Rächer weckt, der an den Babyloniern Vergeltung übt und sie »am Felsen zerschmettert«.[60] Diese mangelnde Theodizeefähigkeit ist dadurch bedingt, daß der Betende sich an Gott primär

---

[59] Vgl. *G. Neuhaus*: Theodizee (s.o. Anm. 13), 328 ff. Das gleiche ist gemeint, wenn etwa im Rahmen der jüdischen Holocaust-Theologie bei *E. Fackenheim* von »roots-experiences« – von »Wurzelerfahrungen« – die Rede ist, die ein kontrastierendes Gegengewicht zu »epoch-making events« – zu »epochebildenden Ereignissen« – schaffen. Vgl. dazu *Ch. Münz*: Der Welt ein Gedächtnis geben. Geschichtstheologisches Denken im Judentum nach Auschwitz, Gütersloh 1995, 271-276.

[60] »Tochter Babel, du Zerstörerin! Wohl dem, der dir heimzahlt, was du uns getan hast! Wohl dem, der deine Kinder packt und sie am Felsen zerschmettert!« (Ps. 137,8f).

insoweit wendet, wie seine Wirklichkeit mit deren bereits erfahrener geschichtlicher Manifestation zusammenfällt. Nicht zufällig ist statt des verborgenen Gottes »Zion« bzw. »Jerusalem« der ausdrückliche Adressat der Klage. Insofern verbleibt die hier dokumentierte »Lösung« der Theodizeefrage deshalb im Bannkreis der Gewalt, weil sie Gott zuwenig als den Verborgenen und Unbekannten anspricht.

Die für die jüdische Glaubensgeschichte bestimmende Auflösung dieser Gestalt der Theodizeefrage erfolgt freilich durch den monotheistischen Schöpfungsglauben, wie er sich im ersten Schöpfungstext dokumentiert, der seine vorliegende Gestalt im Babylonischen Exil erhalten hat. Dieser Glaube erlaubte wirkungsgeschichtlich eine vierfache Neuorientierung, die im folgenden kurz skizziert sei:

1. Wenn Gott als Schöpfer der ganzen Welt gedacht werden muß, dann gibt es im strengen Sinne keine »fremde Erde« mehr, die dazu nötigte, die Harfen an die Weiden zu hängen. Die Schöpfung ist dann in ihrer ganzen Fülle sowohl Gegenstand als auch Ort der dankenden und lobenden Anrede Gottes[61], und der Schöpfungsglaube befähigt zu dem Bekenntnis: »Deine Güte reicht, so weit der Himmel ist, deine Treue, so weit die Wolken ziehn« (Ps 57,11).

2. Indem der Monotheismus Gott als Schöpfer aller Menschen zu sehen lehrt, bereitet er die sittliche Befähigung vor, im anderen unabhängig von seiner Nationalität, seiner Herkunft und auch seiner Religion Bruder und Schwester zu erkennen. War die Größe des göttlichen Erbarmens bislang darin deutlich geworden, daß er die Feinde Israels zerschmetterte, so wird sie nun darin deutlich, daß sie anders als das menschliche Erbarmen nicht nur dem Nächsten, sondern allen Menschen gilt.[62] Dies hat für die Deutung der einstigen politischen Vorzugsstellung Israels zur Folge, daß der als Herr aller Völker gedachte Gott nun als jemand vorgestellt wird, der jedem Volk *seine* Zeit gewährt. Unter bezeichnender Anknüpfung an den Schöpfungsgedanken deutet darum Jeremia das Babylonische Exil folgendermaßen:

---

[61] Vgl. in diesem Sinne etwa Ps 104.

[62] Vgl. Jes Sir 18,13: »Das Erbarmen des Menschen gilt nur seinem Nächsten, das Erbarmen des Herrn allen Menschen.« Insofern bedeutet das jesuanische Gebot der Feindesliebe, das die Bergpredigt antithetisch dem »Gesetz der Alten« entgegenstellt, für das in jüdischer Tradition entwickelte Ethos keinen *Einbruch von außen*, sondern stellt vielmehr einen *Durchbruch von innen* dar, mit dem Jesus die radikalsten Intentionen des Monotheismus freisetzt. Eine Frühform dieses Gebotes findet sich schon in Spr 25,21f: »Hat dein Feind Hunger, gib ihm zu essen, hat er Durst, gib ihm zu trinken; so sammelst du glühende Kohlen auf sein Haupt, und der Herr wird es dir vergelten.«

> Ich bin es, der die Erde erschaffen hat samt den Menschen und den Tieren, die auf der Erde leben, durch meine gewaltige Kraft und meinen hoch erhobenen Arm, und ich gebe sie, wem ich will. Jetzt gebe ich alle diese Länder in die Hand meines Knechtes, des Königs Nebukadnezar von Babel; selbst die Tiere des Feldes mache ich ihm dienstbar. Alle Völker sollen ihm untertan sein, ihm, seinem Sohn und Enkel, bis auch für sein eigenes Land die Zeit kommt, daß große Völker und mächtige Könige es knechten (Jer 27,6f).[63]

Anstatt denjenigen glücklich zu preisen, der die Babylonier »am Felsen zerschmettert« (vgl. Ps 137,8), richtet Jeremia deshalb an die nach Babylon Verbannten die Aufforderung, für das Wohl der Stadt Sorge zu tragen und für deren Bewohner zu beten.[64] Deuterojesaja geht dann in seiner Vision von der Berufung des Kyrus sogar so weit, denjenigen als Kind Jahwes - ja, sogar als dessen »Gesalbten« - anzusprechen, der seinerseits noch nie etwas von Jahwe gehört hat.[65]

3. Für die Selbsteinschätzung Israels bedeutet dies, daß seine Erwählung durch Gott nun nicht mehr verstehbar ist als eine, die *auf Kosten und zu Lasten* anderer Völker ergeht, sondern eine *Verpflichtung für* andere Völker bedeutet.[66]

4. Eine letzte Wandlung ergibt sich hinsichtlich der Einschätzung derjenigen Götter, an die andere Völker glauben. Sie werden nun durchschaut als »Machwerk von Menschenhand« (vgl. Ps 115,4), als »leerer Wahn«, gemacht aus »Holz, das man im Wald schlägt« und darum vergleichbar mit »Vogelscheuchen im Gurkenfeld« (vgl. Jer 10,3-5).[67]

---

[63] Vgl. in diesem Sinne schon Amos 9,7: »Seid ihr für mich mehr als die Kuschiter, ihr Israeliten? [...] Wohl habe ich Israel aus Ägypten heraufgeführt, aber ebenso die Philister aus Kaftor und die Aramäer aus Kir.«

[64] »Bemüht euch um das Wohl der Stadt, in die ich euch hinweggeführt habe, und betet für sie zum Herrn; denn in ihrem Wohl liegt euer Wohl« (Jer 29,7).

[65] Auch hier begegnet zunächst der Rückgriff auf den Schöpfungsgedanken: »So spricht der Herr, dein Erlöser, der dich im Mutterleib geformt hat: Ich bin der Herr, der alles bewirkt, der ganz allein den Himmel ausgespannt hat, der die Erde gegründet hat aus eigener Kraft [...]« (Jes 44,24). In der Fortsetzung heißt es dann von Kyrus: »So spricht der Herr, zu Kyrus, seinem Gesalbten [...]: ›Ich habe dir einen Ehrennamen gegeben, ohne daß du mich kanntest. Ich bin der Herr und sonst niemand; außer mir gibt es keinen Gott‹« (Jes 45,1-5).

[66] Vgl. dazu schon Gen 12,3b (»Durch dich sollen alle Geschlechter der Erde Segen erlangen.«) sowie die Vision von der Völkerwallfahrt zum Zion in Jes 2,1-5. Unter dieser Voraussetzung bedeutet die besondere Erwählung Israels dann auch eine besondere Verpflichtung und Verantwortung: »Nur euch habe ich erwählt aus allen Stämmen der Erde; darum ziehe ich euch zur Rechenschaft für alle eure Vergehen« (Am 3,2).

[67] Im Blick auf die gegenwärtige Debatte um die Bedingungen der gesellschaftlichen Koexistenz von Religionen und Kulturen ist bemerkenswert, daß hier eine *absolute* religiöse Entschiedenheit, die die Götter anderer Völker verspottet, zur Voraussetzung wird, um im Andersgläubigen den Bruder sehen zu können.

c) Die Ambivalenz des Monotheismus

Weil die im Zeichen der »Postmoderne« ergehende Forderung nach Pluralität bisweilen den Monotheismus als eine neue Form des Sündenfalls in der Geschichte der Menschheit darstellt, muß hier – skizzenhaft – seine Ambivalenz herausgestellt werden: Der Monotheismus kann zur Quelle von Gewalt und Intoleranz werden, wenn derjenige, der in seinem Licht als mein Bruder identifiziert wird, seinerseits gar nicht mein Bruder sein will. Sofern die Ablehnung, die ich durch den anderen erfahre, eine *Reaktion* auf mein Versöhnungsangebot darstellt, kann die Enttäuschung des solcherart bekundeten guten Willens nun um so heftigere Feindschaft *erzeugen*. So ist es bezeichnend, daß Ps 139 zuerst die Allgegenwart des Schöpfers preist, um plötzlich in »glühenden Haß« denen gegenüber zu verfallen, die trotz der offenkundigen Wunder der Schöpfung sich diesem Lob verweigern: »Soll ich die nicht hassen, Herr, die dich hassen, die nicht verabscheuen, die sich gegen dich erheben? Ich hasse sie mit glühendem Haß, auch mir sind sie zu Feinden geworden« (Ps 139,21f). Der Monotheismus kann aber umgekehrt auch Feindschaft und Gewalt *überwinden*, indem eine durch ihn motivierte Vergebungsbereitschaft auf die Ablehnung des anderen *reagiert*. Welches der beiden Gesichter er zeigt, hängt davon ab, inwieweit der Gott, von dessen Einzigkeit der Glaubende überzeugt ist, in seinem Erbarmen auch demjenigen nachfolgt, der seinerseits sich von ihm abgewandt hat. Für Christen wird das zuletzt genannte Gesicht Gottes nicht nur in den Gleichnissen vom »Verlorenen« sichtbar (vgl. Lk 15,1-32). Es tritt ihm vor allem im Kreuz Jesu entgegen. Denn indem Jesus die liebende Gegenwart Gottes auch für die »anderen« behauptet, zu deren Lasten die sittlich-religiöse Identitätsbildung der »Gerechten« erfolgt[68], deckt er nicht nur die sublimen Gewaltmechanismen solcher Identitätsbildung auf, sondern zieht sie auf sich und wird schließlich selbst ihr Opfer. Und die vergebende Liebe, die er bezeugt, potenziert sich dann noch einmal, wenn er sogar seinen Peinigern verzeiht (vgl. Lk 23,34).[69]

---

[68] So wirft Jesus zweimal den »Gerechten« vor, in ihrem Gerechtigkeitsbewußtsein den Opfermechanismus nicht etwa überwunden, sondern nur verfeinert zu haben: »Darum lernt, was es heißt: Barmherzigkeit will ich, nicht Opfer« (Mt 9,13). – »Wenn ihr begriffen hättet, was das heißt: *Gerechtigkeit will ich, nicht Opfer*, dann hättet ihr nicht Unschuldige verurteilt« (Mt 12,7). Vgl. dazu *J.G. Williams*: Das Matthäusevangelium. Girards Hermeneutik in der praktischen Anwendung, in: J. Niewiadomski/W. Palaver (Hrsg.): Vom Fluch und Segen der Sündenböcke, Thaur 1995, 119-140.

[69] Vgl. dazu *R. Schwager*: Brauchen wir einen Sündenbock? Gewalt und Erlösung in den biblischen Schriften, Thaur ³1994; *ders.*: Jesus im Heilsdrama. Entwurf einer biblischen Erlösungslehre, Innsbruck-Wien 1990; *J. Niewiadomski/W. Palaver* (Hrsg.): Vom

Freilich darf in diesem Zusammenhang nicht der Eindruck entstehen, als hätte erst das Christentum - und nur das Christentum - dem Monotheismus diese Eindeutigkeit verliehen. Zum einen begegnen in der Geschichte des Christentums immer wieder Beispiele dafür, daß es diejenigen zu seinen Feinden erklärt, die es für Feinde Gottes hält. Insofern fällt das Christentum als geschichtlich verfaßte Größe immer wieder hinter die Botschaft und das Leben Jesu zurück. Zum anderen hat das Judentum seinerseits zu einer ganz spezifischen »relecture« seiner eigenen Wurzeln gefunden, wenn es etwa von den Tränen weiß, die Gott vergossen hat, weil er sein Volk nur dadurch retten konnte, daß er die ägyptischen Verfolger, die doch auch seine Geschöpfe waren, dem Untergang weihte.[70]

d) Die wechselseitige Herausforderung von Kontingenz und Notwendigkeit

Bis hierhin haben wir nun die Neuorientierung des religiösen Bewußtseins in einer vierfachen transzendentalen Funktion herausgestellt. Mit all den genannten Momenten wird durch ein Neuverständnis der Gottheit Jahwes eine geschichtlich aufgetretene Widerspruchserfahrung aufgelöst, so daß es dem Gläubigen nun möglich wird, unter den veränderten Bedingungen der Gegenwart das Antlitz jenes Gottes zu spüren, der einst an den Vätern Großes gewirkt hat.

Wie wir festgestellt haben, hat *G. von Rad* den biblischen Glauben aus einem menschlichen »Urtrieb« abgeleitet, die Fülle von je für sich genommen kontingenten Ereignissen in einen sinnhaften Zusammenhang zu bringen. Dieser Urtrieb muß bei näherem Hinsehen im Sinne Kants als ein notwendiges Vernunftinteresse gelesen werden, weil ich im Akt des »Ich denke« gar nicht anders kann, als eine letzte Einheit aller Wirklichkeit zu postulieren.[71] Und wir haben weiterhin festgestellt, daß in der biblischen Tradition Gott als jene unsichtbare Bedingung begegnet, die es erlaubt, in der Fülle singulärer Ereignisse eine tiefere Einheit und Ordnung anzunehmen. Die Theodizeefrage stellt dabei den Ort dar, wo die Kontingenz geschichtlicher Widerfahrnisse und die Notwendigkeit des

---

Fluch und Segen der Sündenböcke (s.o. Anm. 68).

[70] Vgl. Babylonischer Talmud, Megillah 10b und Sanhedrin 39b. Vgl. dazu *P. Kuhn*: Gottes Trauer und Klage in der rabbinischen Überlieferung, Leiden 1978, 302 ff.

[71] Dazu und zum Folgenden vgl. ausführlich *R. Schaeffler*: Erfahrung als Dialog mit der Wirklichkeit. Eine Untersuchung zur Logik der Erfahrung, Freiburg-München 1995.

besagten Vernunftinteresses einander wechselseitig herausfordern. Denn die Behauptung einer Einheit der Wirklichkeit, die das Ergebnis eines subjektiven Bedürfnisses ist, muß sich die Frage gefallen lassen, ob sie nicht eine bloße Wunschprojektion darstellt. Insofern markieren insbesondere jene Erfahrungen, die dieses subjektive Bedürfnis stören, weil sie den bisherigen Zusammenhang aller Erfahrung ins Wanken bringen, den Ort, wo sich die geschichtliche Wirklichkeit gerade in jenen Gehalten meldet, die nicht eine Projektionsleistung des subjektiven Einheitsverlangens ist. Bezogen auf Gott als diejenige Bedingung, welche einen tieferen Zusammenhang aller Wirklichkeit verbürgt, bedeutet dies: Indem die geschichtliche Wirklichkeit sich in ihren »störenden« Gehalten meldet, wird Gott gerade in seiner Verborgenheit als derjenige ansprechbar, der ein anderer ist als eine bloße Wunschprojektion. In dieser Hinsicht erlaubt die hier behandelte Wendung zum Monotheismus in ihrer dargestellten Neuorientierung rückwirkend die einstweilige Identifizierung dessen, was am bisherigen Verständnis der Gottheit Jahwes eine menschliche Projektionsleistung war: nämlich jene Gewalt gegenüber anderen Völkern und jene exklusive Fixierung auf Israel, die die Wahrnehmung des göttlichen Erbarmens entsprechend einschränkte.

Insofern fordert einerseits die Kontingenz »störender« Erfahrungen das subjektive Verlangen nach einer letzten Einheit und Ordnung der Wirklichkeit heraus. Sofern dieses Verlangen jedoch ihrerseits nicht nur *Einheit*, sondern auch *Wahrheit* fordert – diese verstanden als Übereinstimmung des solcherart gewonnenen *Begriffs* der Wirklichkeit mit der *Wirklichkeit an sich* – gilt auch umgekehrt: Dieses Einheitsverlangen muß seinerseits die störende Paradoxieerfahrung als »Ort der Wahrheit« suchen. Damit zeigt sich einstweilen auch in biblischer Hinsicht, was wir hier bereits von jener Gestalt der Theodizeefrage her gezeigt haben, die uns bei Camus begegnet ist: Sie ist kein exklusives Problem des Glaubens, sondern zeugt als solche von der Gefährdung der menschlichen Fähigkeit, die gegebene Wirklichkeit als solche zu objektivieren.

e) Die dargestellte Neuorientierung als transzendental-geschichtliche Voraussetzung einer neuen Gestalt der Theodizeefrage

Was nun gleichsam »nach hinten« die Theodizeefrage beantwortet hat, bereitet freilich »nach vorne« eine neue Gestalt dieser Frage vor. Denn wenn es im genannten Sinne keine »fremde Erde« gibt und auch die sogenannte Fremde dem Juden zur Heimat werden kann, dann ist nun die Stellung des einzelnen vor Gott weder über die Stammesgesellschaft noch über den Nationalstaat vermittelt. Auf diese Weise ist aber eine transzendental-geschichtliche Voraussetzung eingetreten, unter der nun dieselbe Erfahrung, die zuvor von der Gerechtigkeit Gottes gezeugt hat, eben diese Gerechtigkeit in Frage stellt: das Leiden des Unschuldigen bzw. das Wohlergehen des Frevlers. Wo Jahwe noch als ein Gott gedacht wurde, der exklusiv seinem Volk zugewandt war, und die Stellung des einzelnen vor Gott über die Generationenfolge dieses Volkes vermittelt war, da – so haben wir festgestellt – manifestierte sich im Unglück des Gerechten eine göttliche Gerechtigkeit, welche die Schuld der Väter an den Kindern und Kindeskindern straft. Jetzt aber ist dieser Generationen übergreifende Tun-Ergehen-Zusammenhang zerbrochen, und nun dokumentiert sich sowohl bei Ezechiel als auch bei Jeremia der Protest dagegen, daß die Väter saure Trauben gegessen haben und den Kindern die Zähne stumpf werden (vgl. Ez 18,2; Jer 31,29). Und ähnlich wie uns bei Nietzsche die Frage begegnete, warum ich moralisch handeln soll, wenn Natur und Geschichte anderen Gesetzen als denen der Moral gehorchen, muß sich dem Gläubigen nun die Frage stellen, ob er womöglich umsonst »sein Herz rein« halte, wenn es dem Frevler gut gehe und der Gerechte leide (vgl. Ps 73).

Auch wenn die Antwort, die diese neue Gestalt der Theodizeefrage nun erfährt, im Rahmen unserer Überlegungen nicht von primärem Interesse ist, sei sie doch kurz skizziert. Sie lautet, daß die Treue Gottes die Todesgrenze überdaure und Gott darum den Gerechten »am Ende aufnimmt in Herrlichkeit« (vgl. Ps 73,24). Mit diesem Neuverständnis der Macht Jahwes, die nun nicht mehr vor der Todesgrenze Halt macht[72], ist wiederum eine transzendentale Neuorientierung in der Erfahrung der gegebenen Wirklichkeit gegeben: Was bislang als das Glück des Gottlosen erschien, erweist sich nun in Wahrheit als »Täuschung und Trug« (V.18). Umgekehrt verblaßt jetzt das scheinbare Unglück des Gerechten angesichts einer Treue Gottes, die ihn »am Ende aufnimmt in Herrlichkeit« (vgl. V.24). So findet der Gerechte auch angesichts erfahrenen Leidens nun sein Glück darin, Gott nahe zu sein (vgl. V.28a). Dies wiederum macht es ihm möglich, den Widerspruch zwischen der Erzählung der früheren Machttaten Gottes und dessen augenscheinlicher Abwesenheit heute aufzulösen, um so das Wirken dieses Gottes unter den gegenwärtigen Bedingungen wieder zu spüren und zu bekennen. Nicht zufällig endet darum auch dieser Psalm mit der Absichtserklärung, die Taten Gottes zu verkünden (vgl. V. 28b).

---

[72] Zu einem Denken, das den Tod ausdrücklich aus dem Machtbereich Jahwes herausnimmt, vgl. Ps 6,6 und Ps 88,6.11.

Was in unserem Zusammenhang an dieser Antwort auf eine neue Gestalt der Theodizeefrage insbesondere interessiert, ist freilich weniger die Antwort selbst, sondern der transzendental-geschichtlich erreichte Stand des sittlichen Bewußtseins, der diese Gestalt der Theodizeefrage provoziert hat, auf den sich die zuletzt referierte Antwort bezieht. Denn der genannte Stand des sittlichen Bewußtseins ist gegeben in der Weigerung, das eigene Leid stellvertretend für andere annehmen zu müssen. Damit hat sich nun die biblische Geschichte der Theodizeefrage selbst an die Schwelle gebracht, wo sie sich in Wahrnehmung jenes Zusammenhanges stellt, den wir in Anlehnung an Girard als Sündenbockmechanismus bestimmt haben und der uns einleitend bei Camus begegnet ist.

7. Die Konvergenz zweier Gestalten der Theodizeefrage

Die biblische Tradition der Theodizeefrage konvergiert in dieser Hinsicht also tendenziell mit ihrer bei Camus gegebenen Gestalt. Doch hat sie angesichts des »Himmels, wo Gott schweigt«, eine andere Deutung hervorgebracht, als uns bei Camus begegnet ist. Das genannte Schweigen war für Dr. Rieux ein Grund, nicht länger die Augen zum Himmel zu erheben und stattdessen mit aller Kraft gegen den Tod anzukämpfen (vgl. Pest, 104). Wie wir gesehen haben, gelangt er dabei zur Erkenntnis eines Widerspruchs, der sein sittliches Bewußtsein auflöst und ihn am Ende der Fähigkeit beraubt, zur gegebenen Wirklichkeit in ein Verhältnis der Objektivation zu treten. Anders die biblische Tradition der Theodizeefrage: Auch sie steht vor dem Himmel, wo Gott schweigt; doch ist sie aufgrund der Struktur des Jahweglaubens befähigt, das besagte Schweigen Gottes als eine verhüllte Form seiner Anwesenheit wahrzunehmen. Damit wird der Blick zum Himmel, wo Gott schweigt, nicht sinnlos, sondern bedeutet die Bereitschaft, die Anwesenheit Gottes gerade in denjenigen neuen Gehalten wahrzunehmen, die mehr als nur eine menschliche Projektionsleistung sind. Insofern stiftet das Schweigen Gottes überhaupt erst den Horizont, innerhalb dessen die genannte Widerspruchserfahrung schließlich zur Sprache gebracht werden kann. Der als abwesend erfahrene Gott wird so zu jener »dritten Größe«, die es erlaubt, Widerspruchserfahrungen zu objektivieren, ohne an ihnen zu zerbrechen. Insofern befähigt der Jahweglaube einerseits zu einer Form der Identität, die Paradoxieerfahrungen nicht verdrängen muß, um sich zu erhalten. Und das heißt konkret: Sie befähigt zu einer Wahrnehmung des Sündenbockmechanismus, die an diesem nicht zerbricht. Genauso muß aber auch andererseits gesagt werden: Wer jener Verborgenheit, in der

Gott sich gegenüber den menschlichen Gestalten des Begreifens als »stets größer« erweist, auf der Spur bleiben will, ist auf die Wahrnehmung und Artikulation von Widerspruchserfahrungen angewiesen. Insofern gewinnen die Paradoxieerfahrung und die an ihr sich entzündende Klage eine religiöse Stellvertreterfunktion: Sie halten in negativer Hinsicht den Ort frei, in dem Gott offenbar werden kann als etwas anderes denn als Produkt psychologischen Wunschdenkens.

Was sich also worthaft in der Gestalt von Protest und Klage artikuliert, ist darin gehalten von einem Unterstrom religiösen Vertrauens. Dieses ist zwar selbst *nicht artikuliert*, macht jedoch erst *artikulierbar*, was Gegenstand der Klage ist. Genährt ist dieses Vertrauen durch die Erinnerung an eine Glaubensgeschichte, die selbst schon eine Geschichte der Theodizeefrage ist, bevor die Frage nach Gott sich angesichts desjenigen Leidens stellt, das *dem einzelnen* widerfährt. Denn das Bewußtsein um die Würde des einzelnen verdankt sich zuallererst der Zulassung der Theodizeefrage, bevor es zu dieser Frage in einer verwandelten Gestalt wieder gelangt. Daß Gott in diesem Sinne nicht nur *Gegenstand*, sondern auch *Grund* der Theodizeefrage ist, befähigt dazu, diese Frage auch dort zu stellen und offenzuhalten, wo ihr einstweilen keine zufriedenstellende Antwort zuteil wird.

Damit ist die biblische Geschichte der Theodizeefrage in ihrem Woher und ihrem Wohin angegeben. In ihrem *Woher* bringt sie das Bewußtsein um die Würde des einzelnen hervor. In ihrem *Wohin* wird das solcherart gewonnene Bewußtsein zur transzendental-geschichtlichen Voraussetzung, um diese Frage angesichts des stellvertretenden »Leidens für...« im Namen dessen stellen zu können, der subjektiv als unschuldig erlebt werden muß. Auf diese Weise nimmt die Theodizeefrage eine Richtung in die Wahrnehmung einer ganz spezifischen Paradoxieerfahrung, die wir hier in einem Akt sprachlicher Rückprojektion als »Sündenbockmechanismus« bezeichnet haben. Zugleich markiert die Wahrnehmung dieses Mechanismus auch den Punkt, an dem nicht nur die biblische, sondern auch die neuzeitliche Frage nach dem verborgenen Antlitz Gottes konvergieren. Sie wird zum Ort, wo nach der rettenden Gegenwart Gottes gefragt werden muß, und in diesem Sinne zum Ort möglicher Offenbarung Gottes. Davon aber wird im Beitrag von *K.-H. Menke* die Rede sein.

II

Versuch über die Auflehnung

Philosophisch-theologische Überlegungen zur Theodizeefrage

Von Magnus Striet, Münster

1. Philosophische Reflexion der Theodizeefrage nach dem Mißlingen aller Versuche einer philosophischen Theodizee?

In seiner Dankesrede zur Verleihung des Büchner-Preises im Jahre 1981 hat Martin Walser vom »Büchner-Horror«[1] gesprochen. Walser bezeichnet mit diesem Begriff die von Büchner beschriebene »entsetzliche Stimme, die um den ganzen Horizont schreit und die man gewöhnlich die Stille heißt«[2] - eine Stille, die sich breit macht, nachdem klar wird, woran Gott stirbt, nämlich daran, daß er angesichts des Leidens in der Welt und der gleichzeitigen Hilflosigkeit seiner Geschöpfe angesichts des Elends nicht hilft. Büchners Diktum aus Dantons Tod ist bekannt: »Warum leide ich? Das ist der Fels des Atheismus. Das leiseste Zucken des Schmerzes, und rege es sich nur in einem Atom, macht einen Riß in der Schöpfung von oben bis unten.«[3]

Sieht man bei Büchner näher hin, warum das Leiden der Kreatur den Atheismus aus sich heraustreibt, so ist sein Argument ein moralisches, genauer: eines, das seinen Grund in der sittlichen Autonomie des Menschen hat.[4] Büchners Lenz schließt deshalb mit seinem Glauben an einen Gott ab, weil kein Gott da ist, der unmittelbar hilft, so daß der Riß in der Schöpfung für ihn definitiv wird. Denn, so Lenz, »ich, wär ich allmächtig, [...] ich könnte das Leiden nicht ertragen, ich würde retten,

---

[1] *M. Walser*: Woran Gott stirbt. Über Georg Büchner (1981), in: ders.: Liebeserklärungen, Frankfurt a.M. 1986, 225-235, hier: 230.

[2] *G. Büchner*: Lenz, in: ders.: Werke und Briefe, München [11]1976, 65-84, 84.

[3] *G. Büchner*: Dantons Tod, in: ders., Werke und Briefe (s.o. Anm. 2), 5-63, 40.

[4] Daß Büchners Protest von »der erkenntnisleitenden Einstellung sittlicher Anthropozentrik« geprägt ist und er damit eine Perspektive theodizeekritischer Reflexion eröffnet hat, durch die dann Dostojewskijs Iwan Karamasow sowie die Figuren im Werk Camus bestimmt sind, arbeitet überzeugend *Gerd Neuhaus* heraus. Vgl. Theodizee – Abbruch oder Anstoß des Glaubens?, in: J.B. Metz (Hrsg.): »Landschaft aus Schreien«. Zur Dramatik der Theodizeefrage, Mainz 1995, 9-55, 18f.

retten [...]«[5] Für Lenz gerät deshalb, nach der wiedererlangten Ruhe, alles ins Wanken, weil er die für den Gottesbegriff unverzichtbare Allmachtsprädikation unter dem Gesichtspunkt der Moralität reflektiert: Wenn Gott allmächtig ist und retten könnte - warum tut er es nicht? Weil er aber offensichtlich nicht rettet und für Lenz auch kein übergeordneter Sinn und Zweck im Leiden zu entdecken ist, stirbt Gott. Was in Büchners Lenz auf diesen Verlust Gottes folgt, ist - nochmals in den Worten Walsers - der »Leere-Schrecken«. Und Walser weiter: »Und in einer Welt, aus der die Dimension Gott verschwunden ist, schnurrt dieses Ich, das gerade noch phantastisch aufgelegt schien, zu einem trockenen, einsamen, schmerzhaften Punkt zusammen. Darum ist *jeder* bei Büchner ein armer Hund.«[6] Man möchte ergänzen: Deshalb ein armer Hund, weil ausgerechnet seine Moralität, deren Sollensanspruch vom Menschen Lenz als ein unbedingter erfahren wird, ihn an seinem Gott, dessen er sich doch andererseits so bedürftig weiß, verzweifeln läßt. Und muß man nicht, auch wenn die sich hier abzeichnende Logik auf den ersten Blick vermessen und dem Menschen in seiner Relation zu Gott, die in der Perspektive des Glaubens ja eine geschöpfliche ist, unangemessen zu sein scheint[7], in der Tat fragen, ob Büchner nicht einen wunden Punkt der

---

[5] *G. Büchner*: Lenz, in: ders.: Werke und Briefe (s.o. Anm. 2), 83.

[6] *M. Walser*: Woran Gott stirbt (s.o. Anm. 1), 230f.

[7] Wenn man diese aus dem sittlichen Bewußtsein des Menschen folgende, spezifisch neuzeitliche Fassung der Theodizeefrage mit theologischen Gründen abweisen wollte, so bliebe wohl nichts anderes, als schon die Frage selbst als Ausdruck der Sündigkeit des Menschen, somit als Unglaube zu denken. In diese Richtung scheint *W. Pannenberg* in seiner Behandlung des Theodizeeproblems zu neigen, wenn er schreibt: »Die eschatologische Vollendung der Welt zur Teilnahme an der Herrlichkeit Gottes wird auch das Unrecht des Unglaubens und seiner Zweifel an der Existenz Gottes, sowie an der Liebe des Schöpfers zu seinen Geschöpfen erweisen. Alle rationale Theodizee hat demgegenüber bestenfalls nur vorläufige Bedeutung. Oder ist sie sogar selber schon Ausdruck des Unglaubens?« Der Unglaube besteht für Pannenberg darin, daß sich für den Menschen als das Geschöpf Gottes wegen des Übels in der Welt der »Schein der Nichtexistenz Gottes« erhärtet und so die Tatsache des Übels »der Undankbarkeit des Geschöpfs in seiner Verselbständigung gegen Gott und der damit verbundenen Unwilligkeit, die Endlichkeit des eigenen Daseins anzunehmen, das gute Gewissen des moralischen Protests» verschafft. (*ders.*: Systematische Theologie. Bd. 3, Göttingen 1993, 679, 690.) Ist dies aber wirklich schon Unglaube, die Theodizeefrage auch nur zu stellen? Daß die Grenzen hier fließend sind, soll gar nicht bestritten werden. Im Gegensatz aber zum Sündenbegriff Pannenbergs und den hier zu beobachtenden latenten Naturalisierungstendenzen der Sünde (vgl. *ders.*: Anthropologie in theologischer Perspektive, Göttingen 1983, hier bes.: 101-116) gehen diese Überlegungen von einem strikten Freiheitsursprung der Sünde aus. Zwar wird in Anlehnung an Kierkegaard der Sündenbegriff so bestimmt, daß die Sünde primär als das Sich-nicht-gründen-wollen des Menschen in seiner Spannung von Endlichkeit und Unendlichkeit besteht. Sünde ist - mit Kierkegaard - »vor Gott oder mit der Vorstellung von Gott verzweifelt nicht man selbst sein wollen oder verzweifelt man selbst sein wollen« (*S.*

Theodizeefrage trifft? Denn wenn schon für Menschen gilt, daß, mit Kant gesprochen, zwar nur »ein guter Wille« ohne Einschränkung für gut gehalten werden kann[8] und somit die moralische Qualität einer Handlung allein von der Form der Willensbestimmung abhängt, folglich auch nicht der Erfolg einer Handlung über ihre moralische Qualität entscheidet, und doch zugleich mit Schelling gilt, daß »kein Wille [...] sich anders als durch die That, durch die Ausführung«[9], offenbart, weil ansonsten die Willensbestimmung ja keine reale und jedenfalls keine ernsthafte wäre, dann würde dies doch auch für Gott gelten - vorausgesetzt, man hält es mit Büchner für zwingend, Gott sei nicht anders denn als ein moralisches Wesen zu denken. Doch, so wird man fragen müssen, verdiente ein nicht-moralischer Gott wirklich das Vertrauen von Menschen? Dürfte ein solcher Gott von Menschen geliebt werden? Nun stellt sich aber das Problem, daß Gott zugleich nicht anders denn als allmächtig zu denken ist.[10]

Kierkegaard: Die Krankheit zum Tode, übers. u. mit Glossar, Bibliogr. sowie e. Essay ›Zum Verständnis des Werkes‹ hg. v. L. Richter, Frankfurt a.M. [2]1986, 73). Die aus der Freiheit des Menschen stammende Rückfrage nach Gott, eine Frage, die nach Antworten verlangt, ist dann aber noch nicht notwendig als Unglaube zu bestimmen. Vielmehr kann die Theodizeefrage auch und gerade als Ausdruck des Glaubens verstanden werden, insofern der Glaube auf die Treue Gottes setzt und deshalb das Verstehen sucht. Zum Glaubensbegriff vgl. auch weiter unten Anm. 31. - Zum Sündenbegriff Kierkegaards vgl. *M. Bongardt*: Der Widerstand der Freiheit. Eine transzendentaldialogische Aneignung der Angstanalysen Kierkegaards, Frankfurt a.M. 1995 (= FThS 49), bes. 164-168. - Zum Umgang mit der Theodizeefrage in lutherischer Tradition vgl. auch den Beitrag von *H. Wagner* in diesem Band.

[8] *I. Kant*: Grundlegung zur Metaphysik der Sitten, BA 1, in: ders.: WW, hg. v. W. Weischedel, Frankfurt a.M. [10]1989, Bd. VII, 18. Vgl auch BA 15: »Es liegt also der moralische Wert der Handlung nicht in der Wirkung, die daraus erwartet wird, also auch nicht in irgend einem Prinzip der Handlung, welches seinen Bewegungsgrund von dieser erwarteten Wirkung zu entlehnen bedarf.«

[9] *F.W.J. Schelling*: Philosophie der Offenbarung. 2 Bde., Darmstadt 1990 (= Unveränd. Nachdr. d. aus dem handschriftl. Nachlaß hrsg. Ausg. von 1858), hier Bd.2, 10. Daß die Realität der Willensbestimmung sich nicht anders als durch die Tat zeigt, hat *Kant* im Begriff der Pflicht gedacht: »Pflicht ist die Notwendigkeit einer Handlung aus Achtung für das Gesetz.« (GMS [s.o. Anm. 8] BA 14).

[10] Angesichts der Schrecken der Shoah ist bekanntlich *H. Jonas* dafür eingetreten, zu einem neuen Verständnis der Allmacht Gottes zu gelangen (*ders*.: Der Gottesbegriff nach Auschwitz. Eine jüdische Stimme, in: O. Hofius [Hrsg.]: Reflexionen in finsterer Zeit. Zwei Vorträge von F. Stern und H. Jonas, Tübingen 1984, 61-84). Im Kern läuft der Vorschlag von Jonas darauf hinaus, daß Gott sich im Akt seines Schaffens seiner Allmacht begab, seinem eigenen Sein entsagte, und nun aus dem geschaffenen Sein »die Gottheit sich neu erbaut« (ebd. 70). Daraus folgert Jonas: »Nachdem er sich ganz in die werdende Welt hineinbegab, hat Gott nichts mehr zu geben: Jetzt ist es am Menschen, ihm zu geben.« (Ebd. 85) Die Vereinbarkeit der Allmacht Gottes mit seiner Güte scheint so gerettet zu sein: Gott hat nicht deshalb in Auschwitz nicht eingegriffen, weil er nicht wollte, sondern weil er nicht konnte. Aber, so wird man - abgesehen von der Einschränkung des

Müßte er dann nicht, angesichts des unsäglichen Leidens seiner Geschöpfe, verursacht durch Krankheiten und Naturkatastrophen, eingreifen – und zwar unmittelbar? Angesichts eines Elends, das nur noch mit sehr fragwürdigen Gründen auf eine Schuldverstrickung des Menschen zurückzuführen ist und die deshalb auch Gott nur höchst zweifelhaft entlasten? Eines Leidens, das wegen seiner zermürbenden und deshalb so zerstörerischen Kraft von der menschlichen Würde doch allzu häufig nicht mehr viel übrig läßt, geschweige denn wirklich so etwas wie einen sittlichen Reifungsprozeß auslöst, der dieses Leiden als übergeordneten Zweck vielleicht noch zu rechtfertigen vermöchte?[11] Und wenn man das Leiden in den Blick nimmt, das aus menschlicher Schuld resultiert: Geht

---

Machtbegriffs auf einen Verhältnisbegriff, die andere, im Allmachtsbegriff liegende Möglichkeiten nicht mehr zu denken erlaubt – fragen dürfen: Wäre Gott nicht immer noch verantwortlich? Denn es drängte sich ja die Frage auf, ob Gott sich angesichts der realen Folgen seiner Selbstentäußerung an die Schöpfung wirklich hätte so zurücknehmen dürfen. Gegen die christliche Vorstellung der Kenose Gottes und der mit dieser verbundenen Wehrlosigkeit Gottes hat *E. Lévinas* im Hinblick auf das Theodizeeproblem einen Einwand vorgetragen, der mir auch, was den Versuch von Jonas angeht, stichhaltig zu sein scheint und die Grenzen des Argumentes einer Wehrlosigkeit Gottes anzeigt. Lévinas schreibt: »Die Wehrlosigkeit hier kostet sehr viele leidende Menschen. Darf man das so sagen? Wissen Sie, wir sind hier nicht in einer Disputatio über das Mitleiden Gottes. Wissen Sie, ich verstehe diese Wehrlosigkeit nicht, heute nach Auschwitz. Manchmal scheint mir das, was in Auschwitz dort passiert ist, einen Sinn zu haben, als ob der liebe Gott eine Liebe verlangt, die ganz ohne Versprechen ist. Das denke ich mir so. Der Sinn von Auschwitz ist ein Leiden, ein Glaube ganz ohne Versprechen. Das heißt: tout-à-fait gratuit. Und dann sage ich mir: aber das kostet zu viel, – nicht den lieben Gott, sondern die Menschheit. [...] Diese ohnmächtige Kenose kostet den Menschen allzuviel.« (*ders.*: Judentum und Christentum nach Franz Rosenzweig. Ein Gespräch, in: G. Fuchs/H.H. Henrix [Hrsg.]: Zeitgewinn. Messianisches Denken nach Franz Rosenzweig, 163-183, hier: 170.) Zu dem von Jonas unterbreiteten Vorschlag vgl. *E. Jüngel*: Gottes ursprüngliches Anfangen als schöpferische Selbstbegrenzung. Ein Beitrag zum Gespräch mit Hans Jonas über den »Gottesbegriff nach Auschwitz«, in: ders.: Wertlose Wahrheit. Zur Identität und Relevanz des christlichen Glaubens. Theologische Erörterungen III, München 1990, 151-162; *H.H. Henrix*: Machtentsagung Gottes? Ein Gespräch mit Hans Jonas im Kontext der Theodizeefrage, in: J.B. Metz: »Landschaft aus Schreien« (s.o. Anm. 4), 118-153, hier: bes. 139f.

11 Ausdrücklich zurückgewiesen worden ist eine solche Ausdeutung des Leidens von *Karl Rahner*. Zwar anerkennt auch Rahner, daß das Leid zu einer »letzten Haltung auf Gott« auffordert. Doch gehe eine solche Deutung des Leids »als Mittel der menschlichen und christlichen Reifung« an der Tatsache vorbei, »daß es unendlich vielfältiges, entsetzliches Leid in der Geschichte der Menschheit [gebe, M.S.] bis zu dem dunklen Los der unmündig sterbenden Kinder und den in Altersschwachsinn verdämmernden Greisen, das nicht in einen Prozeß der Reifung und personalen Bewährung integriert werden« könne. Und Rahner fährt fort: »Dazu kommt, daß man sich nüchtern und ehrlich fragen kann, ob denn nicht doch eine weniger leidvolle Situation die Menschheit auch sittlich besser würde reifen lassen. [...] Grundsätzlich gesehen ist leidfreie Situation an sich die auch sittlich bessere.« (*ders.*: Warum läßt Gott uns leiden?, in: ders.: Schriften zur Theologie. Bd. XIV, Zürich-Einsiedeln-Köln 1980, 450-466, hier: 460f).

Gottes Zurückhaltung angesichts des Massenmordens in der Geschichte nicht zu weit?[12] Muß angesichts der harten Fakten des Leidens nicht wirklich die Moralität Gottes angezweifelt werden? Weil Gott nicht rettet, obwohl er allmächtig ist und retten könnte, und ein nicht-moralischer Gott für Menschen kein Gott sein könnte und dürfte? Weil er nicht rettet, wie Büchners Lenz es getan hätte, wenn er Gott gewesen wäre? Schärfer gefragt: Steht, wenn man diese Fragen ernstnimmt, nicht Gottes Gottsein als (noch) mögliches Gottsein-Können für den Menschen zur Disposition? Oder kann Gott Gründe dafür haben, trotz des himmelschreienden Leidens und Unrechts nicht einzugreifen?[13]

Was sich bei Büchner als Problem abzeichnet, ist eine philosophische Reflexion der Theodizeefrage, die deshalb, weil sie die Übereinkunft der Güte, Gerechtigkeit und Allmacht Gottes nicht an der Empirie zu überprüfen und zu bewahrheiten sucht, sondern aufgrund der empirisch nicht leugbaren Faktizität des Leidens die Güte Gottes wegen seiner gleichzeitig vorausgesetzten Allmacht in der Instanz sittlicher Autonomie in Frage stellt, nicht mehr identisch ist mit den Versuchen einer philosophischen Theodizee, deren Aporetik seit Epikur bekannt ist und deren notwendiges Scheitern Kant unter vernunftkritischen Vorzeichen

---

[12] Ganz abgesehen davon hat der Rekurs auf die menschliche Freiheit für die Entlastung Gottes vom moralischen Übel auch nur einen begrenzten Wert für die Theodizee. Zwar wird man das moralische Übel gar nicht anders denn als Mißbrauch menschlicher Freiheit denken können, aber auch müssen, will man nicht den Begriff der Moralität aufheben, der die Zurechenbarkeit und deshalb den Freiheitsursprung von Handlungen notwendig voraussetzt. Und erst recht wird man keine Notwendigkeit im Sinne einer doppelten Prädestination am Werke sehen dürfen, mit der der Mensch das Böse tut, will man nicht Gott selbst moralisch desavouieren. Hierzu wäre es auch wenig dienlich, wenn man mit einer imputierten Erbschuld rechnete, anstatt im Begriff der Erbsünde die faktische, wenngleich aus einem Freiheitsursprung resultierende Verfallenheit des Menschen an das Böse zu denken. Die theologisch-philosophischen Implikationen dieser Minimalbedingungen einer Theodizee werden in jedem Fall innerhalb einer Anthropologie eingelöst werden müssen. Doch stellt sich aus der Perspektive des Glaubens, und nur in dieser Perspektive stellt sich nachneuzeitlich die Theodizee ja noch als ein wirkliches Problem [vgl. hierzu weiter unten], das Dilemma, daß auch die menschliche Freiheit eine von Gott geschaffene ist, um deren möglichen Mißbrauch Gott wissen mußte und konnte. Die klassische Unterscheidung, daß Gott das Leid, das aus einer Kausalität aus menschlicher Freiheit folgt, zwar zugelassen, nicht aber bewirkt habe, ist dann zwar immer noch unverzichtbar, um die Theodizeefrage überhaupt noch offenhalten zu können. Sie hat aber dennoch nur einen begrenzten Wert, wenn es um die Frage einer Rechtfertigung Gottes geht. Somit läßt sich das Problem der Theodizee nicht durch den Rekurs auf die menschliche Freiheit als Ursprung des Bösen unterlaufen und vorschnell stillegen.

[13] Diese höchst brisante Frage soll im Rahmen der hier vorgelegten Überlegungen nicht explizit erörtert werden. Allerdings meine ich, daß auch diese Frage aus dem theologischen Theodizee-Diskurs nicht ausgeblendet werden darf. Zumindest einige Andeutungen dazu, wie diese Frage meines Erachtens anzugehen wäre, finden sich in diesem Text.

aufgezeigt hat: Daß nämlich »unsere Vernunft zur Einsicht des Verhältnisses, in welchem eine Welt, so wie wir sie durch Erfahrung immer kennen mögen, zu der höchsten Einsicht stehe, schlechterdings unvermögend«[14] ist. Mit dem Hinweis auf Kant und dessen Nachweis, daß ein apriorisch, nur mit den Mitteln der Vernunft geführter und letztlich vom Teleologieprinzip beherrschter Nachweis der Übereinkunft von Empirie und einem dieser Empirie unterstellten System der Zwecke die Möglichkeiten endlicher Vernunft schlicht übersteigt, und daß auch die Hegelsche Geschichtsphilosophie als einer Theodizee der Weltgeschichte[15] auf nichts anderem als einer verspäteten Hypertrophie der Vernunft beruht, soll deutlich werden, daß sich die folgenden Erwägungen nicht in die Tradition der klassischen Form einer philosophischen Theodizee einfügen wollen. »Die Theodizee, als *philosophische* jedenfalls«, so hat jüngst Thomas Pröpper noch einmal konstatiert, »ist am Ende«.[16] Eine kritische

---

[14] *I. Kant*: Über das Mißlingen aller philosophischen Versuche in der Theodizee, in: ders.: WW (s.o. Anm. 8), Bd. XI, 103-124, hier: 114. Wie sich bei Kant unter kritischen Vorzeichen des Philosophierens seine eigene Behandlung der Theodizee verändert, und er sich als einstiger Anhänger des teleologischen Optimismus Leibniz'-Wolff'scher Provenienz, der er auch noch nach dem Erdbeben von Lissabon war, zu einem radikalen Kritiker der philosophischen Theodizee entwickelte, hat einleuchtend *Ch. Schulte* gezeigt. Vgl. *ders.*: Zweckwidriges in der Erfahrung. Zur Genese des Mißlingens aller philosophischen Versuche in der Theodizee bei Kant, in: KS 82 (1991) 371-396, folgendes Zitat 385. Schulte weist nach, daß »erst durch die problematische, über die Antinomie der praktischen Vernunft und dann die Ethiko-Teleologie vermittelte und entfaltete Lehre vom höchsten Gut als gemeinsamen Endzweck von Natur und Moralität«, also sachlich und chronologisch nach der Kritik der praktischen Vernunft und der Kritik der Urteilskraft, Kant »Instanz und Kriterium für Zweckmäßiges und Zweckwidriges in der Welt« gewonnen habe.

[15] Vgl. etwa *G.W.F. Hegel*: Werke in zwanzig Bänden, hg. v. E. Moldenhauer u. K.M. Michel, Bd. 12: Vorlesungen über die Philosophie der Geschichte, Frankfurt a.M. 1969ff., hier: 540: »Daß die Weltgeschichte dieser Entwicklungsgang und das wirkliche Werden der Geschichte ist, unter dem wechselnden Schauspiele ihrer Geschichten – dies ist die wahre Theodizee, die Rechtfertigung Gottes in der Geschichte. Nur *die* Einsicht kann den Geist mit der Weltgeschichte und der Wirklichkeit versöhnen, daß das, was geschehen ist und alle Tage geschieht, nicht nur nicht ohne Gott, sondern das Werk seiner selbst ist.«

[16] *Th. Pröpper*: Fragende und Gefragte zugleich. Notizen zur Theodizee, in: T.R. Peters/Th. Pröpper/H. Steinkamp (Hrsg.): Erinnern und Erkennen. Denkanstöße aus der Theologie von Johann Baptist Metz, Düsseldorf 1993, 61-73, hier: 62. Den »nochmaligen Kraftakt der Vernunft«, mit dem Hegel seine »Philosophie der Geschichte« inszeniert habe, begreift Pröpper, sachlich im Einklang mit Metz, als »Herabdeutung des Leidens auf dessen Begriff«. Doch war dies nicht die einzige Konsequenz der, wirkungsgeschichtlich betrachtet, fatalen Dominanz, die Hegels Philosophie als eine der Linien ausübte, die vom Impuls Kants für die Fortentwicklung der neuzeitlichen Philosophie ausgingen. Denn nachdem, so Pröpper weiter, »die logische Notwendigkeit, die Hegel der Geschichte des Absoluten auferlegte, schon bald als das durchschaut war, was sie war: eine Selbstprojektion der Menschenvernunft und ihrer immanenten Gesetze«, und dann, so Stendhal und Nietzsche, die einfachste Lösung des Theodizeeproblems propagiert werden konnte oder doch zumindest

Philosophie jedenfalls, die selbstreflexiv der begrenzten Möglichkeiten endlicher Vernunft eingedenk bleibt, wird der in der Theodizeeproblematik liegenden »Versuchung der menschlichen Vernunft, eine(r) Versuchung zur Hypertrophierung der Rationalität«[17], nicht erliegen. Das Scheitern dieser Form einer philosophischen Theodizee und deren Anliegen wird hier vorausgesetzt.[18] Doch muß auch gefragt werden, ob mit ihrem Scheitern schon die Notwendigkeit einer philosophischen Reflexion der Theodizee insgesamt ad acta gelegt werden kann, so daß die Theologie das Theodizeeproblem als ein theologieimmanentes Problem verhandeln und sich darauf beschränken könnte, auf die mangelnde Zuständigkeit der Philosophie in dieser Frage hinzuweisen.[19] Angesprochen ist damit die prinzipielle Frage nach der Funktion und dem Status philosophischer Reflexion in der Theologie.

Allerdings beschränkt sich Kants Bedeutung für die Theodizee nicht darauf, gezeigt zu haben, daß es der Vernunft prinzipiell unmöglich ist, das empirisch Zweckwidrige in seiner Übereinkunft mit einer obersten

---

wurde, daß nämlich »die ›einzige Entschuldigung für Gott‹ darin bestehe, ›daß er nicht existiert‹«, sei mit Gott die letzte Instanz verschwunden, die man immerhin noch hätte anklagen können. [Ebd.] Was nach diesem Ende der Theodizee blieb, war einzig die Anthropodizee. Und wie kein anderer hat *Friedrich Nietzsche* gesehen, was geleistet werden müßte, um aus dieser ihm zufolge nihilistischen Bewegung des Denkens wieder herauszukommen: Es galt nun, den Menschen konsequent zu renaturalisieren, sein Bewußtsein als eines animal morale, ja das Ichbewußtsein überhaupt, als dessen eigentliche, wenn auch verhängnisvolle Hypertrophie zu brandmarken. Man wird Nietzsches (späte) subjektdestruierende Philosophie als ein Säkularisat der Theodizee lesen müssen, die sich dem Problem in spezifischer Weise zuwendet: Indem sie die Voraussetzungen kritisch durchleuchtet, die das Leiden in seiner Unabgegoltenheit überhaupt zum Problem erhebt, betreibt sie eine Theodizee durch Problemaufhebung. Zugleich überantwortet Nietzsche den Menschen »der blinden Faktizität eines als sinn- und ziellos empfundenen Weltgeschehens, und diese Preisgabe seiner Subjektivität als Quell von Selbstbestimmung und Selbstverantwortung deklariert er als dessen ›grosse Befreiung‹, mit der die ›Unschuld des Werdens‹ wieder hergestellt werde«. (*B. Himmelmann*: Freiheit und Selbstbestimmung. Nietzsches Philosophie der Subjektivität, Freiburg-München 1996 [= Alber-Reihe Praktische Philosophie 50], hier: 320.) – Die Überlegungen dieses Aufsatzes folgen sachlich dem von Pröpper in dem benannten Aufsatz verfolgten Ansatz einer Reflexion der Theodizeefrage.

[17] *H.M. Baumgartner*: Diskussionsbeitrag, in: W. Oelmüller: Worüber man nicht schweigen kann. Neuere Diskussionen zur Theodizeefrage, Paderborn 1992, 180-183, hier: 183.

[18] Zu ihrer Geschichte vgl. *H.-G. Janßen*: Gott – Freiheit – Leid. Das Theodizeeproblem in der Philosophie der Neuzeit, Darmstadt 1992; *C.-F. Geyer*: Die Theodizee. Diskurs, Dokumentation, Transformation, Stuttgart 1992.

[19] Wenn sie dies überhaupt noch muß, und nicht längst die Philosophie selbst, zumindest weite Teile, auf das Problem der Theodizee als ein Relikt ihrer eigenen Wissenschaftsgeschichte zurückblickt und es, in einem sich als nachmetaphysisch begreifenden Zeitalter, nur noch archiviert. Vgl. *C.-F. Geyer*: Theodizee oder Kulturgeschichte des Bösen? Anmerkungen zum gegenwärtigen Diskurs, in: ZphF 46 (1992) 238-256, hier: 251.

Weltweisheit erweisen zu können. Nicht minder wichtig für das Theodizeeproblem wurde sein in der *Kritik der reinen Vernunft* geführter Nachweis, daß es sich bei den bisherigen Versuchen eines Beweises der Existenz Gottes um nichts anderes als einen dialektischen Schein handelt und es der endlichen Vernunft prinzipiell verwehrt ist, ihre Erkenntnisse über den Bereich der Erscheinungen hinaus zu erweitern. Zwar hat Kant andererseits die Notwendigkeit betont, daß Gott als oberste Idee der praktischen Vernunft zu postulieren sei, soll das sittliche Handeln des Menschen als sinnvoll gedacht werden können und die Antinomie der praktischen Vernunft, die in der Idee des höchsten Guts gedachte Übereinkunft eines Endzwecks von Natur und Moralität und das gleichzeitige Wissen um das Scheitern des Menschen an der Realisierung dieser Idee angesichts des empirisch Zweckwidrigen, nicht in Ewigkeit Bestand haben. Dennoch bleibt für Kant der erkenntnistheoretische Status dieser Idee ein postulatorischer, da über die Wirklichkeit eines Gottes, der diese Antinomie aufzulösen vermöchte, mit dieser Grenzreflexion noch nichts ausgemacht ist. Die nachkantische Entwicklung der philosophischen Reflexion des Gottesbegriffs kann hier nicht erörtert werden. Als deren systematisches Ergebnis soll aber beansprucht werden, daß die Vernunft die Wirklichkeit Gottes zwar als denk*möglich* reflektieren kann, sie aber auf die Geschichte als den Ort eines möglichen Selbsterweises der Wirklichkeit Gottes und der Begegnung mit ihm angewiesen ist, die Erkenntnis Gottes fortan somit von seiner freien Selbstbezeugung abhängig ist. Theologie hat deshalb Offenbarungstheologie zu sein, Betrachtung aller Wirklichkeit *sub specie Dei seipsum revelantis.*[20] Für die Theodizeeproblematik ist diese Verhältnisbestimmung von Philosophie und Theologie in zweierlei Hinsicht bedeutsam. *Erstens* folgt daraus, daß sich die Theodizee als wirkliche Frage nach Gott, die mit einem realen Gegenüber rechnet, nur noch in der Perspektive des Glaubens stellt. Ohne die Vorgabe des Glaubens, der beansprucht, daß Gott selbst sich in der Geschichte als Gott erwiesen hat, kann es eine Theodizee, in welcher Gestalt auch immer, nicht geben, ja hat sich die Theodizee als Problem für die menschliche Vernunft erübrigt. Damit ist nicht gemeint, daß es nicht trotzdem aus Gründen eines besseren Selbstverständnisses einer Epoche sinnvoll sein könnte, der Transformation der Theodizee in die Anthropodizee sowie ihren Säkularisaten nachzuspüren, wohl aber, daß das Problem der Theodizee als Rückfrage nach Gott außerhalb der Perspektive des Glaubens notwendig ausfallen muß. Dies

---

[20] Zum Problem der Erkenntnis und Denkbarkeit Gottes vgl. *Th. Pröpper*: Art. Erkenntnis Gottes, in: LThK^3, 3, 781-786.

impliziert aber *zweitens*, daß die Theodizeefrage nicht mehr in abstrakter Weise gestellt werden kann, was den von dieser Frage vorausgesetzten Gottesbegriff angeht. Denn der für den christlichen Glauben konstitutive Gedanke der Selbstoffenbarung Gottes in der Geschichte Jesu setzt einen bestimmten Begriff von diesem Gott, so wie er sich in diesem Geschehen als er selbst geoffenbart hat, voraus, und zugleich weiß der Glaube auch nur, daß Gott so ist, weil er selbst sich so geoffenbart hat: daß dieser Gott wirklich ein Gott der bedingungslosen Güte und Liebe ist. Er weiß, daß der Gott, den Jesus in seiner bedingungslosen, auch noch den Widerspruch gegen seine Basileia-Verkündigung bis zum Kreuz durchhaltenden Zuwendung zu den Menschen als real präsent beanspruchte, und zu dem Gott sich durch seine Auferweckung bekannte, sich definitiv als der selbst geoffenbart hat, der unbedingt zum Heil der Menschen entschieden ist.[21] Wenn aber, so läßt sich aus dieser christologisch reflektierten

---

[21] Insofern die Geschichte Jesu, sein Leben, sein Tod und seine Auferstehung dazu berechtigt, von ihr als dem Ereignis der Selbstoffenbarung Gottes zu sprechen, schließe ich mich der Position von H. Kessler an. Vgl. *H. Kessler*: Sucht den Lebenden nicht bei den Toten. Die Auferstehung Jesu Christi in biblischer, fundamentaltheologischer und systematischer Sicht, Neuausgabe mit ausführlicher Erörterung der aktuellen Fragen, Würzburg 1995, bes. 79-107, 237-244. Zur geschichtstheoretischen Grundlegung der für das christologische Bekenntnis konstitutiven Rede von der Auferweckung Jesu als Handeln Gottes am gekreuzigten Jesus, die das christliche Bekenntnis zur Auferstehung Jesu im metatheoretischen und methodologisch reflektierten Diskurs mit den Geschichtswissenschaften verantwortet, vgl. *G. Essen*: Historische Vernunft und Auferweckung Jesu. Theologie und Historik im Streit um den Begriff geschichtlicher Wirklichkeit, Mainz 1995 (= TSP 9). – Für eine Reflexion der Theodizeefrage in christologischer Perspektive (ohne damit die jüdischen Wurzeln des christlichen Glaubens zu verlassen!) plädiert auch *Karl-Heinz Menke* in diesem Band. Doch will Menke anders als Kessler (und mit Hansjürgen Verweyen) die Vorstellung eines Neuhandelns Gottes am gekreuzigten Jesus ausschließen, und dies explizit aus theodizeekritischen Gründen. (Vgl. zum folgenden den Beitrag von Menke in diesem Band, bes. S. 108-114.) Ausdrücklich im Hintergrund steht bei Menke das von Dostojewskij in die Theodizeediskussion eingebrachte Argument, daß jedes transgeschichtliche Ereignis eines göttlichen Handelns Gott als einen Zyniker erscheinen lasse, als Zyniker deshalb, weil er das Leiden ja auch hätte verhindern können und so nochmals eine quasi nominalistische Differenz von Freiheit und Liebe in die Rede von der Allmacht Gottes eingetragen werde. Nur wenn Gottes Allmacht mit seiner Liebe identisch sei, und der »Schrei des Gekreuzigten nach seinem Gott (nach Sinn) nicht mit den ganz anderen Kategorien eines ganz anderen Gottes jenseits der Welt und ihrer Geschichte, sondern zumindest anfanghaft schon in seinem Leiden und Sterben beantwortet« (117) werde, könne diesem Verdacht entkommen werden. Die sich hier auftuende Differenz gehört in die seit längerer Zeit andauernde Kontroverse um das Ostergeschehen hinein. Wie mir scheint, wird man aber weiter zwischen der Erkenntnis- und Sachlogik dieses Geschehens unterscheiden müssen, und zwar wegen des fundamentaltheologischen Begründungsproblems, mit welchem Recht denn von der Geschichte Jesu als dem unbedingten Sinngrund für alle Menschen gesprochen werden könne. Wenn nicht philosophisch a priori vorentschieden werden soll, daß im Sterben des Gerechten unbedingter Sinn bereits

Wesensbestimmung Gottes folgern, Gott selbst sich als ein Gott unbedingter Liebe geoffenbart hat, dann war es sein Wesen, durch das er sich in Freiheit dazu bestimmt hat, eine Welt zu schaffen, in der Menschen als freie Menschen sein können, Menschen, denen er sich in Freiheit und als die Erfüllung menschlicher Freiheit würde zuwenden können. Doch läßt sich dieser Glaube angesichts der bleibenden realen Unversöhntheit der Welt aufrecht erhalten? Der Glaube an einen Schöpfergott, der nichts anderes als unbedingte Liebe ist, angesichts der die Schöpfung von Anfang an durchziehenden Erfahrung der Negativität des Leidens und des Todes? Behält Büchners Protest gegen den Schöpfergott nicht sein Recht – und dies auch noch nach dem Ende aller philosophischen Versuche einer Theodizee und obwohl der Glaube behauptet, Gott habe sich als ein Gott der unbedingt für den Menschen entschiedenen Liebe erwiesen? Kommt Gottes Heilshandeln nicht in jedem Fall zu spät, da er doch schon jetzt retten könnte? Und was bedeutete die definitive Abkehr auch nur eines Menschen von Gott für Gott selbst? Darf nicht auch gefolgert werden, daß Gottes Liebe, die am Anfang seines Schöpfungsentschlusses stand und die er selbst in seiner geschichtlichen Selbstoffenbarung als unbedingt bewährt hat, erst dann an ihr Ziel gelangt ist, wenn sie jeden Menschen erfüllt und von jedem Menschen angenommen und erwidert wird, da Liebe nicht anders denn als gegenseitiges Sich-Eröffnen und Erfüllen von Freiheiten zu denken ist? Was aber, wenn auch nur *ein* Mensch sich verweigerte? Vielleicht definitiv sich verweigerte aufgrund des erlittenen Leids oder des ihm zugefügten Unrechts? Wäre Gottes mit seinem Schöpfungsentschluß verfolgte Absicht dann nicht gescheitert, oder – vorsichtiger formuliert: Würde dieser Entschluß nicht weiter auf seine vollständige Verwirklichung warten?

Der Verdacht, daß hier eine Zuspitzung des Theodizeeproblems liegt, soll noch weiter erhärtet werden. Hierzu gilt es, den eingangs mit dem Blick auf Büchner aufgenommenen Faden weiterzuführen. Auch wenn sich bereits bei Büchner abzeichnet, inwiefern trotz des Scheiterns aller philosophischen Versuche in der Theodizee dennoch die Notwendigkeit einer philosophischen Reflexion der Frage bleibt, so ist es doch erst Dostojewskij, der der Theodizeefrage in der Gestalt des Iwan Karamasow

real erscheint, dann wird man nicht umhin können, die Frage zu stellen, warum denn im Sterben Jesu *Gottes* Liebe sich geoffenbart habe. War nicht Jesu Anspruch, vollmächtiger Verkünder des in seiner Person anbrechenden Gottesreiches zu sein, als solcher schon strittig? Abgesehen davon stünde ja, wenn man diese Offenbarungsthese teilte, immer noch die Frage im Raum, ob sie in der Theodizeediskussion wirklich weiterhilft. Denn würde nicht das Argument von Lévinas (vgl. Anm. 10) immer noch zutreffen, daß die »ohnmächtige Kenose« Gottes den Menschen zu viel koste?

ihre schärfste Fassung gegeben hat. Denn im Vergleich zu Büchner hat Dostojewskij nochmals präzisiert, warum es dem Menschen aus moralischen Gründen verboten sein könnte, überhaupt noch so etwas wie eine eschatologische Hoffnung auf eine Zeit zu hegen, in der das erlittene Leid versöhnt sein wird. An der Existenz Gottes zu zweifeln, käme Iwan nicht in den Sinn. Auch nicht daran, daß Gott nachträglich die Tränen der Opfer abwischen wird oder doch zumindest abzuwischen vermöchte. Und dennoch, oder besser: gerade deshalb betreibt Iwan die Auflehnung gegen Gott und gegen jede nachträgliche Wiedergutmachung des erfahrenen Leids. Denn was könnte eigentlich, so fragt Iwan, noch eine Harmonie im Himmel verwirklichen und rechtfertigen, angesichts der Tatsache, daß die Tränen eines unschuldig gefolterten Kindes bereits geflossen sind? Wodurch könnten sie noch gesühnt werden? Eine bloße Rache für das Leiden des Kindes käme zu spät. Denn nichts, selbst nicht die Hölle für die Folterer, könne »wiedergutmachen, wenn jene [die Kinder, M.S.] schon zu Tode gequält wurden«. Und, so fragt Iwan zu Recht, was wäre denn das auch für eine Harmonie, wenn es eine Hölle gibt? Er wolle ja gar nicht, daß noch weiter gelitten werde, er wolle ja verzeihen und umarmen. Doch darf man, und auf diesen Punkt spitzt Iwan das Problem zu, darf man überhaupt verzeihen? Darf die Mutter des gepeinigten Kindes dem Folterer ihres Kindes verzeihen? Iwans Antwort ist eindeutig: »Sie [die Mutter, M.S.] soll gar nicht wagen, ihm zu verzeihen! Wenn sie es aber wünscht, so möge sie für ihre Person verzeihen, so möge sie dem Folterer das maßlose Leid verzeihen, das ihr als Mutter durch ihn wurde, aber die Leiden ihres durch Hunde zerrissenen Kindchens hat sie gar kein Recht zu verzeihen; sie darf es auch gar nicht, dies dem Folterknecht zu verzeihen, wenn sogar das Kind selbst ihm verzeihen würde. Wenn dem aber so ist, wenn sie nicht wagen darf zu verzeihen, wo ist dann die Harmonie? Lebt wohl auf der ganzen Welt ein Wesen, das verzeihen könnte und ein Recht dazu habe? Ich aber will gar keine Harmonie, aus Liebe zur Menschheit will ich sie nicht. Ich will lieber verharren bei ungesühntem Leiden!«[22] Eine Harmonie, ohne daß die Opfer den Tätern vergäben, kann es für Iwan nicht geben. Und man wird Iwan in diesem Punkt ohne Wenn und Aber zustimmen müssen: Ohne daß die Opfer vorab ihren Folterern und Mördern verziehen, dürfte auch Gott nicht versöhnen. Denn es hieße, die Opfer nochmals ihrer Würde als freie Menschen zu berauben und sie nochmals zu Opfern zu machen, wenn die Harmonie ohne ihre Zustimmung verwirklicht würde:

---

[22] *F.M. Dostojewskij*: Die Brüder Karamasow. 3 Bde., Frankfurt a.M. 1981, hier Bd. 1, 421.

Sie würden dann zu Opfern eben dieser Harmonie, ihr in Ewigkeit ungesühntes Leid wäre der Preis dafür, daß Gott auf die schließliche Harmonie nicht verzichten könnte oder wollte. Doch was folgt aus dem, daß eine künftige Harmonie ohne die vorgängige verzeihende Versöhnung der Opfer mit den Tätern, die nur die Opfer selbst leisten können und die von den Tätern auch nur erbeten werden kann, nicht zu denken ist? Ist nicht schon die Möglichkeit einer künftigen Harmonie für alle Ewigkeit vereitelt, wenn Iwans Argument zieht, daß eine schließliche Versöhnung sich aus moralischen Gründen verbietet, weil sie immer schon gegenüber dem bereits geschehenen unschuldigen Leid zu spät käme? Iwans Antwort ist eindeutig: »Ja, und überhaupt hat man die Harmonie viel zu hoch bewertet, es ist überhaupt nicht unseren Vermögensverhältnissen angemessen, so viel für das Eintrittsbillet zu ihr zu zahlen. Und wenn ich auch nur eben ein anständiger Mensch bin, so bin ich sogar verpflichtet, es so rasch wie möglich zurückzugeben. Das tue ich denn auch. Nicht daß ich Gott meine Anerkennung verweigere, ich gebe ›Ihm‹ nur in aller Ehrerbietung mein Eintrittsbillet zurück«[23] – und zwar wiederum, wie schon bei Büchner, aus moralischen Gründen. Theologisch besonders brisant wird Iwans Verbot einer schließlichen Versöhnung deshalb, weil er dieses auch dem gläubigen Bewußtsein ins Gewissen schreibt. Bei Büchner führte ja der in der Instanz des autonomen sittlichen Bewußtseins erhobene Protest gegen Gott zum Atheismus. Ein keineswegs notwendiger Schluß, wie das Beispiel Iwan Karamasows nur zu deutlich zeigt.

Wie kein anderer hat Johann Baptist Metz der Gegenwartstheologie die Theodizeefrage als die Frage der Theologie überhaupt ins Gewissen geschrieben. Und auch wenn Metz die Leidensgeschichte der Menschheit keineswegs auf Auschwitz engführen will[24], mit dem Rücken zu der

---

[23] Ebd. 421f.

[24] Präzisiert hat *Metz* (gegen H. Lübbe) seine Singularitätsthese hinsichtlich dessen, was die mit dem Wort Auschwitz bezeichnete geschichtliche Katastrophe sowie ihre Bedeutung für eine christliche Theologie angeht, die für ihn eine Theologie nach Auschwitz sein will und sein muß, in einem Diskussionsbeitrag, der in dem von *W. Oelmüller* publizierten Tagungsband »Worüber man nicht schweigen kann. Neue Diskussionen zur Theodizeefrage«, München 1992, 159, zu finden ist. Dort heißt es, daß der Vernichtungskampf, für den der Name Auschwitz stehe, darauf abzielte, »ein Volk und eine Tradition auszulöschen, in der alle großen monotheistischen Religionen, vor allem auch das Christentum [...] verwurzelt« seien. Und Metz fährt fort: »In diesem Sinn wurde Auschwitz zu einem Attentat auf alles, was uns – den Christen – hätte heilig sein müssen. Und das soll christliche Theologie nicht erschüttern, eine christliche Theologie, die nach Paulus immer von dem einen Gott zu reden hat? Deshalb zwingt Auschwitz für mich nicht nur zu einer Revision des Verhältnisses der Christen zu den Juden, sondern auch zu einer Revision christlicher Theologie und ihrer geschichtsidealistischen Verblüffungsfestigkeit, die etwas anderes ist als Glaubensfestigkeit. Auf dieser Revision ›nach Auschwitz‹ zu bestehen, heißt

Katastrophe von Auschwitz läßt sich von Gott ihm zufolge jedenfalls nicht mehr reden. Dabei geht es ihm nicht um die Restitution der Theodizeefrage in ihrer überkommenen Form. Auch wenn die Theodizeefrage die eigentliche Frage der Theologie überhaupt ist, darf sie, laut Metz, diese nicht in der Weise des »Versuch(s) einer verspäteten, einer gewissermaßen trotzigen ›Rechtfertigung Gottes‹ [...] angesichts der Übel, der Leiden und des Bösen in der Welt«, sondern nur in der einer »unablässige(n) Rückfrage an Gott« ausarbeiten. Wenn man Metz folgt, dann geht es um die »Frage, wie denn überhaupt von Gott zu reden sei angesichts der abgründigen Leidensgeschichte der Welt, ›seiner Welt‹«, und zwar ausschließlich, wie er mit Nachdruck betont.[25] Für die Theodizeefrage als die eschatologische Frage überhaupt müsse immer wieder neu eine Sprache gesucht werden, ohne daß die Theologie auf diese eine »alles versöhnende Antwort« ausarbeite.[26] Fraglich ist aber, ob sich nach Iwans schon jetzt getroffener Entscheidung der Theodizeefrage eine solche von Metz geforderte theologische Ausarbeitung der Frage überhaupt noch moralisch legitimieren läßt. Erübrigt sich nicht die Rückfrage nach Gott, wenn die ewige Harmonie gar nicht mehr erhofft werden darf, und zwar deshalb, weil schon jetzt zu entscheiden wäre, daß eine solche Harmonie, die ohne eine Rechtfertigung Gottes nicht zu haben ist, ihren Preis, die Ermordeten von Auschwitz, nicht wert wäre?[27] Wenn

---

keineswegs, Auschwitz zu einer Art negativem Mythos zu stilisieren.« Von Metz vgl. ferner: Art. Auschwitz II. Theologisch, in: LThK^3, Bd. 1, 1260f. Gegenüber Metz hat *H. Verweyen* angeführt, er habe Schwierigkeiten einzusehen, warum erst seit Auschwitz alle Theologie in eine gänzlich neue Situation gestellt sein solle. Gegenüber der von Iwan Karamasow geschilderten, von Gott zugelassenen Inhumanität stelle die Marterung der Vielen in den Konzentrationslagern keine qualitativ, wohl aber quantitativ neue Situation dar. Und dennoch, so konzidiert Verweyen, und insofern besteht, was die Singularitätsthese angeht, kein sachlicher Unterschied zwischen seiner Position und der von Metz, sei nach Auschwitz »die Situation der *christlichen* Theologie [völlig neu, M.S.]: die Schuldzuweisung an die ›Mörder des Gottesknechts‹ hat sich in furchtbarer Weise umgekehrt«. (*ders.*: Kants Gottespostulat und das Problem sinnlosen Leidens, in: ThPh 62 [1987] 580-587, hier: 581).

[25] Vgl. *J.B. Metz*: Theodizee-Empfindliche Gottesrede, in: ders. (Hrsg.): »Landschaft aus Schreien« (s.o. Anm. 4), 82. Von Metz siehe ferner: Theologie als Theodizee?, in: W. Oelmüller (Hrsg.): Theodizee – Gott vor Gericht, München 1990; *ders.*: Plädoyer für mehr Theodizee-Empfindlichkeit in der Theologie, in: W. Oelmüller (Hrsg.): Worüber man nicht schweigen kann. Neue Diskussionen zur Theodizeefrage, München 1992, 125-137, sowie die anschließend dokumentierte Diskussion dieses Beitrags: 138-159.

[26] *J.B. Metz*: Theodizee-Empfindliche Gottesrede (s.o. Anm. 25), 82f.

[27] Ganz analog zu Dostojewskijs Iwan hat *Harry Mulisch* in seinem Roman »Die Entdeckung des Himmels« auf dieses Argument zurückgegriffen, wo er in sehr eindringlicher Weise den Besuch einer seiner Figuren von Auschwitz-Birkenau beschreibt: »Einige Blöcke waren als Museum eingerichtet. Er sah ein infernalisches Terrarium von zwanzig Metern Länge und drei Metern Tiefe, voll mit Frauenhaar, das eine uniforme, mattgraue Farbe

man Iwans Argument, daß jede nachträgliche Versöhnung und Wiedergutmachung zu spät komme und deshalb die Theodizeefrage schon jetzt zu entscheiden sei, nicht einfach beiseite schieben will, wird man das Argument und seine philosophisch-ethischen Implikationen reflektieren müssen. Schärfer: Man wird es zurückweisen müssen, um *begründet* die Theodizeefrage als eschatologische Rückfrage nach Gott überhaupt noch stellen zu können. Methodisch wird dies aber nur noch in der Instanz autonomer Vernunft geschehen können. Denn was sich in Iwans Protest gegen Gott und eine zu spät kommende Seligkeit ja gerade erweist, ist die sittliche Autonomie menschlicher Vernunft in ihrer formalen Unbedingtheit. Damit soll inhaltlich noch nichts darüber gesagt sein, ob sich in der Instanz autonomer Vernunft Iwans Argument als moralisch legitimieren läßt. Doch wird es in eben dieser Instanz zurückgewiesen werden müssen, da eine Freiheit, die sich ihrer Unbedingtheit gewiß geworden ist, keine andere Instanz mehr zulassen kann. Und es wird deshalb zurückgewiesen werden müssen, um den Glauben selbst nicht einer vermutlich nicht sehr lange auszuhaltenden Zerreißprobe auszusetzen – einer Probe, die darin bestünde, daß der Glaube sich gegen das eigene sittliche Bewußtsein behaupten müßte, wodurch die Identität des Glaubenssubjekts aufgehoben würde. Aber nicht nur dieses grund-

---

angenommen hatte. War auch das Haar seiner Mutter dabei? Ein anderes Terrarium mit abgetretenen Kinderschuhen, mit Brillen, mit Zahnbürsten, mit künstlichen Gliedmaßen. Da lag es. War es *tatsächlich* so, daß letztendlich nichts mehr zählte? War alles möglich und konnte alles getan werden, weil es eines Tages unwiderruflich beiseite gelegt würde? Konnte die himmlische Seligkeit im Himmel nur wegen dieses verbrecherischen Gedächtnisschwundes genossen werden? Sollten die Glückseligen dafür nicht mit der Hölle bestraft werden? Alles war offenbar bis in alle Ewigkeit verpfuscht, nicht nur hier, sondern auch bei tausend vorangegangenen und nachfolgenden Gelegenheiten, an die keiner mehr dachte. Ein Himmel war unter diesen Umständen unmöglich, nur die Hölle gab es vielleicht. Wer an Gott glaubte, dachte er und schaute in die riesige Vitrine mit Spielzeug, sollte vor Gericht gestellt werden – an die schwarz geteerte Hinrichtungswand, die er neben Block 11 gesehen hatte.« (*ders.*: Die Entdeckung des Himmels, München-Wien 1993, hier: 128.) An einen Gott als den Garanten einer schließlich doch noch zu genießenden Seligkeit zu glauben, verbietet sich hier, wie schon bei Iwan Karamasow, aus moralischen Gründen. Beschrieben ist hier aber auch, was zu schließen ist, wenn kein Gott schließlich mehr versöhnt. Zwar wird man nicht folgern müssen, wie hier zumindest andeutungsweise erwogen wird, daß dann alles erlaubt sei. Die Möglichkeit einer absurden Ethik, wie sie, wie wohl von keinem anderen sonst, von Camus in den Blick genommen wurde, bleibt auch dann noch. Wohl aber ist dann zwingend zu folgern, daß in der Tat alles bis in alle Ewigkeit verpfuscht ist, weil dann alles eines Tages unwiderruflich beiseite gelegt sein wird. Den Hinweis auf Mulisch verdanke ich dem so früh verstorbenen Freund Christian Janssen. Wenn dieser Aufsatz auch auf das Bedenken und begründende Offenhalten der Theodizeefrage insistiert, dann nicht zuletzt deshalb, weil er so nachdrücklich nach Antworten oder doch zumindest nach einer begründeten Hoffnung suchte, die es ihm ermöglichten, mit sich identisch zu bleiben. Seinem Andenken sei dieser Aufsatz gewidmet.

sätzliche Problem wird reflektiert werden müssen. Darüber hinaus wird auch philosophisch gezeigt werden müssen, welche Bedingungen bei einer eschatologischen Rechtfertigung Gottes angesichts des Leidens der Kreatur in seiner Schöpfung erfüllt sein müssen, damit der Mensch und die Menschen untereinander sich versöhnen lassen können und in dieses Versöhnungsgeschehen frei einstimmen können. Damit kehrt aber die Notwendigkeit einer philosophischen Reflexion der Theodizeefrage für die Theologie zurück. Mit der von Metz befürchteten voreiligen Versöhnung durch den spekulativen Begriff hat dies nichts zu tun.[28] Ganz im Gegenteil: Wie sich zeigen wird, bleibt die bange Frage um des Menschen, aber auch um Gottes willen, ob Gott diese Versöhnung gelingen wird. Ob seine Liebe wirklich ausreicht, daß alle Menschen sich in freier Zustimmung von ihr versöhnen lassen können und auch wirklich versöhnen lassen werden. Was Metz dann »Glaubensfestigkeit«[29] nennt, so wird man vielleicht interpretieren dürfen, ist das Vertrauen darauf, daß Gott diese Antworten hat und durch seine Liebe den Fragenden, auch den angesichts von Auschwitz Fragenden, zu gewinnen vermag.

Nach diesen grundsätzlichen Erwägungen zur Bedeutung philosophischer Reflexion für das Theodizeeproblem nach dem Ende der philosophischen Theodizee sollen die noch folgenden Reflexionen auf drei Probleme konzentriert werden. *Erstens* soll Iwans Argument gegen eine schließliche Wiedergutmachung des Leides durch Gott selbst und damit gegen eine Hoffnung des Glaubens, die alle biblischen Schriften durch-

---

[28] Sofern hier nur darauf insistiert wird, es müsse um des Glaubens willen die moralische Legitimität der Rückfrage nach Gott philosophisch begründet werden, wird man noch lange nicht von einer erneuten Dominanz des Begriffs über die Geschichte reden können, wie es dem absoluten Idealismus Hegels zu eigen ist. Im Gegenteil wird aufgrund des gewählten freiheitstheoretischen Ansatzes im Begriff der Geschichte ein Geschehen zwischen Gott und Mensch gedacht, dessen Ende offen ist. Der Metzsche Vorwurf des Geschichtsidealismus kann deshalb nicht zutreffen. Eine solcherweise durch den spekulativen Begriff realisierte Theodizee ist in der Tat nach Auschwitz nicht mehr machbar, das war sie aber aus philosophischen, ethischen und nicht zuletzt aus theologischen Gründen auch schon vorher nicht. Von großem Gewicht für die anstehende Aufgabe, einen theologisch verantwortbaren Geschichtsbegriff zu konzipieren, der sich auf dem Niveau neuzeitlichen Denkens vermittelt, sind zur Zeit die Arbeiten von *G. Essen*, der vor allem auf das Konzept einer »Transzendentalen Historik« von *H.M. Baumgartner* zurückgreift. Dieser Hinweis erfolgt hier deshalb, weil dieses Geschichtsdenken nicht mehr dem Verdacht einer geschichtsidealistischen Verbegrifflichung des Leidens durch die Spekulation erliegt, ja ganz im Gegenteil, weil hier Geschichte als »Kommerzium von Freiheiten« gedacht wird, die in ihrer Freiheit unbedingt sind, Geschichte als offenes Geschehen erscheint. Vgl. zuletzt *G. Essen*: Geschichte als Sinnproblem. Zum Verhältnis von Theologie und Historik, in: ThPh 71 (1996) 321-333.

[29] Vgl. Anm. 24.

zieht, auf seine moralische Legitimität hin reflektiert werden. *Zweitens* soll als Erweiterung dieser Reflexion die von Origenes begründete Tradition der Apokatastasislehre in den Blick genommen werden. Dies ist für eine Auseinandersetzung mit Dostojewskijs Iwan deshalb nötig, weil selbst dann, wenn gezeigt werden könnte, daß die Hoffnung auf eine Vollendung des menschlichen, vor allem des gefolterten und gemordeten Lebens ein Implikat der sittlichen Autonomie des Menschen ist, ja immer noch Iwans Argument im Raum stünde, daß es keine Versöhnung durch eine Sühne geben dürfe, so daß fortan die Täter die Leidenden wären. Eine Seligkeit, obwohl weiter gelitten wird, ist für Iwan nicht denkbar. *Drittens* schließlich soll - mit Blick auf die Gegenwart - nach den realen Konstitutionsbedingungen gefragt werden, die Leidenswahrnehmung und praktische Solidarität mit den Leidenden auch noch bis ins Äußerste hinein erlauben. Denn selbst wenn philosophisch gezeigt werden könnte, daß es zur moralischen Pflicht des Menschen gehört, sich auf einen Gott hin zu öffnen und auf diesen zu setzen, und sich so der Glaube fundamentaltheologisch seiner moralischen Legitimität in der Instanz autonomer sittlicher Vernunft geltungstheoretisch vergewissert hätte, so könnte es ja immer noch sein, daß der reale Vollzug dieses Glaubens (und somit auch seine fundamentaltheologisch-philosophische Vergewisserung!) auf historische Vorgaben angewiesen ist, die kontingent sind. Wenn dies aber so ist, so kann auch gefragt werden, ob in dem Moment, wo die Vorgaben des jüdisch-christlichen Glaubens ihre Plausibilität und ihre historische Wirksamkeit verlieren, nicht auch das sich im Protest gegen den Schöpfergott äußernde Freiheitsbewußtsein des Menschen in die Krise geführt wird. Daß es sich bei solchen zeitdiagnostischen Überlegungen nur um Mutmaßungen handeln kann, liegt auf der Hand.

Bevor diese Fragen erörtert werden sollen, muß jedoch noch eine kurze Vorbemerkung erfolgen. Gewiß, wie Erich Zenger es eindrücklich formuliert hat, »in der Arena des Leids ist das Leiden kein Problem, sondern Wirklichkeit«[30]. Und die einzig angemessene Reaktion auf die Wahrnehmung des Leidens kann nur sein, es zu bekämpfen, und, wenn nichts mehr zu tun ist, beim Leidenden auszuharren. Gegenüber der Realität des Leidens mögen die nachfolgenden Erwägungen in der Tat merkwürdig lebensarm und -fremd sein. Allerdings hieße es, die begleitende Funktion philosophischer und theologischer Reflexion zu überschätzen, ja ihr Wesen zu verkennen, wenn der Reflexion, zumindest in der

---

[30] *E. Zenger*: Durchkreuztes Leben. Hiob - Hoffnung für die Lebenden, Freiburg-Basel-Wien 1976, hier: 25. Vgl. zum folgenden auch *G. Greshake*: Der Preis der Liebe. Besinnung über das Leid, Freiburg 1978, hier: 11-26.

Weise, wie sie hier versucht wird, zugetraut würde, die Praxis ersetzen zu wollen oder gar zu können. In ihrer begleitenden Funktion ist die Reflexion aber unersetzlich, und zwar dann, wenn die menschliche Freiheit sich ihres eigenen Vollzugs vergewissert und diesen kritisch orientiert. Daß dies, zumeist jedenfalls, wohl nicht in der Situation des Leidens selbst erfolgt, muß nicht breit ausgeführt werden. Sehr wohl will die Theodizeefrage aber auch bedacht sein, und zwar um des Vollzugs des Glaubens und der gläubigen Praxis willen.

2. Das erlittene Leid in Ewigkeit unversöhnt? Über Vergebung und Versöhnung innerhalb einer transzendentalen Freiheitslehre

Was wäre, wenn jemand, dem Beispiel Iwan Karamasows folgend, sich schon jetzt imstande sähe, definitiv zu urteilen, niemand, auch Gott nicht, selbst wenn ihm zugestanden würde, daß er dazu in der Lage sei, dürfe die bereits erlittene Qual wiedergutmachen, weil die Wiedergutmachung zu spät käme und Verzeihung und Versöhnung gar nicht gewährt werden dürften? Dann bliebe zwar immer noch offen, ob nicht Gott selbst den, der so zu argumentieren und zu entscheiden sich imstande glaubt, doch noch davon zu überzeugen vermag, die von ihm ermöglichte Versöhnung zustimmend anzunehmen. Man wird sogar, wie sich im Rahmen der Erwägungen zur Apokatastasislehre zeigen wird, gar nicht umhin können, auf diese Möglichkeit zu setzen. Allerdings: Begründet vertreten ließe sich diese eschatologische Hoffnung des Glaubens nicht mehr, wenn Iwan Karamasows Argument stichhaltig wäre. Und allemal wäre der Vollzug des Glaubens dann nur noch gegen die eigene Überzeugung möglich. Dies war bereits herausgestellt worden. Hinzu kommt etwas anderes: Widerlegt werden müßte Iwans Argument in jedem Fall. Denn auch aus theologischen Gründen gilt ja, daß, wenn Gottes Liebe und somit er selbst als die Erfüllung menschlicher Freiheit an ihr Ziel kommen will, Gott selbst den Menschen, der wie Iwan schon jetzt definitiv Nein zu einer schließlichen Versöhnung und Wiedergutmachung sagt, davon zu überzeugen hätte, daß das Sich-versöhnen-Lassen und die Versöhnung und Vollendung aller Menschen die eigentliche Erfüllung des Wesens der menschlichen Freiheit ausmacht.[31] Somit ist die von Dosto-

---

[31] Vorausgesetzt wird dabei, daß Gott den am Anfang seines schöpferischen Handelns stehenden Entschluß, eine Welt zu schaffen, damit freie Menschen als seine Partner in ihr sein können, nicht zurücknimmt. Zwar ist die Hoffnung des Glaubens, daß Gott am Ende der Zeit alle Menschen gewinnt, eine kontingente, weil sie auf die Treue Gottes zu seiner

jewskijs Iwan Karamasow formulierte definitive Ablehnung einer schließlichen Harmonie von prinzipieller Bedeutung, und keineswegs ein »Seminaristen-Problem« (H. Lübbe). Nach Pröpper markieren Romano Guardinis hoffende Frage »Warum, Gott, zum Heil die fürchterlichen Umwege, das Leid der Unschuldigen, die Schuld?«, auf die Guardini offenbar eine Antwort erwartet habe, und Iwan Karamasows ablehnende Antwort »die Alternative, auf die [...] die Transformation der nach dem Scheitern menschlicher Theodizee verbliebenen Theodizeeproblematik hinausläuft und die uns Fragende so involviert, daß wir selber Gefragte sind: Ob wir nämlich Gottes Liebe die Möglichkeit, sich selbst zu rechtfertigen und aller Zustimmung zu gewinnen, noch zutrauen oder aber diese Möglichkeit, mit Berufung auf die Unaufwiegbarkeit des Leidens und die Unversöhnbarkeit der Schuld, für bereits definitiv und zwar negativ entschieden ansehen wollen.« Um die Alternative entscheiden zu können, wird erstens gezeigt werden müssen, daß »Vergebung als die höhere Möglichkeit der Freiheit [...] die moralische Insistenz auf der Endgültigkeit der Schuld«[32] verbietet. Zweitens aber, daß man die Vollendung der endlichen Freiheit des Menschen durch Gott, der als einziger den Tod zu überwinden und das Leiden und die Endlichkeit als den Preis menschlicher Freiheit zu rechtfertigen vermag, zu erhoffen berechtigt, ja vielleicht sogar verpflichtet ist. Durch die vorangegangenen Erwägungen

---

Schöpfung setzt, eine Treue aber, die in seiner Freiheit gründet. Doch darf der Glaube auch begründet auf diese Hoffnung setzen, weil Gott selbst sich in der Geschichte mit seinem Volk Israel und dann in unüberbietbarer Gestalt in der Geschichte Jesu als der erwiesen hat, der an seiner Entschiedenheit für die Menschen unbedingt festhält und diese Unbedingtheit auch noch gegen den Widerspruch der Menschen bewährt. Gottes Freiheit gegenüber der Welt bleibt zwar bestehen, und zumindest theoretisch wird man auch die Möglichkeit einer Abkehr Gottes von seinem Ursprungsentschluß denken müssen, um ihn als bleibend frei gegenüber der Welt und den Menschen denken zu können. Jedoch hat sich die Freiheit Gottes in geschichtlicher Weise als eine Freiheit gezeigt, die sich gerade dadurch auszeichnet, *daß* sie sich an ihren eigenen Entschluß bindet, somit treu ist. Wenn Gott aber aus Liebe menschliches Dasein als freies Dasein ermöglichen wollte, dann dürfen Menschen Gott deshalb auch mit dem Versprechen seiner Treue behaften, weil Liebe sich behaften läßt. Oder anders formuliert: sie dürfen glauben. Nicht zu glauben hieße dann, an der unbedingten Entschiedenheit Gottes für den Menschen zu zweifeln, nicht auf seine Treue zu setzen. Daß der Vollzug des Glaubens selber nochmals kontingent ist, abhängig von Vorgaben, für die der Mensch selber nicht aufkommen kann, muß gerade im Hinblick auf die Abgründigkeit menschlichen Leidens und einer vor diesem Hintergrund vorgenommenen Bestimmung des Glaubensbegriffs betont werden. Diese Einsicht erlaubt es, das faktische Gottesverhältnis nicht unmittelbar als Glaube oder Unglaube zu qualifizieren, sondern Dispositionen, Ereignisse und Situationen anzunehmen, die eine reale und d.h. freie Entscheidung unter Umständen gar nicht oder zumindest zeitweilig nicht zulassen.

[32] *Th. Pröpper*: Fragende und Gefragte zugleich (s.o. Anm. 16), hier: 71; *ders.*: Erlösungsglaube und Freiheitsgeschichte. Eine Skizze zur Soteriologie, München [3]1991, hier: 217.

entschieden ist aber bereits, daß die gesuchte Denkform, die diese Alternative zu entscheiden und die Hoffnung des Glaubens fundamentaltheologisch ad extra, aber auch ad intra[33] zu vertreten erlaubt, nur eine sein kann, die am Phänomen des menschlichen Freiheitsvollzuges orientiert ist. Denn herausgestellt wurde ja bereits, daß ohne die Annahme eines autonomen sittlichen Bewußtseins des Menschen sich der faktische Protest gegen den Schöpfergott gar nicht denken ließe. Anders formuliert: Der Protest setzt, selbst wenn die Existenz Gottes, so wie bei Iwan Karamasow, gar nicht in Zweifel gezogen wird, transzendentallogisch die formale Unbedingtheit der Freiheit voraus - eine Freiheit aber, die sich selbst Gesetz ist, weil sie sich zu sich selbst entschieden hat, und die folglich ihr eigenes Wesen zum kriteriologischen Maßstab dessen erhebt, was moralisch genannt zu werden verdient und was nicht. Schon deshalb wird man eine kritische Entgegnung auf Iwan methodisch in der Instanz autonomer Vernunft, die das Wesen der menschlichen Freiheit reflektiert, versuchen müssen. Mit dieser transzendentalen Reflexion ist noch nicht darüber entschieden, ob die definitive Ablehnung einer praktischen, d.h. den Menschen überzeugenden und gewinnenden Theodizee durch Gott selbst wirklich dem Wesen der menschlichen Freiheit gemäß ist. Vielmehr soll die nachfolgende Freiheitsanalyse das Gegenteil erweisen. Wohl aber entschieden ist, daß der argumentative Streit darüber, was dem Menschen wesensgemäß ist und was nicht, nur so begründet entschieden werden kann, daß methodisch auf die menschliche Freiheit selbst und deren praktischen Vollzug rekurriert wird.

Für die Reflexion der bezeichneten Frage sollen Resultate einer transzendentalen Analytik der Freiheit fruchtbar gemacht werden. Denn deren Spezifikum besteht gerade darin, daß die formal-unbedingte Freiheit als das, transzendentallogisch betrachtet, begründende Moment spezifisch humaner Vollzüge eruiert wird, ohne das deren Möglichkeit nicht gedacht werden könnte.[34] Das Bewußtsein der Freiheit gibt es nur, indem

---

[33] Anerkennt man die formale Unbedingtheit endlicher Freiheit auch gegenüber Gott, dann wird man die an der Vorstellung einer Diastase von Glaube und Welt orientierte Unterscheidung von ad intra und ad extra, so sinnvoll sie aus methodischen Gründen auch sein mag, zumindest modifizieren müssen. Denn wenn der Glaube das Verstehen sucht und sich so selbst die Autonomie menschlicher Vernunft voraussetzt, innerhalb derer die hermeneutischen Implikationen des Glaubens philosophisch als sinnvoll und denkmöglich ausgewiesen werden müssen, dann wird die gemachte Unterscheidung, solange es um diese philosophische Vergewisserung geht, gegenstandslos.

[34] Die folgenden Erwägungen arbeiten mit Kategorien, die sich einer transzendentalen Analytik der Freiheit verdanken, wie sie im Anschluß an das Denken Kants, Fichtes und Kierkegaards vor allem von *H. Krings* und *Th. Pröpper* erarbeitet wurden. Zum folgenden vgl. vor allem *Th. Pröpper*: Autonomie und Solidarität. Begründungsprobleme sozial-

die Freiheit selbst sich in Distanz zur Wirklichkeit setzt, und sich selbst als wirklich und in einer Wirklichkeit existierend reflektiert. Sofern transzendentales Denken bereits auf den faktischen Vollzug der Freiheit rekurriert, läßt sich in einer ersten Bestimmung der Mensch als das Wesen bestimmen, das die Faktizität seines Seins als Freiheit zu übernehmen *hat*. Näherhin wird Freiheit gedacht als unbedingtes Sichverhalten, grenzenloses Sichöffnen auf möglichen Gehalt hin und ursprüngliches Sichentschliessen für einen Gehalt. Macht dies die formale Unbedingtheit der Freiheit aus, so gibt es sie doch nur, wenn sie sich bereits durch die reale Affirmation eines Inhalts selbst bestimmt hat und bestimmt. Zu dieser seiner Wirklichkeit kann der Mensch in ein freies Verhältnis treten, kann seiner Identität eine selbstprojektierte und deshalb freie Gestalt geben, ja – und dies ist für den hier angezielten Gedankengang von großer Bedeutung! - er tut es sogar in jedem Fall. Denn selbst dann, wenn der Mensch auf die reale Projektion einer Identität durch den bestimmten Gebrauch seiner Freiheit verzichten wollte, würde er sich faktisch doch eine Identität projektieren und am Ende auch eine geben: nämlich eine, die er nur vermeintlich nicht selbst orientiert hätte und die das angebliche Ergebnis einer Zufälligkeit von Bestimmungsgründen wäre. Freiheit als Fähigkeit der Selbstbestimmung spielt in diesem Prozeß realer Selbstbestimmung eine dreifache Rolle. Erstens ist sie aufgrund ihrer Ursprünglichkeit selbstbestimmbar, zweitens bestimmt sie sich selbst durch die Affirmation eines Inhalts und drittens findet sie in ihrer formalen Unbedingtheit einen Maßstab für ihre wirkliche Selbstbestimmung. Damit ist aber - noch rein formal - ein Kriterium erreicht, das die eigene Selbstbestimmung zu orientieren vermag: das eigene Wesen der Freiheit in ihrer formalen Unbedingtheit. Dementsprechend ist der Begriff der Autonomie so bestimmt, daß er »die *Freiheit*, [die, M.S.] *sich selber Gesetz ist, sich selbst als Aufgabe gegeben*«[35] ist, bezeichnet.

Für die Auseinandersetzung mit Iwans theodizeekritischem Argument entscheidend ist nun, worin die sich selbst aufgegebene Freiheit ihre

---

ethischer Verpflichtung, in: E. Arens (Hg.), Anerkennung der Anderen. Eine theologische Grunddimension interkultureller Kommunikation, Freiburg-Basel-Wien 1995 (= QD 156), hier bes.: 99-102, und focussiert die hier auf das Problem ethischen Handelns konzentrierte Logik auf das Vergebungsproblem. Zur transzendentalen Analytik der Freiheit vgl. ferner: *ders.*: Erlösungsglaube und Freiheitsgeschichte (s.o. Anm. 32), hier: 182-194; *H. Krings*: System und Freiheit. Gesammelte Aufsätze, Freiburg/München 1980; *ders.*: Transzendentale Logik, München 1964, hier: 45-76; *H.M. Baumgartner*: Prinzip Freiheit. Eine Auseinandersetzung um Chancen und Grenzen transzendentalphilosophischen Denkens, Freiburg–München 1979; *H. Meyer*: Kants Transzendentale Freiheitslehre, Freiburg-München 1996.

[35] *Th. Pröpper*: Autonomie und Solidarität (s.o. Anm 34), hier: 99.

oberste inhaltliche Norm findet, und welchen Gehalt in der Reihe aller nur möglichen Gehalte sie unbedingt zu affirmieren hat. Allerdings ist dies eigentlich schon entschieden: Denn wenn im Prozeß der realen Selbstbestimmung der Freiheit, der zugleich das Personsein des Menschen begründet, sie selbst sich der Maßstab ist, dann kann der Unbedingtheit ihres Sichöffnens letztlich nur ein Inhalt gemäß sein, der sich seinerseits durch formale Unbedingtheit auszeichnet. Folglich kann nur die andere Freiheit als der angemessene Gehalt und somit als das Erfüllende der Freiheit gedacht werden, so daß erst durch die reale Affirmation einer anderen Freiheit die Freiheit sich ihrer vollen Form nach gesetzt hat. Denn: »Erst im Entschluß für andere Freiheit wird die Unbedingtheit freier Affirmation angemessen betätigt, erst in ihm vollzieht sich menschliche Freiheit in vollem Sinne *als* Freiheit, während sie in der Objektwelt einen ebenbürtigen Inhalt nicht finden, sondern sich selbst nur als perrenierendes Streben verzehren, sich in die schlechte Unendlichkeit verlaufen und als ›nutzlose Leidenschaft‹ aufreiben könnte.«[36] Für eine ethische Begründungsfigur ergibt sich deshalb zweierlei. Resultiert *erstens* aus dem formalen Unbedingtheitsanspruch der Freiheit, daß Freiheit unbedingt sein soll, so folgt *zweitens* aus einer Reflexion, die auf den angemessenen Inhalt der Freiheit zielt und die oberste inhaltliche Norm ethischen Handelns benennt, daß Freiheit *»andere Freiheit unbedingt anerkennen«* soll[37]. Vollzieht sich aber erst durch die reale Affirmation anderer Freiheit die menschliche Freiheit in angemessener Weise, und zwar deshalb, weil sie nur so der Unbedingtheit ihres eigenen Seinsollens entspricht, dann ist auch bereits darüber entschieden, ob es dem Wesen des Menschen entspricht, Vergebung zu gewähren oder auf der Unversöhnbarkeit des erlittenen Leids und des Unrechts zu bestehen. Denn wenn erstens nur dann, wenn das Unrecht aufgedeckt wird, gelingende und d.h. umgekehrt: nicht unwahre Beziehungen zwischen Menschen möglich sind, und zweitens die Anerkennung

[36] Ebd. 100. Eingeschlossenes Zitat von *J.P. Sartre*: Das Sein und das Nichts, 770. Vgl. auch *H. Krings*: »Der erfüllende Inhalt der Freiheit kann, sofern er ihr der Form und Dignität nach nicht nachstehen soll, kein anderer sein als Freiheit. Das aber bedeutet: Freiheit gibt sich letztlich und erstlich dadurch einen Inhalt, daß sie andere Freiheit bejaht. Nur im Ent-schluß zu anderer Freiheit setzt sich Freiheit selbst ihrer vollen Form nach.« (*ders.*: Freiheit. Ein Versuch Gott zu denken, in: ders.: System und Freiheit (s.o. Anm. 34), hier: 174.)

[37] *Th. Pröpper*: Autonomie und Solidarität (s.o. Anm. 34), hier: 99f. Aufgenommen und transzendentallogisch begründet ist damit der kategorische Imperativ *Kants* in seiner dritten Fassung: »Handle so, daß du die Menschheit, sowohl in deiner Person, als in der Person eines jeden anderen, jederzeit zugleich als Zweck an sich selbst, niemals bloß als Mittel gebrauchst.« (*I. Kant*: GMS (s.o. Anm. 8), hier: BA 66f.)

der Freiheit des Anderen, die doch zugleich ihre freilassende Anerkennung meint und sie aus ihrer Gefangenschaft durch das begangene Unrecht entläßt, die angemessene Betätigung der eigenen Freiheit darstellt, dann ist gezeigt, daß in ethischer Hinsicht Vergebung die größere Möglichkeit der Freiheit darstellt. Jemanden in seiner Schuld zu fixieren, muß auf der Linie dieser Reflexion seinerseits als Schuld in dem Sinn qualifiziert werden, daß sich die Freiheit selbst verfehlt. Und zwar aufgrund eines Begründungskonzeptes, das der Autonomie des sittlichen Bewußtseins entspricht und deshalb in formaler Hinsicht den Anforderungen Iwans genügen kann: Denn der Geltungsgrund moralischen Sollens, das auch die frei gewährte Vergebung umfaßt, ist in der Unbedingtheit der menschlichen Freiheit selbst festgemacht, einer Unbedingtheit aber, die gerade ihre Autonomie garantiert. Wenn Vergebung nur frei gewährt werden kann, dann muß natürlich selbstverständlich hinzugesagt werden, daß das Opfer niemals unter einen Vergebungszwang gesetzt werden kann und darf. Unter Zwang jemandem vergeben zu sollen, muß innerhalb eines transzendentalen Freiheitsdenkens als Widerspruch in sich selbst bestimmt werden. Und das Opfer anders denn in der Weise der Bitte um Verzeihung zu bitten, müßte seinerseits als Schuld qualifiziert werden.

Bisher wurde gezeigt, daß nur die sich für andere Freiheit erschließende und die Freiheit des Anderen anerkennende Freiheit zur wirklichen Erfüllung ihrer selbst kommen kann und daß Vergebung von Schuld ein sittliches Implikat der zu sich selbst entschlossenen Freiheit darstellt. Entschließt sich die Freiheit aber zu sich selbst, so gerät sie in eine Antinomie, die den Gottesgedanken unausweichlich macht. Denn erstens wird die Freiheit nur wirklich, wenn sie ihrem Entschluß eine reale Gestalt gibt. Zweitens aber bleibt, trotz der unbedingten Entschiedenheit der Freiheit für den Anderen, die Anerkennung doch stets eine endliche und deshalb symbolische. Denn die Objektivierung ihres Entschlusses, die reale Gestalt der Freiheit, so wie sie sich darstellt und auf den Anderen hin öffnet, bleibt notwendig hinter dem grenzenlosen und unbedingten Sich-Öffnen der Freiheit zurück. Letzteres macht ihre formale Unbedingtheit aus. Symbole hingegen bleiben deshalb, weil in ihnen die formal unbedingte menschliche Freiheit ihrem Entschluß eine reale und deshalb immer endliche Gestalt gibt, prinzipiell vorläufig: »Sie versprechen noch, was sie schon realisieren.«[38] Damit ist aber, nun

---

[38] *Th. Pröpper*: Erlösungsglaube und Freiheitsgeschichte (s.o. Anm. 32), hier: 188. Vgl. auch 246, wo der Symbolbegriff dahingehend bestimmt wird, daß unter ihm eine Wirklichkeit zu verstehen sei, »in der und durch die eine Freiheit sich anderer Freiheit

freiheitstheoretisch grundgelegt und ohne schon im Vorfeld der Gottesfrage den Schwierigkeiten eines nur konstatierten Faktums der reinen praktischen Vernunft zu erliegen, die von Kant aufgezeigte Antinomie praktischer Vernunft und damit die Idee Gottes als Postulat der praktischen Vernunft revoziert. Denn sofern realisierte Anerkennungsverhältnisse zwischen verschiedenen Freiheiten doch stets material vermittelte sind und deshalb die Unbedingtheit des Entschlusses einer Freiheit für die andere Freiheit im Endlichen nicht vollständig realisiert werden kann, verweist diese Reflexion auf »die Idee einer allen Gehalt und sich selbst unbedingt eröffnenden Freiheit, d.h. einer Freiheit, die als Einheit von unbedingtem Sichöffnen und unvermittelter Fülle des Inhalts nicht nur formal, sondern auch material unbedingt wäre und insofern vollkommen genannt werden könnte«[39]. Spätestens dann, wenn die endliche Freiheit sich dem eigenen Sterbenmüssen stellt, wird die Gottesidee unausweichlich, soll nicht die unbedingte Affirmation einer anderen Freiheit schließlich doch noch zurückgenommen werden. Und dies gilt natürlich erst recht für durch Schuld gekennzeichnete Freiheitsverhältnisse. Zwar ist Vergebung von Schuld zunächst eine Sache zwischen Menschen. Doch ist deren Möglichkeit ja davon abhängig, daß Täter und Opfer noch leben.[40] Auf das Vergebungsproblem bezogen wird deshalb in der Idee Gottes ein Wesen gedacht, das, weil es die Einheit von formal und material unbedingter Freiheit ist, die Toten erweckt und Versöhnung zwischen Menschen vermittelt, damit die menschliche Freiheit an ihr Ziel gelangt. Und diese Idee ist keine beliebige mehr, der gegenüber die endliche Freiheit indifferent bleiben könnte. Denn wenn Freiheit sein soll, dann ist diese Idee ein *notwendiger* Gedanke.[41] Daß

---

selbst mitteilt oder verweigert. Eine Wirklichkeit näherhin, in der die formal unbedingte Freiheit mit ihrer Erscheinung ›zusammenfällt‹, ohne sich doch in ihr zu erschöpfen oder differenzlos mit ihr in eins gesetzt werden zu können. Eine Wirklichkeit endlich, ohne die die Entschiedenheit einer Freiheit, sei es die Gottes oder eines Menschen, für den Menschen in seiner symbolischen (sinnlich-geistigen) Verfassung nicht ›wirklich‹ und insofern auch nicht offenbar, nicht ›wahr‹ werden könnte.«

39 Ebd. 190.

40 Vgl. *M. Horkheimer*: »Einen unbedingten Sinn zu retten ohne Gott, ist eitel. [...] Ohne Berufung auf ein Göttliches verliert die gute Handlung, die Rettung des ungerecht Verfolgten ihre Glorie ...« Theismus – Atheismus, in: ders.: Gesammelte Schriften. Bd. 7, Frankfurt a.M. 1985, 173-186, hier: 184.

41 »Die Vorstellung von Gott, gedacht im Begriff der transzendentale Freiheit erfüllenden vollkommenen Freiheit, ist nicht nur möglich, sondern notwendig. Doch diese Notwendigkeit ist nicht ›objektiv‹; erst im Vollzug von Freiheit ›wird‹ diese Notwendigkeit. [...] Sofern innerhalb eines Denkens der Freiheit ein Begriff von Gott gedacht wird, ist dieser Begriff als ein notwendiges Moment der transzendentalen Struktur der Freiheit gedacht und

aber Freiheit sein soll, dies impliziert bereits, wie gezeigt, der ursprüngliche Entschluß der Freiheit zu sich selbst, durch den sie sich ineins mit diesem Entschluß auf die Freiheit als das Wesen ihres eigenen Seins verpflichtet hat. Erreicht ist mit dieser Reflexion in fundamentaltheologischer Absicht, daß entgegen Iwan Karamasows Insistenz auf der Unversöhnbarkeit des Leids Vergebung die größere Möglichkeit, ja moralische Pflicht des Menschen ist, und der Glaube zu Recht auf einen Gott setzt, der diese Versöhnung stiftet. Wie dies geschehen kann, damit der Mensch zustimmen kann, dazu werden noch Präzisierungen folgen müssen.

Die bisherigen Überlegungen haben sich auf das Problem der Vergebung beschränkt. Doch was ist mit dem Leid, das seine Ursache nicht in menschlicher Schuld hat, sondern schlicht die Folge menschlicher Endlichkeit ist, theologisch gesprochen: das der Preis der Geschöpflichkeit ist? Zwar hat Iwan sein Argument, eine Wiedergutmachung des erlittenen Leides komme immer schon zu spät, auf das Leid bezogen, das Menschen einander zufügen. Doch wird man nicht auch fragen müssen, ob der Preis einer Schöpfung, in der Menschen auch ohne menschliche Schuldbeteiligung elendig zugrunde gehen, nicht als solcher bereits zu hoch ist, so daß Iwans Argument, eine Wiedergutmachung käme immer zu spät, auch für das physische Leiden des Menschen gilt? Und müßte nicht Gottes Schöpfung in dem Fall als gescheitert gelten, wenn auch nur ein Mensch definitiv zu ihm sagte, daß es den Preis nicht wert gewesen sei? Angesichts der schrecklichen Erfahrungen mit Krankheit und Tod habe er, Gott, verantwortungslos und deshalb alles andere denn als ein Gott der Liebe gehandelt, da es angesichts der Realität der endlichen Freiheit des Menschen besser gewesen wäre, gar nicht erst geboren worden zu sein? Einfach beiseite schieben können wird man auch diese Frage nicht. Ganz im Gegenteil. Denn im Unterschied zum moralischen Übel ist Gott hier unmittelbar betroffen, da Menschen für eine Schöpfung, in der Menschen nur aufgrund ihrer Kreatürlichkeit leiden, nicht verantwortlich zu machen sind. Wieder ließe sich diesem Argument nur noch auf der Linie einer freiheitstheoretischen Reflexion entgegnen. Denn es wäre ja die menschliche Freiheit selbst, die die Möglichkeit ihres gar nicht erst Zusichselbstgekommenseins der Faktizität ihres Daseins vorziehen würde.[42] Doch was bedeutete dies für den

---

zwar als die Idee des erfüllenden Gehaltes für transzendentale Freiheit.« *(H. Krings*: Freiheit. Ein Versuch, Gott zu denken [s.o. Anm. 36], hier: 177f.).

[42] Ein beeindruckendes Zeugnis findet diese Position bei dem radikalen Skeptiker *E.M. Cioran*: Vom Nachteil geboren zu sein, Frankfurt a.M. 1979, folgende Zitate 5f., 147 (franz. Original: De l'inconvénient d'être né, Paris 1979): »Wir rennen nicht dem Tod

realen Vollzug der Freiheit? Daß die Freiheit in ihrer formalen Unbedingtheit sich bereits übernommen hat und sich selbst zum Gesetz ihres Handelns bestimmt hat, war als das transzendentallogisch Primäre bezeichnet worden, ohne das bestimmte humane Vollzüge ihrer Möglichkeit nach gar nicht gedacht werden können. Deshalb liefe das gegen das eigene Dasein vorgetragene Argument letztlich darauf hinaus, daß der im formalen Unbedingtheitsmoment der Freiheit begründete Sollensanspruch – »Freiheit soll sein!« – aufgegeben würde. Dies hätte aber weitreichende Konsequenzen. Denn wenn Freiheit sich ihrer vollen Form nach erst in der Anerkennung anderer Freiheit setzt, dann ließen sich gelingende Freiheitsverhältnisse, die sich dadurch auszeichnen, *daß* sich Freiheiten unbedingt füreinander öffnen, nicht mehr denken. Wenn aber die Freiheit an dem im Unbedingtheitsmoment begründeten Sollensanspruch festhält, dann verstieße sie gegen ihr eigenes Wesen, wenn sie nicht zugleich auf einen Gott setzte, der die eigene und die Freiheit des Anderen vollendete, und statt dessen die Möglichkeit affirmierte, besser nicht zum Bewußtsein der eigenen Freiheit und dem mit diesem Freiheitsbewußtsein verbundenen Sollensanspruch erwacht zu sein. Würde diese Konsequenz wirklich gezogen, käme dies aber zugleich einer Zurücknahme des Entschlusses einer Freiheit für eine andere Freiheit gleich: das Versprechen, einen anderen Menschen unbedingt zu lieben und damit treu zu sein, könnte nicht weiter gegeben werden, ja käme, wenn es dennoch gegeben würde, der Lüge gleich. Das Sich-Öffnen der Freiheit auf eine andere Freiheit hin impliziert somit bereits ein affirmatives Verhältnis der Freiheit zur eigenen Vorfindlichkeit und damit zur Faktizität der eigenen Endlichkeit. Ist damit die Endlichkeit der Freiheit und damit der Preis der Endlichkeit gerechtfertigt? Zweifelsohne bleiben die Fragen angesichts des bedrükkenden Elends. Doch wenn gilt, daß Freiheit sein soll, jedoch menschliche Freiheit, trotz ihrer formalen Unbedingtheit, faktisch nicht anders denn als endlich existiert (und menschliche Freiheit aus theologischer Perspektive auch nicht anders denn als geschöpfliche und somit endliche denkbar ist), ja sogar zu ihrer Realisierung auf materiale Gehaltlichkeit

---

entgegen, wir fliehen vor der Katastrophe der Geburt, wir zappeln uns ab – Gerettete, die vergessen möchten. Die Angst vor dem Tod ist nichts als die Projektion einer Angst, die mit unserem ersten Augenblick anhebt, in die Zukunft. Es widerstrebt uns, soviel ist gewiß, die Geburt als Geißel zu betrachten: hat man uns nicht eingebläut, sie sei das höchste Gut, das Ärgste sei am Ausgang unserer Laufbahn zu finden und nicht an ihrem Beginn? Das Übel, das wahre Übel ist jedoch *hinter* uns, nicht vor uns.« »Der Tod ist nicht völlig unnütz. Immerhin müssen wir ihm danken, wenn uns durch ihn möglicherweise gewährt sein wird, unseren einzigen Raum wiederzufinden, den Raum vor der Geburt ...« Ähnliche Äußerungen ließen sich in vielen der Werke von Cioran nachweisen.

angewiesen ist, dann wird man fragen müssen, ob die Endlichkeit und der Tod nicht als Preis der Freiheit sein sollen und als solcher angenommen werden müssen, damit Freiheit sein kann. Gleiches würde dann auch für das ganze Feld der Evolutionsgeschichte sowie des mit dieser Geschichte verbundenen Elends gelten, sofern die evolutions-geschichtlich-biologische Herkunft zu den faktischen Möglichkeitsbedingungen des Menschsein-Könnens gehört. Und gefragt, ob der Preis zu hoch sei, wird sich die menschliche Freiheit auch der Frage nach der Alternative stellen müssen. Der Preis wäre sie selbst: ihre Selbstaufgabe, sie selbst, und die Freiheit des Anderen. Die Frage, ob Gott nicht auch andere Wege hätte gehen können, ist damit noch nicht beantwortet, sondern bleibt als legitime Rückfrage an Gott bestehen.

3. Apokatastasis. Die Fraglichkeit des Menschen, die Treue Gottes und die Frage an den Menschen

Den philosophischen Apokatastasisbegriff historisch und in seinen verschiedenen Bedeutungen zu erörtern, ist hier nicht der Ort.[43] Nach dem Vorangegangenen dürfte aber bereits klar sein, daß vor dem Hintergrund einer transzendentalen Analytik der Freiheit philosophisch im Begriff der *Apokatastasis* nichts anderes als die *Idee universaler* und *reziproker* Anerkennungsverhältnisse gedacht wird. Aber auch, daß die Apokatastasis eine *notwendige* Idee derjenigen Freiheit darstellt, die sich auf ihr eigenes Wesensgesetz, und d.h. auf den Maßstab ihrer formalen Unbedingtheit, verpflichtet hat. Letztlich ist es der ethische Ernst des an die Freiheit ergehenden Sollensanspruchs, der zum Ausdruck kommt, wenn die Freiheit die Forderung einer unbedingten Anerkennung anderer Freiheit als universal gültig begreift, daß er folglich nicht nur die gelingenden Fälle der Begegung von Freiheiten umfaßt, sondern auch dann noch unbedingt gilt, wenn die Anerkennung verweigert wird oder nicht mehr gelingen kann, weil der Tod menschlichen Möglichkeiten eine Grenze gesetzt hat. Daß aber die Freiheit, die diesen Sollensanspruch als ihr Wesensgesetz übernimmt und zugleich wie Iwan nicht den Blick vor den Realitäten verstellt, sich in einer für sie selbst, letztlich aber in einer für jede Freiheit dramatischen Weise vor eine Alternative gestellt sieht, leuchtet auch unmittelbar sein. Denn was muten diese Reflexionen der menschlichen Freiheit eigentlich zu? Selbstverständlich, für bereits jetzt

---

[43] Vgl. *G. Bien/H. Schwabl*: Art. Apokatastasis, in: HWPh 1 (1971) 440f.

gelingende Anerkennungsverhältnisse zwischen Menschen, deren Not ›nur‹ in der Endlichkeit menschlicher Freiheit liegt, dem anderen Menschen ein unbedingtes Ja zugesprochen und damit etwas antizipiert zu haben, für das die endliche Freiheit selbst nicht aufzukommen vermag, mag die Idee eines Gottes ja noch als sinnvoll vollziehbar sein. Vollziehbar deshalb, weil nur Gott als die Einheit von formal und material unbedingter Freiheit allmächtig ist und deshalb das menschlich Begonnene zu vollenden vermag. Doch wenn der an die Freiheit ergehende Ruf einer freilassenden Anerkennung der anderen Freiheit, die die Vergebung von Schuld einschließt, *universal* als die größere Möglichkeit menschlicher Freiheit gedacht wird, dann betrifft sie eben nicht nur gelingende Freiheitsbegegnungen, sondern – und dies macht den ethischen Ernst dieses Rufes aus! – jede nur mögliche Begegnung von Freiheiten: mithin auch noch diejenigen, die durch Erniedrigung, Brutalität bis hin zum Mord gezeichnet sind. Und es wäre hier ein in der menschlichen Freiheit begründeter Sollensanspruch erhoben, der auch noch angesichts von Auschwitz gelten würde. Daß die reflektierende Vernunft hier an einen Abgrund gerät, den sie selbst nicht mehr zu überschreiten vermag, ist klar, achtet man auf die für die Vernunft nicht aufhebbare Differenz von Begriff und Wirklichkeit. Denn ob die Ermordeten von Auschwitz angesichts der Unfaßbarkeit des ihnen Zugefügten wirklich noch einmal in der Lage sein werden, zu vergeben, entzieht sich jedem menschlichen Wissen. Und dennoch: Zeichnet sich hier nicht doch eine Alternative ab, die, wenn es jetzt nicht geht, irgendwann einmal zu entscheiden sein wird? Dann nämlich, wenn sich die Hoffnung auf einen Gott bewahrheitet, einen Gott, der, wie Walter Benjamin formuliert hat, »die Toten weck[t] und das Zerschlagene zusammenfüg[t]«[44], aber eben in einer Weise, die die Freiheit der Opfer achtet? Eine Hoffnung, von der der Glaube jetzt schon lebt und ohne deren Erfüllung wirklich eines Tages alles um den Preis der Absurdität und der Ungetröstetheit des menschlichen Daseins beiseite gelegt sein würde. Benennbar zumindest, so meine ich jedenfalls, ist die Alternative schon jetzt. Denn wiederum wird die Freiheit vor die Alternative gestellt sein, ob sie sich auf ihr eigenes Wesensgesetz verpflichtet, die eigene Unbedingtheit zum Maßstab ihrer Realisierung nimmt und, als Opfer, die Vergebung in Freiheit gewährt, oder ob sie sich verweigert und die Schuld festschreibt. Wenn es aber stimmt, daß die Freiheit moralisch verpflichtet ist, *jede* nur mögliche Freiheit antizipierend anzuerkennen

---

[44] *W. Benjamin*: Über den Begriff der Geschichte, in: ders.: Illuminationen. Ausgewählte Schriften, Frankfurt a.M. 1977, 251-263, hier: 255.

und sie gerade in dieser Anerkennung ihre Erfüllung findet, dies aber das Wesensgesetz jeder Freiheit ausmacht, dann heißt dies zugleich, daß *keine* Freiheit zu ihrer Vollendung gelangt sein wird, solange auch nur noch *eine* Freiheit unversöhnt ist. Es bliebe der unabgegoltene Rest des Nicht-sein-sollens, gemessen am Maßstab der menschlichen Freiheit, der die menschliche Freiheit unvollendet bleiben ließe, solange auch nur ein begangenes Unrecht nicht wirklich vergeben wäre. Und auch die Ermordeten von Auschwitz blieben unversöhnt, solange sie ihren Mördern nicht verzeihen könnten. Und niemand, auch der nicht, dem keine unmittelbare Schuld an den Verbrechen von Auschwitz zukommt, könnte sich an der sich hier auftuenden Antinomie des Ethischen als definitiv versöhnt bezeichnen. Vor dem Hintergrund dieser Überlegungen läßt sich auch nochmals eine Präzisierung hinsichtlich der bereits erreichten Idee Gottes als der vollkommenen Freiheit vornehmen. Denn wenn aus ethischen Gründen die ewige Harmonie nicht um den Preis verwirklicht werden darf, daß dem Unterschied zwischen Opfern und Tätern, den Ermordeten von Auschwitz und ihren Henkern, keine Bedeutung mehr zukommt, dann wird in der Idee Gottes eine Freiheit postuliert, die die Freiheit von Opfern und Tätern uneingeschränkt achtet, und doch durch die Macht ihrer Liebe die Täter dazu in Freiheit ermächtigt, um Verzeihung zu bitten, und es den Opfern trotz des erlittenen Leides ermöglicht, die Verzeihung zu gewähren.

Mit diesen philosophischen Erwägungen sollte gezeigt werden, daß, sofern die formale Unbedingtheit der Freiheit als ethischer Maßstab des sittlichen Bewußtseins begriffen wird, man nicht umhin kann, die Apokatastasis als Voraussetzung dafür anzunehmen, daß eine Theodizee durch Gott selbst gelingen kann. Eine Freiheit, die sich auf ihr eigenes Wesen verpflichtet, wird sich nicht endgültig rechtfertigen und vollenden lassen können, solange auch nur ein Rest an unversöhnter Negativität da ist. Auch durch Gott selbst nicht. Doch gelangt die philosophische Reflexion nur so weit, sagen zu können, welcher Gott die Zustimmung des Menschen verdiente. Ob das Wesen Gottes dieser Idee wirklich entspricht, läßt sich natürlich a priori in der Instanz philosophischer Vernunft nicht einsehen. Vom grundsätzlichen Ansatz der hier vorgetragenen Überlegungen her war dies aber auch gar nicht beansprucht worden. Denn die These der Eingangsüberlegungen ist ja gerade gewesen, daß erst der Glaube die Prämissen ins Spiel bringt, unter denen sich die Theodizeefrage überhaupt stellt. Und zwar nicht ein Glaube als diffuses religiöses Gefühl, sondern ein Offenbarungsglaube, der sich konstitutiv zurückbezogen weiß auf das Ereignis der geschichtlichen und endgültigen Selbstmitteilung Gottes in der Geschichte Jesu und somit eine inhaltliche Bestimmtheit hat, die für ihn konstitutiv ist und ohne die dieser Glaube nicht zu haben ist. Und von hier aus wird zu fragen sein, ob nicht Allversöhnung das Versprechen Gottes selbst gegenüber seiner Schöpfung ist, somit ein Implikat des Begriffs des christlichen Glaubens selbst ist. Anders formuliert: Ob diese in fundamentaltheologischer Absicht und in der Instanz autonomer Vernunft begründete Idee nicht gerade als reale Hoffnung der Grundwahrheit des christlichen Glaubens entspricht.

Zuvor jedoch ein historischer Hinweis. Theologisch ist die Apokatastasislehre umstritten gewesen, und sie ist es bis heute.[45] Es war die Lehre des *Origenes*[46], vielmehr aber ihre rezipierte und verbreitete Fassung, die lehramtlichen Widerspruch gefunden hat.[47] Daß hier deutlich zu unterscheiden ist, dürfte inzwischen zum Forschungskonsens geworden sein. Deshalb gilt die lehramtliche Verurteilung eigentlich nicht der Apokatastasislehre als solcher, sondern in differenzierterer Weise derjenigen, die keinen Platz mehr läßt für die Freiheit Gottes und für eine letzte Entscheidung des Menschen vor Gott.[48] Daß zumindest formal

---

[45] Vgl. zum folgenden: *G. Müller*: Ungeheuerliche Ontologie. Erwägungen zur christlichen Lehre über Hölle und Allversöhnung, in: EvTh 34 (1974) 260-275; *W. Breuning*: Art. Apokatastasis, in: LThK³, 1, 821-824; *ders*: Zur Lehre von der Apokatastasis, in: IkaZ 10 (1981) 19-31; *H.U. v. Balthasar*: Theodramatik. IV., Einsiedeln 1983, 243-263; *J. Moltmann*: Das Kommen Gottes. Christliche Eschatologie, Gütersloh 1995, hier: 262-286; *M. Kehl*: Eschatologie, Würzburg ²1988, hier: 296-298; *H. Rosenau*: Allversöhnung. Ein transzendentaltheologischer Grundlegungsversuch, Berlin-New York 1993. Speziell zu Origenes siehe: *G. Müller*: Origenes und die Apokatastasis, in: ThZ 14 (1958) 174-190; *H. Rosenau*: Allversöhnung, hier: 113-150 sowie die Arbeiten von Breuning, dem ich mich im folgenden anschließe.

[46] Siehe vor allem dessen Schrift »De principiis« (Vier Bücher von den Prinzipien, hg. v. H. Görgemanns u. H. Karpp, Darmstadt ²1985).

[47] Zunächst in einem Edikt des Kaisers Justinian von 543: »Wenn einer sagt, daß die Strafe der Dämonen und der gottlosen Menschen vergänglich sei und nach einer gewissen Zeit ein Ende habe oder daß eine Wiederherstellung der Dämonen und der gottlosen Menschen stattfinden werde, dann sei er ausgeschlossen.« (DH 411) Bestätigt wird dies im Verlauf des Konzils von Konstantinopel. Vgl. DH 433. *W. Breuning* betont aber, daß die Vorgänge des 5. Konzils weit stärker auf die Origenisten des 6. Jahrhunderts als auf Origenes selbst bezogen werden müßten, weshalb die Differenzen zwischen Origenes selbst und einer sich auf ihn gründenden Tradition gewahrt bleiben müßten, zumal in dieser Tradition die Apokatastasislehre nur ein Punkt, wenn auch ein wichtiger, innerhalb eines theologischen und philosophischen Beziehungsgefüges sei und so die richtige Gewichtung dieses Punktes nur vor dem Hintergrund des gesamten origenistischen Problemkomplexes erfolgen könne. (Vgl. *ders.*: Zur Lehre von der Apokatastasis [s.o. Anm. 45], hier: 20).

[48] *W. Breuning* hat hervorgehoben, daß, wenn Origenes die universale Apokatastasis als Heilsziel zu denken wage, bei ihm nur wichtige schöpfungs- und heilstheologische Wahrheiten eine Rolle spielten, zumal auch der Gedanke, daß »auch die ›letzten‹ irgend-

zum faktischen Vollzug der Freiheit auch die Möglichkeit eines definitiven Nein des Menschen zu Gott gedacht werden muß, war aber auch das Resultat der transzendentalen Analytik der Freiheit gewesen. Und auch ist bereits herausgestellt worden, daß in einer freiheitstheoretischen Perspektive der Gedanke einer Alleinwirksamkeit Gottes keinen Ort mehr hat, ja aus ethischen Gründen nicht haben darf, weil dieser Gedanke die Opfer ihrer ethischen Würde berauben würde. Und, dies sei hinzugefügt, auch die bleibende menschliche Würde der Täter: Denn eine Rechtfertigung der Täter, ohne daß über diese das Gericht vollzogen würde und sie sich selbst richteten, käme einer Aufhebung ihrer Identität gleich. Das Vergangene gehört für Opfer wie für Täter konstitutiv und bleibend zu ihrer Identität. Die Singularität des Geschehenen bleibt so gewahrt. Die Hoffnung der Apokatastasis richtet sich nur darauf, daß es seine bestimmende Macht über Menschen verliert und sie insofern erneut zu ihrer Freiheit befreit sein werden. Ist aber mit dieser Hoffnung schon ›zu viel‹ gewußt, die Theodizeefrage vorschnell stillgelegt oder gar die Erfahrung der Negativität, des Bösen und des Leids der Endlichkeit, nivelliert, wenn man mit Origenes an der Apokatastasislehre festhält? Keineswegs, wie ich meine. Achtet man nämlich auf die Konsequenzen der bisherigen Überlegungen, dann zeigt sich, daß der Ausgang der Geschichte, theologisch der Ausgang der Geschichte Gottes mit seiner Schöpfung, offen ist. Denn zwar hat Gott selbst sich in der Geschichte Jesu in endgültiger Weise zugesagt, doch hat er sich in dieser Selbstzusage als ein Gott definiert, der bis ins Äußerste hinein, bis zum Kreuz, die Freiheit des Menschen achtet und das Nein des Menschen zu ihm erträgt. Das heißt aber gleichbedeutend, und dies ist das Risiko seiner freilassenden, die menschliche Freiheit unbedingt anerkennenden Liebe: Wenn auch nur ein Mensch sein Nein zu ihm aufrechterhielte[49], nur ein

---

wann das Heilsziel« erreichten, bei Origenes »nur mit Vorsicht, nicht apodiktisch« gefaßt sei. *W. Breuning*: Zur Lehre von der Apokatastasis (s.o. Anm. 45), hier: 21. Vgl. auch *G. Bachl*: Über den Tod und das Leben danach, Graz-Wien-Köln 1980, hier: 211f.

[49] Doch durfte Gott die Möglichkeit eines definitiven Nein des Menschen zu ihm wagen? Gottes Risiko war, sich so entäußert zu haben, daß nun zwar nicht die Möglichkeit seines eigenen Seins in der Hand der Menschen liegt, wohl aber, daß nun die Vollendung seiner Schöpfung nicht mehr ausschließlich von ihm abhängt, sondern daß er selber sich vom Ja der Menschen zu ihm abhängig macht, sich in Freiheit dazu bestimmt, ohne daß er die bleibende Differenz zwischen ihm und den Menschen aufgäbe. Und vielleicht ist es das Geheimnis seines Gottseins, daß er der gewinnenden Möglichkeiten seiner eigenen Liebe so gewiß ist, daß er andere Freiheiten in ihrer Unableitbarkeit und trotz des damit verbundenen Risikos für ihn und für die Menschen neben sich wollen durfte. *H.U.v. Balthasar* hat die Möglichkeit, daß Gott das Risiko einer Welt eingehen durfte, in der Menschen in Freiheit Nein zu ihm sagen, innertrinitarisch mit dem Geschehen der »Ur-Kenose« zu

Mensch darauf bestünde, der Preis sei zu hoch gewesen und auch noch die von Gott selbst von Angesicht zu Angesicht eröffnete Möglichkeit seiner grenzenlosen Liebe könne das Erlittene nicht wiedergutmachen, dann wäre Gottes am Anfang seiner Schöpfung stehender Entschluß nicht zu seiner Erfüllung gelangt: daß Gott sich als Gott der unbedingten und d.h. alle Menschen erreichenden und erfüllenden Liebe erweisen wollte. Gottes Schöpfungsplan wäre nicht an sein Ziel gelangt.[50] Deshalb wird alles auf Gottes Antwort auf Romano Guardinis Frage »Warum, Gott, diese fürchterlichen Umwege?« ankommen, weil von dieser Antwort abhängen wird, *ob jeder* Mensch sich überzeugen lassen und in die Liebe Gottes einstimmen kann. Daß Gott aber eine Antwort geben wird, darf deshalb erhofft werden, weil er *alle* Menschen gewinnen will. Dies beinhaltet das Versprechen der Unbedingtheit seiner Liebe. Und Menschen dürfen und können schon jetzt darauf setzen, weil Gott sich als einer geoffenbart hat, der dem menschlichen Leiden nicht apathisch gegenüber steht, sondern sich von diesem hat bestimmen lassen: Gott hat sich selbst in endgültiger Weise in der Geschichte Jesu als derjenige ausgelegt und erwiesen, der bedingungslos liebt und das freie Ja des Menschen zu ihm will.

Von hier aus ergibt sich nun aber eine eigentümliche Problemverschiebung innerhalb der Theodizeefrage selbst. Was bedeutet es eigentlich für die Theodizeefrage als Rückfrage nach Gott, *daß* Gott sich eingemischt hat? Kehrt sich die Frage an den Glaubenden nicht in eigentümlicher Weise um, dahingehend nämlich, wie er selbst seine Rückfrage nach Gott angesichts des radikalen Selbsteinsatzes Gottes formuliert? Könnte es nicht angesichts dessen auch eine Rückfrage Gottes an den Menschen geben, schon jetzt?[51] Gotthard Fuchs hat jüngst darauf hingewiesen, daß, theologisch betrachtet, die neuzeitliche Theodizeefrage einem »hoch ambivalenten Gott-Denken« entstamme, insofern »Gott vor den Richterstuhl der eigenen (selbst)kritischen Vernunft zitiert [werde,

---

denken versucht. (Vgl. *ders.*: Theodramatik III. Einsiedeln 1980, hier: 302-304.) Die Freilassung der menschlichen Freiheit konnte Gott nur deshalb riskieren, weil Gott immer schon bereit war, sich durch die Sünde des Menschen bestimmen zu lassen, und der Sohn immer schon die Möglichkeit hatte, die Sünde auf sich zu nehmen. Wegen der »ewige(n) Zuwendung zwischen Vater und Sohn« kann Gott »den Modus der Abwendung, der Fremdheit in sich selbst aufnehmen und erlebbar machen«, und diese Möglichkeit ist »die Voraussetzung dafür, daß Gott im Anfang die Erschaffung freier Wesen, die sich von ihm abwenden können, überhaupt riskieren und die Welt als ›sehr gut‹ bezeichnen durfte«. (*ders.*: Cruzifixus etiam pro nobis, in: IKaZ 9 [1980] 26-35, hier: 34).

[50] Vgl. *H.U. v. Balthasar*: Theodramatik IV. Einsiedeln 1983, hier: 272: »Nochmals meldet sich angesichts dieser Möglichkeit der Gedanke einer Tragödie, für den Menschen nicht nur, sondern für Gott selbst.«

[51] Vgl. *Th. Pröpper*: Fragende und Gefragte zugleich (s.o. Anm. 16), 71.

M.S.] (durchaus mit Recht und Notwendigkeit), der Raum wechselseitigen Klagens und Anklagens aber immer undramatischer und leerer« werde. Fuchs fährt fort: »Die neuzeitliche Struktur der Theodizeefrage zielt darauf, Gott vor den Richterstuhl der eigenen (selbst-)kritischen Vernunft zu zitieren und zu fragen, ob er sich dieses Projekts der Welt, dieses Unternehmens Schöpfung nicht schäme oder dafür Rechenschaft ablegen wolle. Und was ist mit den Gegenfragen? ›Was hat Gott von der Welt?‹«.[52] Von hier aus erscheinen die im Anschluß an Büchner und Dostojeswkij formulierten Zweifel an der Moralität Gottes, angesichts des Leidens nicht einzugreifen, nochmals in einem neuen Licht. Zumindest verkürzen sie das Theodizeeproblem. Warum Gott das Leiden nicht definitiv beendet, entzieht sich dem menschlichen Begreifen. Diese Frage kommt strukturell derjenigen gleich, ob Gott überhaupt eine Welt wie die beschaffene hätte schaffen dürfen oder nicht, auch wenn sich auf letztere vielleicht doch noch sagen läßt, daß wenn Gott Freiheit neben sich schaffen wollte, er nur endliche Freiheit schaffen konnte. Die Moralität Gottes aber in der Einseitigkeit anzuzweifeln, wie es in der Verabsolutierung der neuzeitlichen Anthropozentrik geschieht, übersieht, so meine ich, daß Gottes Selbsteinsatz insofern das Schaffen einer Welt moralisch gerechtfertigt hat, als er treu geblieben ist. Dies schließt Rückfragen weiterhin nicht aus. Wohl aber, daß der Legitimationsdruck nicht einseitig verabsolutiert werden darf. Denn es stellt sich auch die Rückfrage an den Menschen, Gottes Rückfrage, ob Freiheit sein soll oder nicht, und ob das von Gott unbedingt zugesagte Seinsollen der menschlichen Freiheit durch die Insistenz auf die Unversöhnbarkeit des erlittenen Unrechts verworfen werden darf. Ob die Faktizität der Freiheit, obwohl der Mensch, wenn er sich ihrer bewußt geworden ist, nicht anders als sich zu ihr verhalten kann, ihren Preis, den der Endlichkeit, nicht doch wert ist, da Gott doch immer schon versprochen hat, sie vollenden zu wollen, wenn denn der Mensch sich vollenden lassen will.

4. Theodizee, Glaube und Humanität

Kann oder darf die Möglichkeit einer Theodizee durch Gott selbst schon jetzt definitiv mit Nein beschieden werden? Zwar haben es die bisherigen Überlegungen tunlichst vermieden, eine Antwort auf die

---

[52] *G. Fuchs*: »Wir sind sein Kreuz«. Mystik und Theodizee, in: ders. (Hrsg.): Angesichts des Leids an Gott glauben? Zur Theologie der Klage, Frankfurt a.M 1996, 148-183, 172f. Eingeschlossenes Zitat von *H. U. v. Balthasar*: Theodramatik IV (s.o. Anm. 50), hier: 463.

Frage der Theodizee zu geben. Was aber versucht wurde, war zu zeigen, daß die sich gegen Gott empörende menschliche Freiheit, die ihr eigenes sittliches Bewußtsein ins Spiel bringt, ihrerseits in eine Aporie gerät, wenn sie die Möglichkeit von Vergebung und Wiedergutmachung schon jetzt definitiv ausschließt. Dagegen wurden Vergebung und Wiedergutmachung des erlittenen Unrechts und die Hoffnung auf Vollendung der menschlichen Freiheit, trotz des kreatürlichen Leidens als Preis der endlichen Freiheit, als die größere Möglichkeit der Freiheit ausgewiesen. Daß dieses aber real erhofft werden darf, einschließlich der auf dem Standpunkt der Freiheit unabdingbaren Hoffnung auf die Vollendung aller, ist ein Implikat des Glaubens selbst. Denn Gott selbst, der das Ja zu seiner Schöpfung in der Geschichte Jesu definitiv und trotz des Widerspruchs von Menschen gegen sein eschatologisches Ankommen-Wollen erwiesen hat, wird auf die Versöhnung aller drängen. Hierauf setzen zu dürfen ist möglich, weil der Glaube selbst dies als seine Vorgabe ins Spiel bringt. Soweit war die in der Instanz philosophischer Vernunft geführte fundamentaltheologische Vergewisserung der sittlichen Legitimität der in der Theodizeefrage vorausgesetzten Hoffnungen des Glaubens gelangt.

Zum Schluß sollen einige Mutmaßungen zum Verhältnis von Theodizeefrage und Ethik erfolgen. Betontermaßen Mutmaßungen, und nicht mehr! Zu diesem Zweck gilt es zunächst eine hermeneutische Differenz in den Vernunftbegriff einzuziehen. Die systematischen Reflexionen sind in der Instanz autonomer Vernunft geführt worden. Achtet man aber auf eine der wesentlichen Prämissen dieser Überlegungen, daß sich die Theodizee als ernsthafte Rückfrage der Vernunft nach Gott nachkantisch nur noch unter der Vorgabe des Glaubens stellt, dann zeigt sich hier ein entdeckungsgeschichtlicher Zusammenhang von Glaube und Vernunft, der eine einfache Gegenüberstellung der beiden nicht mehr erlaubt. Spätestens seit Hans Blumenbergs Neuzeitthese, der zufolge die Genese der Neuzeit als Akt »der humanen Selbstbehauptung« gegen den erdrükkenden Willkürgott des Nominalismus zu verstehen ist[53], wird ja auch

[53] *H. Blumenberg*: Die Legitimität der Neuzeit, Frankfurt a.M. 1966, 144. Ob Blumenberg historisch ausweisbar zu einem adäquaten Nominalismusbegriff gelangt ist, ist inzwischen sehr umstritten. Daß gerade der Nominalismus genuin biblische Motive, die Kontingenz der Welt und die Freiheit Gottes, erneut denkerisch zu verantworten gesucht hat, ohne daß deshalb etwa bei Ockham und Duns Scotus diese Freiheit einseitig als Willkürfreiheit Gottes gegenüber der Welt bestimmt worden wäre, scheint sich immer mehr als Konsens der Forschung herauszuschälen. Vgl. etwa *W. Vossenkuhl*: Vernünftige Kontingenz. Ockhams Verständnis der Schöpfung, in: ders./R. Schönberger (Hrsg.): Die Gegenwart Ockhams, Weinheim 1990, 77-93. Zur Philosophie Blumenbergs siehe *P. Behrenberg*: Endliche Unsterblichkeit. Studien zur Theologiekritik Hans Blumenbergs, Würzburg 1994.

diskutiert, ob nicht die neuzeitliche Vernunft und das in der Neuzeit durchbrechende Freiheitsbewußtsein des Menschen eine Entdeckungsgeschichte haben, aus der die Vorgaben des jüdisch-christlichen Glaubens nicht wegzudenken sind. Mit diesem Hinweis soll das Autonomiebewußtsein des neuzeitlichen Menschen nicht wieder, am Ende gar theologisch motiviert, als illegitim gebrandmarkt werden. Ganz im Gegenteil: Denn denkt man in der Perspektive des Glaubens, dann läßt sich die endliche Vernunft zwar als eine von Gott geschaffene begreifen, aber eben als eine autonome, durch die Gottes Liebe in freier Zustimmung des Menschen an ihr Ziel gelangen will. Daß eine philosophische Reflexion menschlicher Freiheitsvollzüge unterbestimmt bliebe, wenn nicht das Moment der formalen Unbedingtheit der menschlichen Freiheit transzendental gedacht würde, erwies sich ja gerade an der sittlichen Anthropozentrik des Protestes gegen Gott. Wohl aber soll mit dem Hinweis auf die Diskussion um die Nominalismusthese Blumenbergs die These übernommen werden, daß die abendländische Neuzeit eine Herkunftsgeschichte hat und sie von Sinnvorgaben zehrt, aus der der jüdisch-christliche Glaube und bestimmte Implikate dieses Glaubens wie Freiheit, Moralität, die unbedingte Personwürde eines jeden Menschen, nicht wegzudenken sind.[54] Wenn dem aber so ist, dann wird auch gefragt werden dürfen, was mit dem zu sich selbst gekommenen Bewußtsein der menschlichen Freiheit passiert, wenn diese Sinnvorgaben ihre prägende Kraft verlieren. Oder anders gefragt: Was geschieht mit der Idee der Humanität, wenn, historisch betrachtet, das Gottesbewußtsein erst einmal verloren gegangen ist, so daß das zum Himmel schreiende Unrecht und das Leiden der Kreatur nicht einmal mehr in Form der Klage und als Rückfrage nach Gott vor Gott gestellt werden können, einer Form, die das Leid und den Tod immer noch in der Hoffnung auf einen Gott thematisiert, der das Zerbrochene rettet? Und könnte nicht, wenn die Idee der unbedingten Personwürde eines jeden Menschen, historisch betrachtet, wesentlich inkarnationstheologisch vermittelt ist[55], diese Idee – so der Verdacht – wieder aus dem Bewußtsein der Menschheit verloren

---

[54] So auch *J. Habermas*: Nachmetaphysisches Denken. Philosophische Aufsätze, Frankfurt a.M. 1988, hier: 23: »So glaube ich nicht, daß wir als Europäer Begriffe wie Moralität und Sittlichkeit, Person und Individualität, Freiheit und Emanzipation – die uns vielleicht noch näher liegen als der um die kathartische Anschauung von Ideen kreisende Begriffsschatz des platonischen Ordnungsdenkens – ernstlich verstehen können, ohne uns die Substanz des heilsgeschichtlichen Denkens jüdisch-christlicher Herkunft anzueignen.«

[55] Vgl. vor allem *W. Pannenberg*: Die christliche Legitimität der Neuzeit. Gedanken zu einem Buch von Hans Blumenberg, in: ders.: Gottesgedanke und menschliche Freiheit, Göttingen 1972, 114-128.

gehen, wenn der Verlust des Gedächtnisses an einen Gott, der sich selbst inkarniert hat, latent fortschreitet? Daß es zumindest Indizien für einen solchen Prozeß gibt, soll im folgenden angedeutet werden, indem ein Bogen von Camus zu Beispielen aus der Literatur der beiden letzten Jahrzehnte gespannt wird.[56]

Trotz der offenkundigen Faszination gegenüber Camus und dem Ernst, mit dem Camus in »Die Pest« die Idee unbedingt verpflichtender Solidarität auch noch in der Situation des sinnlosen Leidens, des an der Pest Sterbenden[57], vertreten hat, hat Verweyen doch auch darauf bestanden, daß »›Aug in Aug‹ mit dem in die Agonie geworfenen Menschen [...] sich für den mit unbezweifelbarem Recht [gegen den Schöpfergott, M.S] Protestierenden eine bedrückende Aporie« ergebe, nämlich dann, »wenn der Blick des Sterbenden bis zuletzt fragend auf ihn gerichtet« bleibe. Und Verweyen folgert: »Weicht der Anwalt der Anklage diesem Blick seines Mandanten schließlich nicht doch unter Verzicht auf ein wirklich durchgehend solidarisches Handeln aus, so wird er nicht an einer seinen gesamten Daseinsentwurf herausfordernden Entscheidung vorbeikommen. Entweder er bleibt bei seinem Urteil über die absolute Sinnlosigkeit dieses Leidens. Dann wird es einen Augenblick geben, von dem an er den Sterbenden mit sich allein läßt; wo er zum anderen (wenn auch nur unausgesprochen) sagen muß: ›Jetzt ist unser gemeinsamer Kampf um deinen Lebenssinn zu Ende. Von nun an bist *du* bloßer Spielball einer Macht, die allen Sinn verweigert. *Ich* aber bleibe auf einem Feld zurück, wo der Kampf des Sisyphos, wenn auch absurd und nie gewonnen, so doch vielleicht nicht ganz ohne Sinn ist.‹ Oder aber die Entscheidung zu äußerster Solidarität veranlaßt den Anwalt der Anklage, seinen Mandanten auch bei diesem letzten Schritt in die Sinnlosigkeit hinein nicht allein zu lassen.« Dies verlangt nach Verweyen aber, »eine auch noch so unbestimmte Hoffnung auf Sinn wachzurufen«, und somit »gleichsam blanco einen Scheck [zu, M.S] unterschreiben, den nur der

---

[56] Wenn sich die folgenden Hinweise auf Literaturbeispiele außerhalb des Literaturkomplexes beschränken, der vom Thema der Shoah bestimmt ist, dann deshalb, weil hier jüdische Vorgaben noch unmittelbar präsent sind. Zum Thema Literatur und Shoah vgl. *R. Ammicht-Quinn*: Von Lissabon bis Auschwitz. Zum Paradigmenwechsel in der Theodizeefrage, Freiburg-Wien 1992; *G. Langenhorst*: Hiob unser Zeitgenosse. Die literarische Hiobrezeption als theologische Herausforderung, Mainz [2]1995.

[57] Daß die in »Die Pest« verhandelten Fragen dem Leben als solchem gelten, anders formuliert: daß Camus die Vorstellung eines natürlichen Todes ablehnt, die das Sinnproblem des menschlichen Lebens zu lösen beansprucht, letztlich aber die Problematik der Absurdität des Daseins unter einem leeren Himmel gar nicht mehr in den Blick bekommt, dürfte klar sein. »Die anderen sagen, ›es ist die Pest, wir haben die Pest gehabt‹ [...] Aber was heißt das schon, die Pest? Es ist das Leben, sonst nichts.« (*A. Camus*: Die Pest, Hamburg 1996, 249)

einzulösen vermöchte, ›über den hinaus Größeres nicht gedacht werden kann‹«.[58] Verweyen lenkt hier zu Recht den Blick auf die Aporie, in die sich der Entwurf einer Ethik begibt, für die die Absurdität menschlichen Daseins definitiv ist. Zumindest die Option auf einen Sinn, den dann nur noch der verbürgen könnte, den Verweyen mit dem anselmischen Gottesbegriff bezeichnet, wird getätigt werden müssen, wenn nicht schließlich doch die Idee *unbedingter* Solidarität aufgegeben werden soll. Hingegen steht bei Camus eine solche Option von vornherein unter dem Sinnlosigkeitsverdacht, ja verstellt sogar die Möglichkeit, schonungslos der Wahrheit ins Auge zu sehen. In seinen Tagebuchaufzeichnungen heißt es: »Empörender Tod. Die Geschichte der Menschen ist die Geschichte der Mythen, mit denen sie diese Wirklichkeit verdeckt haben. Seit zwei Jahrhunderten hat das Verschwinden der überlieferten Mythen eine Umwälzung der Geschichte bewirkt, weil der Tod hoffnungslos geworden ist. Und doch gibt es keine menschliche Wahrheit, wenn es nicht endlich zu einer Akzeptierung des Todes ohne Hoffnung kommt. Es ist die Akzeptierung der Grenze, ohne blinde Resignation, in einer Anspannung des ganzen Wesens, die sich mit dem Gleichgewicht deckt.«[59]

Verweyens Einwurf gegen Camus geht nun aber davon aus, daß das sittliche Bewußtsein sich unbedingt in Anspruch genommen weiß. Und dies war ja auch für Camus keine Frage. Aber Camus weiß auch um die Verzweiflung, die mit der Einsicht in die Vergeblichkeit ethischen Tuns überhaupt verbunden ist. Hierzu einige Hinweise. In der Person des Arztes Rieux hat Camus bekanntlich der Idee eines Menschseins Gestalt zu geben versucht, für das die Idee unbedingter Solidarität konstitutiv ist. Rieux läßt sich von dieser Idee auch noch verpflichten, als sein einstiger Gefährte und Freund im Kampf gegen die Pest, Tarrou, mit dem Ausklingen der Seuche dahingerafft wird, und ihm nur noch die Rolle des hilflos Bleibenden zufällt. Camus hat in der Person des Rieux dargestellt, was es heißt, sich von der Idee unbedingter Solidarität verpflichten zu lassen: Daß diese ihren verpflichtenden Charakter auch noch in dem Moment behauptet, in dem die Erfahrung absoluter Sinnlosigkeit, die für Camus die Wahrheit des menschlichen Lebens und des Todes trotz seines

---

[58] *H. Verweyen*: Kants Gottespostulat und das Problem sinnlosen Leidens (s.o. Anm. 24), 585f. Vgl. auch *ders.*: Gottes letztes Wort. Grundriß der Fundamentaltheologie, Düsseldorf 1991, 142-145. Zu Verweyens Camus-Interpretation vgl. ferner *ders.*: Das fremdartige Glück absurder Existenz: Albert Camus, in: K. Held/J. Hennigfeld (Hrsg.): Kategorien der Existenz. FS W. Janke, Würzburg 1993, 365-381.

[59] *A. Camus*: Tagebuch. März 1951 – Dezember 1959, Hamburg 1993, hier: 18f.

empörenden Charakters ausmacht, total wird. Doch was bleibt von dem Glück des Sisyphos im Angesicht des Absurden, an dessen Tatsache Camus nie gezweifelt hat? Gibt es nach verlorenem Kampf noch die Möglichkeit ungebrochener Glückserfahrungen? Für Rieux jedenfalls nicht mehr: »Der Arzt wußte nicht, ob Tarrou schließlich den Frieden gefunden hatte, aber er glaubte zu wissen, wenigstens in diesem Augenblick, daß für ihn selbst ein Friede niemals mehr möglich sein werde, so wie es für die Mutter, die ihren Sohn verloren hat, und für den Mann, der einen Freund begräbt, keinen Waffenstillstand gibt.«[60] Dies ist der Preis, den derjenige zu zahlen hat, der ausharrt und den Sterbenden nicht schließlich doch verläßt: die Einsicht, daß eine Erfahrung ungetrübten Glücks nicht mehr möglich sein wird. Camus hat genau gesehen, daß dieses Wissen die Antinomie moralischen Handelns, ja des Liebens überhaupt ausmacht. »Wer anfängt zu geben«, schreibt Camus in seinen Tagebüchern, »verurteilt sich dazu, nicht genug zu geben, auch wenn man alles gibt.«[61] Wer aber im Bewußtsein dessen, nicht genug geben zu können, dennoch anfängt zu geben, wird nur verzweifeln können, wenn erst einmal die Erfahrung einer letztlichen Vergeblichkeit allen Tuns evident geworden ist und wirklich zugelassen wird. Im Spätwerk von Camus finden sich Stellen, die diese Erfahrung eindringlich beschreiben.[62]

Doch was geschieht mit dem ethischen Ernst, den Camus in der Person des Arztes Rieux beschreibt, fernab von der Frage, ob Kants

---

[60] *A. Camus*: Die Pest (s.o. Anm. 57), hier: 235.

[61] *A. Camus*: Tagebuch (s.o. Anm. 59), hier: 30.

[62] »[...] und er hatte sie wegen ihrer Schönheit und jener großzügigen und verzweifelten Lebensgier geliebt, die wie seine war und die sie abstreiten ließ, abstreiten, daß die Zeit vergehen könne, obwohl sie wußte, daß sie in ebenjenem Augenblick verging, weil sie nicht wollte, daß man eines Tages von ihr sagen könnte, sie sei noch jung, sondern sie wollte im Gegenteil jung bleiben, immer jung, und eines Tages brach sie in Schluchzen aus, als er lachend gesagt hatte, die Jugend vergehe und die Tage würden kürzer: ›O nein, o nein‹, sagte sie unter Tränen, ›ich liebe die Liebe so sehr‹, und in vieler Hinsicht intelligent und überlegen, vielleicht, weil sie eben wirklich intelligent und überlegen war, lehnte sie die Welt, so wie sie war, ab. Wie in jenen Tagen, als sie für einen kurzen Aufenthalt in das fremde Land zurückgekehrt war, in dem sie geboren war, und wie bei jenen Friedhofsbesuchen bei Tanten, von denen man ihr sagte: ›Es ist das letzte Mal, daß du sie siehst‹, und tatsächlich ihre Gesichter, ihre Körper, ihre Ruinen, und sie wollte schreiend davonlaufen, oder bei jenen Familienessen an einem von der Urgroßmutter bestickten Tischtuch, die seit langem tot war und an die niemand mehr dachte, außer ihr [...] Da wollte sie in einer Aufwallung fliehen, in ein Land fliehen, wo niemand altert und stirbt, wo die Schönheit unvergänglich ist, das Leben immer wild und strahlend, und das nicht existierte; nach der Rückkehr weinte sie in seinen Armen, und er liebte sie verzweifelt.« (*A. Camus*: Der erste Mensch, Reinbek bei Hamburg 1995, hier: 317f.)

Gottespostulat trotz der theodizeekritischen Einwände nicht doch ein notwendiges Postulat des sittlichen Bewußtseins zu sein hat, für das hier nachdrücklich votiert wurde? Ist diese Unbedingtheit des ethischen Anspruchs wirklich lebbar? Oder muß am Ende nicht doch eine Sinnoption oder doch zumindest eine vage Hoffnung im Spiel sein, um die Agonie wirklich bis zuletzt aushalten zu können? Abwegig scheint mir dies zumindest nicht zu sein. Und mir scheint, auch Camus hat dies erahnt. Camus läßt es Rieux an seinem eigenen Leibe erfahren (und dies macht die Figur so sympathisch!), daß es diese Grenze gibt oder zumindest geben kann, wo der Anblick des Leidens schlicht nicht mehr zu ertragen ist: In einer Szene, in der das Leiden und der Todeskampf eines vergeblich gegen die Pest ankämpfenden Kindes kein Ende nehmen will, und Rieux es nicht mehr auszuhalten vermag: »Ich muß fort [...] Ich kann es nicht mehr ertragen.«[63] Zweifelsohne, auf den ersten Blick besticht Rieux' Wort nach dem Tod des Kindes, er werde sich »bis in den Tod hinein weigern, die Schöpfung zu lieben, in der Kinder gemartert werden«[64], so daß wiederum gilt, was er bereits zuvor gegenüber Tarrou äußerte, daß es »vielleicht besser für Gott [sei, M.S.], wenn man nicht an ihn glaub[e] und dafür mit aller Kraft gegen den Tod ankämpf[e], ohne die Augen zu dem Himmel zu erheben, wo er schweigt.«[65] Doch wie lange ist dieses Schweigen zu ertragen? Und was ist, wenn das Schweigen Gottes erst einmal das Bewußtsein definitiv durchdringt, ja vielleicht nicht einmal mehr wahrgenommen wird, *daß* Gott schweigt? Wenn vergessen ist, daß Gott daran gestorben ist, daß er nicht rettet? Anders gefragt: Könnte es nicht sein, daß eine Ethik des Unbedingten im Horizont des Absurden, wie sie Camus vertritt, noch an einer Geschichte partizipiert, in der die Hoffnung auf einen Sinn, der über die Endlichkeit menschlichen Daseins hinausreicht und der auch noch für die Erschlagenen galt, bestimmend war? Und sei es auch nur ein Partizipieren in der Weise, daß diese Geschichte zwar nur noch als Vergangenheit präsent ist, deren einstige Hoffnungen jedoch noch nicht vergessen sind? Könnte nicht aber – so der eingangs geäußerte Verdacht – auch das Bewußtsein der Moralität und der Freiheit überhaupt verloren gehen, wenn die in der Theodizeefrage implizierten und von dieser vorausgesetzten Sinnoptionen nicht einmal mehr in der Weise präsent sind, daß zwar nicht mehr real auf deren Realisierung gehofft wird, wohl aber daß das zutiefst Humane

---

63 *A. Camus*: Die Pest (s.o. Anm. 57), hier: 175.
64 Ebd. 177.
65 Ebd. 104.

dieser Hoffnungen noch gewußt ist? Daß das Leiden und der Tod etwas bleibend Empörendes an sich haben?

Zumindest Indizien lassen sich m.E. hierfür ausmachen. Um nochmals auf Walsers Büchner-Preisrede zurückzukommen: Gegen Ende seiner Rede hat Walser Büchners literarisches Ringen mit dem Problem des Leidens in einer Weise mit gegenwärtigen Tendenzen in der Literatur in Beziehung gesetzt, die für Walser ungewöhnlich sarkastisch ist. Dort heißt es:

> Zur Zeit wird eine Literatur der Anspruchslosigkeit kanonisiert. [...] Darf man nicht den Eindruck haben, immer mehr Literatur spezialisiere sich auf immer weniger? Da und dort ist man schon am Ziel: absolutes Geschimpfe eines seine Hoffnungslosigkeit glorifizierenden Subjekts. Die heutige Formel scheint zu sein: Authentizität durch Regression. Und natürlich kann sich, wenn es um Authentizität geht, nichts mit Daumenlutschen messen. Der die Welt beschimpfende Daumenlutscher ist unser Muster. Dem Daumenlutscher stirbt kein Gott. Er ist sein eigener Gott. Nicht die Leere der Gottlosigkeit ist sein Horror, sondern der Nächste. Wie er sich selber Gott ist, so ist ihm der Nebenmensch die Hölle. [...] Der Schriftsteller wird das Kaufhaus für Narzißmus. [...] Wenn ich [...] an mir feststelle, daß ich mich am liebsten durch Teilnahmslosigkeit leidlos hielte, ahne ich, daß ich so wahrscheinlich dem ersten Gebot des jetzt herrschenden Gottes gehorche: Kultur der Teilnahmslosigkeit. [...] Wir wählen einen Gott nicht ab, weil er nicht hilft. Wir haben ihn dazu gewählt, daß er unsere Unfähigkeit zu helfen legitimiert. Unser Gott brüllt andauernd durch die Gegend: du hast es dir selber zuzuschreiben. [...] Bürgertum und Christentum haben sich zu einer gigantischen Unterhaltungsfirma zusammengetan, deren alles niederwalzende Entsorgungskapazität jedem Horror gewachsen ist. Armer Büchner. Es muß schrecklich sein, so früh geboren zu werden. Gerade einem solchen Empfindlichkeitsgenie möchte man es gönnen, eingebettet zu sein in eine Gesellschaft, in der Zeitungsherrn auffallen durch Frömmigkeit, Bankherrn durch Kunstversessenheit. Konzernherrn strotzen durch Wohlwollen. Die Praxis besorgen Pädagogik, Polizei und Psychiatrie. Unser Gott wird interdisziplinär gewartet. Und die Warte werden gewartet von Wittgenstein, Linguistik und Anästhesie. [...] Büchners Empfindlichkeit liegt nur noch unterm Mikroskop. Ergriffen, wenn auch skeptisch, studieren wir die Feinfühligkeit dieser Moralmembran; die Entzündlichkeit dieses Gewissensnervs. Anstatt einen Gott sterben zu lassen, der Leiden zuläßt, hätte Büchner, wie wir, mitarbeiten sollen an einem Gott, der Leidende einschüchtert. Armer Büchner. Aber ein ergreifendes Präparat bleibt er. Und ein vorwurfsvolles.[66]

Diese Einschätzung Walsers datiert aus dem Jahre 1981. Und es wäre höchst aufschlußreich, systematisch die letzten fünfzehn Jahre in der Literatur daraufhin zu untersuchen, ob die von Walser ausgemachten Tendenzen sich bestätigen lassen. Man wird aber auch fragen müssen, ob

---

[66] *M. Walser*: Woran Gott stirbt (s.o. Anm. 1), hier: 233-235.

diese Tendenzen, wenn sie denn stimmen, sich nicht zumindest nachvollziehen lassen. Selbstverständlich: Dem Daumenlutscher stirbt kein Gott. Aber wird man nicht zum Daumenlutscher, verstellt man den Blick nicht vor der Realität? Läßt sich das Sterben, das des anderen Menschen, aber auch die Vorstellung des eigenen Todes aushalten, ohne daß eine Hoffnung auf letztgültigen Sinn auch nur noch präsent ist? Überfordert nicht faktisch die Negativität des Leidens und des Todes die menschlichen Möglichkeiten, sie auszuhalten, wenn kein Gott mehr ist, an den in der Form der Klage rückzufragen noch möglich wäre? Eine Rückfrage, die ja bereits von einer Hoffnung herkäme, daß das von Menschen unbedingte Intendierte nicht am Ende doch vergeblich ist? Daß sich bereits bei Büchner ein »Zerfall des sittlichen Bewußtseins«[67] nach dem Tod Gottes abzeichnet, weist vielleicht bereits darauf hin, daß schon die Möglichkeit, noch Fragen zu stellen, die unbedingte Antworten verlangen, und noch Hoffnungen zu hegen, die erfüllt werden wollen und sich nicht auf die Banalitäten des alltäglichen Erlebens beschränken,

---

[67] *G. Neuhaus*: Theodizee – Abbruch oder Anstoss des Glaubens, Freiburg u.a. ^{2}1994, hier: 37, folgendes Zitat 33f.: »Der sittliche Protest, den Büchner gegenüber dem Weltlauf anmeldet, steht auf keinem Fels, sondern auf überaus tönernen und zerbrechlichen Füßen. Ein Atheismus, der wiederum auf dieser Empörung aufbaut, bleibt in ungeminderter Weise von der Zerbrechlichkeit dieses Fundaments mitbetroffen. [...] Und das Wort vom ›Riß in der Schöpfung‹ zeugt darum auch von einem ›Riß‹ im menschlichen Bewußtsein, das zwischen Empörung und Todessehnsucht hin- und hergerissen ist.« – In der Perspektive der diesen Überlegungen vorausgesetzten Verhältnisbestimmung von Philosophie und Theologie scheint mir weiterer Gesprächsbedarf hinsichtlich des von Neuhaus geprägten Begriffs des »Absurden zweiter Ordnung« (s. in diesem Band S. 28ff.) zu bestehen. Übereinstimmung dürfte zunächst in dem Punkt herrschen, daß wenn man den Begriff von Moralität nicht aufheben will, man den Geltungsanspruch moralischen Sollens als unbedingt denken muß. Doch worin besteht dann genau das »Absurde zweiter Ordnung«? Meines Erachtens darin, daß angesichts der zermürbenden Realität des Leidens und der Einsicht in die Begrenztheit der eigenen Möglichkeiten das autonome sittliche Bewußtsein *faktisch* nur allzu schnell an seine Grenzen gelangt. Anders formuliert: Das autonome sittliche Bewußtsein muß schon jetzt auf Sinnvorgaben setzen können, für die es selbst nicht aufkommen kann, auf die es aber angewiesen ist, wenn es nicht an seinem eigenen Anspruch verzweifeln und scheitern will. Davon unabhängig wäre auch noch einmal, wie hier geschehen, die Frage zu stellen, ob sich das autonome sittliche Bewußtsein wirklich gegen die Idee eines möglicherweise in der Geschichte ergangenen oder ergehenden Selbsterweises Gottes immunisieren darf, nimmt es die Unbedingtheit seines Anspruchs zum Maßstab seiner Verpflichtung und versperrt es nicht den Blick vor der eigenen Endlichkeit. Die hier angestellten Überlegungen sollten zeigen, daß es hierzu durchaus eine moralische Verpflichtung gibt. Die von Neuhaus zur Disposition gestellte Differenz von Geltung und Genese des sittlichen Bewußtseins scheint mir dagegen unbedingt aufrechtzuerhalten zu sein, und dies schon aus transzendentallogischen Gründen: Denn auch die Einsicht, *daß* das eigene sittliche Bewußtsein von der Welt lädiert ist, der das Veto des sittlich guten Willen gilt, läßt sich ja nur noch als Einsicht eines sittlich autonomen Bewußtseins begreifen.

abhängig ist von der Möglichkeit, das Unerfüllte und Unabgegoltene zumindest in Form der Klage noch vor Gott tragen zu können – in Form einer Klage aber, die eine hoffende ist.

Daß der »Leere-Schrecken« Büchners zu einem veränderten Verhältnis zum Tod führt und auch die Möglichkeiten von Menschen nicht unberührt davon bleiben, angesichts der Grenzerfahrung des Todes einander zu begegnen, sei durch drei Hinweise auf literarische Erscheinungen der beiden letzten Jahrzehnte angedeutet. Von einer Verdrängung des Todes ist nichts zu spüren. Ganz im Gegenteil. Es finden sich höchst beeindruckende Auseinandersetzungen, wie die folgenden Hinweise belegen sollen. Wohl aber gibt es eine Tendenz, die lautet, man habe sich abzufinden mit dem Tod. Und daß jeder einzelne sich abzufinden habe, mit seinem Tod. Wenn auch ungetröstet.

In der Erzählung »Josef stirbt« hat Ulla Berkéwicz aus der Perspektive der pflegenden Tochter das Sterben ihres Vaters geschildert. Was die Erzählung dominiert, ist die Hilflosigkeit angesichts des Dahinsiechens des Vaters. Zwar pflegt die Tochter aufopferungsvoll, die Tochter, die doch eigentlich »Angst« hat und »vom Sterben nichts wissen« will. Aber schließlich gewinnt die von Verweyen bezeichnete Aporie Oberhand, den Sterbenden schließlich mit seinem Sterben allein lassen zu müssen.

> Er krampft sich immer fester an meiner Brust fest. Ob das der Schmerz ist, den ich leiden muß, um seine Linderung?
> Er preßt die Brust noch mehr und noch mehr. Ach, seine Hand ist schwarz und tut mir viel zu weh. Ich kann das nicht mehr, Josef, und reiße dir die Hand weg.
> Josef ist steif vor Schmerz. Seine Augen haben nicht Blick noch Bewegung. Sein Alleinsein ist ungeteilt. Ich höre noch sein Hilfe, aber er sagt es mir nicht mehr. Jeder stirbt allein. Ich dann auch. Uns ist nicht zu helfen.[68]

Dann das »Nullsummenspiel« von Durs Grünbein: Nichts mehr ist zu spüren von der Hoffnung auf eine personale Identität über den Tod hinaus, statt dessen wird schonungslos offengelegt, daß nach dem Tod nichts mehr bleibt, nicht einmal mehr das Bewußtsein des eigenen Todes.

> Sie nimmt mich mit, die Traurigkeit der Körper.
> Ekstasen, Schleim, die leeren Hülsen Haut.
> Was da ins All abgeht, verrenkt, zerpulvert,
> Lief einmal aufrecht, lächelnd, leichtgebaut.
>
> Was dir bevorsteht, siehst du früh bei andern.
> Erschreckend klar ... Zukunft, durch Nichts ersetzt.

---

[68] *U. Berkéwicz*: Josef stirbt. Erzählung, Frankfurt a.M 1994 (1982), hier: 8.76.

Leben ist ein Nullsummenspiel. Zuletzt
Bleibt im Gedächtnis nicht einmal dein eigner Tod.[69]

Schließlich der an Aids verstorbene amerikanische Schriftsteller Harold Brodkey, der seine Erzähltechnik des distanziert bleibenden Erfindens auch noch in der Beschreibung des eigenen Sterbens bewahrt. Dem auf das Schweigen Gottes folgenden »Leere-Schrecken« wird bei Brodkey durch eine Reintegration des Ich in die Natur entgegnet. Das Schweigen der Natur, das die Wirklichkeit des eigenen Todes vorwegnimmt, gilt es anzunehmen. Was im Zuge dessen verloren geht, ist der Sinn für den Menschen, für den Anderen, nicht nur für den leidenden Menschen, sondern für jeden.

> Auch dem Sterben ist ein bestimmter Rhythmus eigen. Es verlangsamt und beschleunigt sich. Auf sehr weniges kommt es an, aber dieses wenige ist für mich von gebieterischer Bedeutung. Ich empfinde das mir bevorstehende Schweigen so, wie ich mein ganzes Leben lang das Schweigen Gottes als Gegebenheit und als Quell begreiflichen Entsetzens empfunden habe. Dies ist etwas, das man ertragen muß, das alles, was die Religion behauptet, übersteigt - nicht die Vorstellung, daß man stirbt, sondern die Wirklichkeit des eigenen Todes. Man schult sich darin, das Entsetzen anzunehmen. Es ist die Gestalt, die das Leben zum Ende hin annimmt. Es ist eine Form von Leben. [...] In der Stadt ist nichts jemals völlig geklärt. Und das Leiden, der Tod anderer wird unerträglich. Wenn ich die Literatur zu Aids lese oder durch die Straßen gehe, beginne ich, die Fassung zu verlieren; Trauer überall. Auf dem Land wird der Leib zu Gras, und die Grashalme sinken dem Herbst entgegen. Mein Bett steht in einem Erker mit fünf Sprossenfenstern, und die Millionen von Blättern an den Bäumen nahebei schicken sich träge an zu tanzen. Natürlich sterben sie und ich um diese Jahreszeit alle gemeinsam. Wie ich das Schweigen - hier kann ich es zulassen - der Landschaft höre, sammelt sie sich, um zu sterben. In diese Stimmung zu geraten ist so, als ginge man zur Kirche oder verbringe den Tag im Wind und schaue in steile Tiefen, kreisende Falken - und Geier - über sich. [...] Ich will keinerlei Gesten menschlicher Solidarität. Ich fühle mich ohnehin sehr menschlich, unsäglich menschlich, was soviel heißt wie nur menschlich, und das Bedürfnis, mir das noch einmal von andern beteuern zu lassen, verspüre ich nicht. Ich kann das Schweigen Gottes als sehr schön empfinden, auch wenn dieses Schweigen mir gilt. Ich bin gern allein, allein mit den Wänden. Ich tue, was ich tue, ich denke, was ich denke, und zum Teufel mit allem andern, mit Euch andern; Ihr existiert ohnehin eigentlich nicht für mich - Ihr seid nur Mythen für mich. Ihr spielt nur eine Rolle [...] An jedem Aspekt des Lebens nehme ich jetzt Show und Rollenspiel wahr. Die Wahrheit ist, daß ich den Sinn für Menschen eingebüßt habe.[70]

---

[69] *D. Grünbein*: Den teuren Toten. 33 Epitaphe, Frankfurt a.M. 1994, hier: 19.

[70] *H. Brodkey*: Die Geschichte meines Todes, deutsch von A. Praesent [orig.: This wild darkness, 1996], Reinbek b. Hamburg 1996, hier: 113, 122, 164f.

III

Der Gott, der jetzt schon Zukunft schenkt

Plädoyer für eine christologische Theodizee

Von Karl-Heinz Menke, Bonn

Wenn man die wichtigsten Beiträge der vergangenen Jahrzehnte zum Themenfeld der Theodizee und Anthropodizee Revue passieren läßt, dann zeichnet sich ein bestimmter Trend ab: eine ständig wachsende Betonung der negativen Theologie und eine gewisse Relativierung des Zweiten zugunsten des Ersten Testamentes. Diese Tendenz ist vor allem verbunden mit dem Namen von Johann Baptist Metz, der schon 1972 in einem Vortrag auf der Systematikertagung[1] von der Unmöglichkeit sprach, den Glauben an den allmächtigen und allgütigen Gott argumentativ mit der geschichtlichen Realität zu vermitteln. Jede argumentative Vermittlung Gottes mit dem Elend der Geschichte mündet nach Metz in eine Sackgasse. Denn - so seine Begründung - entweder erklärt man alles, was nicht so ist, wie es sein sollte, zur Funktion einer politischen Utopie (Selbsterlösungslehre des Marxismus); oder man erklärt die menschliche Leidensgeschichte zur Teilhabe am Leiden Gottes, der - weil absolute Liebe (Trinität) - die Andersheit des Anderen (die geschöpfliche Freiheit) zugleich ermöglicht und zuläßt, also nichts erzwingt, sondern sich von den Folgen pervertierter Freiheit kreuzigen läßt.

Beide Extreme werden nach Metz dem biblischen Gottesbild und der unauslotbaren Abgründigkeit geschichtlicher Leiderfahrung nicht gerecht[2]. Wenn Gott nichts anderes ist als die dem Menschen angeborene oder ihm von außen (z.B. im Antlitz des Anderen) begegnende Aufforde-

---

[1] Vgl. *J.B. Metz*: Erlösung und Emanzipation, in: Erlösung und Emanzipation, hg. v. L. Scheffczyk, Freiburg 1973 (= QD 61), 120-140, bes. 123-125.

[2] Dazu: *J.B. Metz*: Gott vor uns. Statt eines theologischen Arguments, in: Ernst Bloch zu Ehren. Beiträge zu seinem Werk, hg. v. S. Unseld, Frankfurt 1965, 227-241; *ders.*: Zukunft aus dem Gedächtnis des Leidens. Eine gegenwärtige Gestalt der Verantwortung des Glaubens, in: Conc(D) 8 (1972) 399-407; *ders.*: Im Angesichte der Juden. Christliche Theologie nach Auschwitz, in: Conc(D) 20 (1984) 382-389; *ders.*: Theologie als Theodizee?, in: Theodizee - Gott vor Gericht, hg. v. W. Oelmüller, München 1990, 103-112; *ders.*: Plädoyer für mehr Theodizee-Empfindlichkeit in der Theologie, in: Worüber man nicht schweigen kann, hg. v. W. Oelmüller, München 1992, 125-137; *ders.*: Theodizee-empfindliche Gottesrede, in: »Landschaft aus Schreien«. Zur Dramatik der Theodizeefrage, hg. v. J.B. Metz, Mainz 1995, 81-102.

rung zum Tun des Guten, dann ist jedes Gebet überflüssig oder im Sinne Kants eine Art autogenes Training zur Mobilisierung der eigenen sittlichen Kräfte. Und andererseits: Wenn Gott leidet, weil er nicht erzwingen kann, was seiner Liebe entspricht, dann ist jede an ihn gerichtete Klage sinnlos; und was für Metz noch gravierender ist, dann wird jedes Leid einschließlich der Ungeheuerlichkeiten des Holocaust zu einem »Beweis« der an der Andersheit des Anderen leidenden Liebe.

Über die Balthasar[3], Moltmann[4] und Jüngel[5] zugerechnete Position von Gisbert Greshake, genauerhin über dessen Bezeichnung allen Leids als »Preis der Liebe«[6], schreibt der Metz-Schüler Hans-Gerd Janßen: Er »nähert sich damit bedenklich einem Ansatz, dem Sinnvolles wie Unsinniges, Gutes wie Böses zu gleichberechtigten und gleichwertigen Momenten des Gesamtprozesses werden, den Gott aus Liebe in Gang gesetzt habe. [...] Wenn der ›Preis der Liebe‹ das Leiden ist, dann fragt sich, warum die Unkosten so ungleich verteilt sind, warum die einen mehr zu zahlen haben als die anderen, warum etwa die einen die Freiheit haben, im Überfluß zu leben, während andere nur die ›Freiheit‹ zu Armut und langsamem Siechtum besitzen. Der ganze Ansatz [...] krankt an der Systematisierungswut eines Dogmatikers, dem es vor allem darauf anzukommen scheint, Leiden – das immer konkretes, individuelles ist – begrifflich und argumentativ in einen einsehbaren ›Sinn‹zusammenhang zu bringen; deshalb auch erscheint die leidbewältigende Praxis der Liebe als bloße Anwendung und Bewährung der Theorie: Diese geht nicht durch die Erfahrung konkreten Leidens und des Kampfes gegen es um Freiheit hindurch, sondern sucht einen Standpunkt, von dem aus alles Leiden, bevor es überhaupt eintritt, bereits als durch Liebe – fragt sich nur, was für eine! – überwunden, weil von Gott zugelassen und umfaßt, durchschaut ist. So ist es nicht verwunderlich, wenn sich bei Greshake eine Schizophrenie von Dogmatik und Pastoral zeigt: Wenn auch der Dogmatiker mit seiner Theorie um den Sinn des Leidens weiß, so soll doch der Seelsorger in ›vielen Fällen, wo gelitten wird, in Respekt vor dem Leiden besser schweigendes Mit-Leiden [üben], statt mit eilfertigen Worten

---

[3] Dazu: *T. Krenski*: Passio caritatis. Trinitarische Passiologie im Werk Hans Urs von Balthasars, Einsiedeln 1990 (= SlgHor NF 28), bes. 13-20.187-370.

[4] Dazu: *G. Neuhaus*: Theodizee – Abbruch oder Anstoß des Glaubens, Freiburg 1993, 255-276.

[5] Dazu: Ebd. 277-313.

[6] Vgl. *G. Greshake*: Wenn Leid mein Leben lähmt. Leiden – Preis der Liebe?, überarb. Aufl. Freiburg 1992.

vorzugreifen und dem Leidenden Gewalt anzutun‹«[7]. Im Ton gemäßigter, aber in der Sache ebenso scharf wie Janßen wirft Karl-Josef Kuschel allen Theologen, die Gottes Allmacht trinitäts- und schöpfungstheologisch einschränken wollen, ein unbiblisches Gottesbild vor. In der Bibel - so stellt er kategorisch fest - ist keine Rede »von einem Selbstbegrenzer und einem Leidenden, einem Ohnmächtigen und Schwachen«[8]. Dabei beruft er sich vor allem auf die von Walter Gross erstellte Exegese von drei ausgewählten Stellen des Ersten Testamentes[9]. Dort erscheint Gott als der souveräne Herr der Geschichte, der auch die Verblendung und Verstockung Israels bewirkt (Jes 6,1-11). Dort erscheint YHWH als Schöpfer nicht nur des Heils, sondern auch des Unheils und der Finsternis (Jes 45,7). Und dort weist ein von Jugend auf durch Krankheit gequälter Mensch Gott die alleinige Verantwortung für sein Leid zu (Ps 88).

Diese exegetischen Hinweise sind zumindest für Kuschel eine Warnung vor einem Mangel an negativer Theologie. Für ihn ist Gott der ganz Andere gegenüber der transzendentalen Vernunft des Menschen, die durch ihre Argumentation, ihre sittliche Entrüstung, ihre Klage oder ihren Protest alles in einen Zusammenhang (in eine Einheit) zu zwingen versucht. Kuschels Fazit: »Es bleibt nur die unerschütterliche Hoffnung auf eine Selbst-Rechtfertigung Gottes, durch die der Mensch seine Würde und Freiheit zu Kritik und Protest, Gott aber seine Würde und Freiheit im Blick auf seine definitive Selbsterschließung behält. Angesichts des Übels hat deshalb Theologie die Aufgabe, die Erfahrungen des Übels coram Deo artikulierbar zu machen, die Anfechtungen Gott nicht zu verschweigen, Protest wie Klage nicht zu verinnerlichen oder zu beschwichtigen, sondern auszusprechen, Gott in die Verantwortung zu nehmen, selbstkritisch die eigene Verantwortung einzugestehen, und dies alles in der - letztlich - ungebrochenen Hoffnung, daß, wenn überhaupt, Gott selbst sich an ›seinem‹ Tag angesichts aller Übel rechtfertigen wird.«[10]

---

[7] *H.-G. Janßen*: Das Theodizee-Problem der Neuzeit. Ein Beitrag zur historisch-systematischen Grundlegung politischer Theologie, Frankfurt 1982 (= EHS XXIII/198), 183f.

[8] *K.-J. Kuschel*: Theologische Perspektiven heute, in: »Ich schaffe Finsternis und Unheil!« Ist Gott verantwortlich für das Übel?, hg. v. W. Gross u. K.-J. Kuschel, Mainz ^{2}1995, 170-213, hier: 191.

[9] Vgl. *W. Gross*: Biblische Perspektiven, in: »Ich schaffe Finsternis und Unheil!« (s.o. Anm. 8), 15-59.

[10] *K. J. Kuschel*: Theologische Perspektiven heute, in: »Ich schaffe Finsternis und Unheil!« (s.o. Anm. 8), 212f.

I. Ein Gott, der sich im nachhinein rechtfertigt?

Schon Kuschels Terminologie verrät Anleihen bei der frühjüdischen Apokalyptik. Denn die Absurditäten dieser Welt werden von ihm mit einem »Tag« konfrontiert, an dem das bzw. der ganz Andere hereinbrechen wird. Auch Gerd Neuhaus verweist auf den Gott, der uns am Tag seiner Parusie möglicherweise eine völlig unerwartete Antwort gibt oder der irgendwie vereinbaren kann, was für uns (noch!) paradox ist[11]. Allerdings beruft er sich nicht auf einen Gott, der zugleich gut und böse ist[12]; auch nicht auf einen Gott, von dem man sich jenseits eines abstrakten Monotheismus viele verschiedene Geschichten erzählt[13]; sondern auf den Gott, der die von bestimmten geschichtlichen Bedingungen abhängigen Sinnentwürfe oder Sinnpostulate der transzendentalen Vernunft transzendiert. Neuhaus zeigt, daß der unbedingte Protest des Arztes Dr. Rieux in Camus' Drama »Die Pest« das Leiden des sterbenden Philippe Othon eher verlängert als lindert, daß

---

[11] In der letzten Fußnote seiner Habilitationsschrift (s.o. Anm. 4) verweist *G. Neuhaus* auf die von W. Gross und K.-J. Kuschel vertretene These, »daß die Theodizeefrage als Ausdrucksgestalt des Glaubens eher in paradox anmutender Weise ›Finsternis und Unheil‹ Gott zuschreibt, als an seiner Gottheit zu zweifeln« (349[47]).

[12] Obwohl *K. Berger* (Wie kann Gott Leid und Katastrophen zulassen?, Stuttgart 1996) sich das fiktive »Gebet eines Nichtchristen angesichts der Leiden der Welt« nicht zu eigen macht, tendiert er zu der Aussage, daß Gott »weder ›gut‹ noch ›böse‹, sondern [...] ›eigenwillig‹« (150) ist. In dem von ihm vermuteten Gebet eines Nichtchristen heißt es: »Ich kann nicht an einen guten Gott glauben. Allerdings erscheint mir die Rede vom ›guten Gott‹ eher ein hausgemachtes Problem der Christen selbst zu sein. Ich finde auch bei Jesus nicht nur die Anrede *Abba, lieber Vater*, sondern auch das Bild vom Herrn, der streng mit seinem Sklaven ist, vom König, der revoltierende Bürger straft, vom Dieb in der Nacht. Aber wenn Gott nicht einfach gut ist, wie kann er dann Gott sein? Vielleicht ist er doch irgendwie gut, nur eben nicht ›einfach‹, vielleicht ist er gut auf eine Weise, die wir nicht absehen oder beurteilen können. Paulus sagt es so: Gott ist tückisch wie ein Fallensteller, dunkel in seinem Verstocken, aber gerade so will er sich aller erbarmen. Muß ein Gott durchschaubar sein? Zu wem mache ich Gott, wenn ich ihn, vielleicht wie die Kindergärtnerin, um nicht Angst zu machen, für meinen Hausgebrauch zurechtmache, so daß er nur noch ›zahm‹ ist?« (117).

[13] *O. Marquard* (Lob des Polytheismus, in: Philosophie und Mythos, hg. v. H. Poser, Berlin 1979, 40-58) beklagt im Namen der Toleranz und der Gewaltenteilung den Verlust der Polymythie und wirft dem biblischen Monotheismus vor, die alle Erfahrungen integrierende »Geschichtenvielfalt« unterdrückt und eine abstrakte »Allmacht« zum Programm erhoben zu haben – nach dem Motto: »Ich bin deine einzige Geschichte, du sollst keine anderen Geschichten haben neben mir.« – Dazu: *H. Timm*: Remythologisierung? Der akkumulative Symbolismus im Christentum, in: Mythos und Moderne, hg. v. K.-H. Bohrer, Frankfurt 1983, 432-456; *J. Taubes*: Zur Konjunktur des Polytheismus (ebd.) 457-471; *J.B. Metz*: Theologie versus Polymythie oder Kleine Apologie des biblischen Monotheismus, in: Einheit und Vielheit (XIV. Deutscher Kongreß für Philosophie Gießen, 21.-26.9.1987), hg. v. O. Marquard, Hamburg 1990, 170-186.

seine Auflehnung abhängig ist von der Dauer der Seuche und der Quantität der Opfer und nicht zuletzt von bestimmten geistesgeschichtlichen Voraussetzungen, die im europäischen Kontext ganz andere sind als dort, wo die Welt des Werdens und Vergehens sich ins »brahman« bzw. »nirvana« auflöst. Neuhaus spricht von zwei Stufen der Absurdität: Die erste ist die Situation des Sisyphos, der immer wieder einen riesigen Stein einen hohen Berg hinaufrollen muß - in dem Bewußtsein, den Berg irgendwann doch einmal zu bezwingen. Diesem Sisyphos gelingt es, seinem Dasein durch sein transzendentales »Dennoch« Sinn zu geben. Wenn er jedoch zu dem Bewußtsein gelangt, daß seine Hoffnung wider alle Hoffnung selbst ein Teil der Gegebenheiten ist, gegen die er sich auflehnt, dann bricht sein opponierendes Ich zusammen, dann erst ist alles absurd (zweite Stufe der Absurdität). Neuhaus folgert aus der Relativität aller sittlichen Postulate und Proteste, aus der Kontextgebundenheit jeder Auflehnung gegen das Böse, daß ein sittliches Urteil, das sich an die Stelle Gottes setzt, früher oder später scheitern muß. Denn was soll der Protest gegen eine Welt, die, wenn es Gott nicht gibt, sich so entfaltet hat, daß ein Teil ihrer selbst, nämlich der protestierende Mensch, sich von ihr unterscheiden, sich - natürlich vergeblich (absurderweise)! - von ihr distanzieren will?

Neuhaus rettet sich im Unterschied zu Gross und Kuschel nicht in ein archaisches Gottesbild, das gute und böse Eigenschaften umfängt oder das, wie Klaus Berger schreibt, ganz einfach nicht durchschaubar ist. So radikal wie Berger, der die systematische Theologie als Reduzierung des biblischen Gottes auf selbstgestrickte Prinzipien und Abstraktionen diffamiert, will Neuhaus die Verantwortung des Glaubens vor der Vernunft nicht verwerfen. Aber auch er verteidigt auf seine Weise die neuthomistische These von den zwei Stockwerken der natürlichen und der übernatürlichen Wahrheit. Jedenfalls ist es der transzendentalen Vernunft des Menschen verwehrt, die Wahrheit so weit einzusehen, daß die erfahrene Wirklichkeit der Selbstoffenbarung Gottes nicht widerspricht[14].

---

[14] Mit Kant möchte ich die transzendentale Vernunft als das Vermögen des Menschen beschreiben, das so lange weiterfragen muß, bis es auf ein Erstes bzw. Letztes stößt. Mit Recht verweist *H. Verweyen* (Gottes letztes Wort. Grundriß der Fundamentaltheologie, Düsseldorf 1991, 196-203) auf das unbedingte Sollen, das in der Vernunft jedes Menschen ganz unabhängig von seiner intellektuellen oder sittlichen Kraft und ganz unabhängig von äußeren Bedingungen liegt. Wenn z.B. ein Mensch bemüht ist, eine Strecke solange zu teilen, bis er den »reinen Punkt« erreicht, dann ist deutlich: Auch wenn niemand mit diesem Bemühen jemals an ein wirkliches Ende gelangt, bleibt das apriorische Sollen, mit dem Immer-wieder-Teilen der Strecke an ein unbedingtes Ende zu gelangen.
Man mag heute deutlicher als Kant sehen, daß auch das transzendentale Fragen unter bestimmten geschichtlichen Bedingungen erfolgt. Doch ganz unabhängig von diesen Bedin-

Neuhaus spricht mit Gerhard von Rad von einem »Urtrieb« Israels, alle Erfahrungen in einen Sinnzusammenhang zu bringen; und er identifiziert diesen »Urtrieb« mit dem von Kant unübertroffen analysierten Phänomen, daß die transzendentale Apperzeption des Menschen gar nicht anders kann, als alle Daten der sinnlichen Wahrnehmung in einen Zusammenhang (in eine Einheit) zu fassen. Weil aber Israel im Laufe seiner Geschichte lernt, immer konsequenter zwischen dem »Gott (Sinn) an sich« und dem von der eigenen Vernunft, von den eigenen Projektionen und Postulaten vermuteten Sinn zu unterscheiden, wird das auserwählte Volk »theodizeefähig«[15]. In seinem Beitrag zu diesem Sammelband unterscheidet Neuhaus vier Stadien der Theodizeefähigkeit des Jahweglaubens: Zunächst ist da der Glaube an die Treue YHWHs zu seinem Volk in dessen Auseinandersetzungen mit zahlreichen Feinden. Dann entdeckt Israel seinen Gott auch inmitten der eigenen Unheilserfahrungen (Babylonisches Exil) als den »sub contrario« Anwesenden. Ein drittes Stadium erhöhter Theodizeefähigkeit ist mit dem Glauben an den Schöpfergott

---

gungen liegt in der Vernunft ein unbedingtes Sollen. Wenn der Mensch aufhören würde, diesem Sollen zu entsprechen, würde er aufhören, »vernünftig zu sein«. Es gehört zum Wesen der theoretischen und praktischen Vernunft, solange zu fragen, bis ein weiteres Fragen unmöglich ist. Weit verbreitet ist heute die Meinung, daß man nach dem Sinn des Geschehens von Auschwitz schon deshalb nicht fragen darf, weil diese Frage von der falschen Voraussetzung ausgehe, alles, was ist, stehe in einem Sinnzusammenhang. In der Tat: Die Vernunft des Menschen kann gar nicht anders, als das, was ihr faktisch begegnet, in einen Zusammenhang mit allem anderen zu setzen; als solange zu fragen, bis ihre Frage eine Antwort erhält. Wenn also irgendetwas - z.B. das Geschehen von Auschwitz - prinzipiell aus dem Zusammenhang herausfällt, nach dem die transzendentale Vernunft in der Erfüllung eines unbedingten Sollens fragt, dann steht die Vernunft selbst zur Disposition; dann ist das transzendentale Bemühen der Vernunft selbst fraglich.
Th.W. Adorno hat die Sinnfrage des transzendentalen Subjekts als die Versuchung zur Einpassung alles Anderen in das Eigene (in die subjektive Einheit, in die eigenen Begriffe) verworfen und den einzigen Ausweg aus diesem »Verhängnis« in der Negation jeder Position, jedes Begriffs und jeder vermeintlichen Antwort gesehen. Doch er muß sich die Gegenfrage gefallen lassen, ob sich hinter dieser seiner Position eines unbegrenzten Offenhaltens der Frage nach dem Sinn von Sein etwas ganz anderes als der Wille zur Vermeidung jeder Ideologie verbirgt: nämlich »die sublimste Form des Willens zur Macht, die effizienteste Weise, die eigenen Positionen des Ich letztlich unangreifbar zu machen« (*H. Verweyen*: Fundamentaltheologie - Hermeneutik - Erste Philosophie, in: ThPh 56 [1981] 358-388, hier: 385).

[15] Neuhaus erinnert an folgenden Passus bei *J.B. Metz*: »Die Frage, hat Martin Heidegger einmal bemerkt, sei die Frömmigkeit des Denkens. Ich ergänze: die Rückfrage an Gott ist die Frömmigkeit der Theologie. Die Theologie, wie ich sie zu verstehen und mitzuteilen versuche, kann die Theodizeefrage nicht ›lösen‹. Ihre Aufgabe besteht vielmehr darin, sie als Rückfrage an Gott zu formulieren und den Begriff einer zeitlich gespannten Erwartung auszuarbeiten, daß, wenn überhaupt, Gott selbst sich an seinem Tag angesichts dieser Leidensgeschichte ›rechtfertige‹.« (Theologie als Theodizee?, in: Theodizee - Gott vor Gericht?, hg. v. W. Oelmüller, München 1990, 103-118, hier: 104).

erreicht, der nicht nur sein Volk Israel verteidigt, sondern der Herr aller Völker und der Lenker aller Geschichte ist. Und schließlich dominiert der im Leiden gereifte Glaube an den Gott, der sein Volk nicht im Unterschied zu allen anderen, sondern für alle anderen Völker erwählt hat.

Mit Recht sieht Neuhaus die ständig potenzierte Theodizeefähigkeit Israels in der Bereitschaft, das eigene Gottesbild immer wieder durchkreuzen zu lassen. Aber wenn er daraus den Schluß zieht, Israel habe seinen Gott immer mehr als den ganz Anderen, als den von den Kategorien und Erwartungen menschlicher Vernunft und Hoffnung gänzlich Verschiedenen, beschrieben, dann möchte ich energisch widersprechen. Mit Hans Jonas behaupte ich: »Der deus absconditus, der verborgene Gott (nicht zu reden vom absurden Gott) ist eine zutiefst unjüdische Vorstellung. Unsere Lehre, die Thora, beruht darin und besteht darauf, daß wir Gott verstehen können, nicht vollständig natürlich, aber etwas von ihm - von seinem Willen, seinen Absichten und sogar von seinem Wesen, denn er hat es uns kundgetan. Es hat Offenbarung gegeben, wir besitzen seine Gebote und sein Gesetz, und manchen - seinen Propheten - hat er sich direkt mitgeteilt, als seinem Mund für alle in der Sprache der Menschen und der Zeit, gebrochen daher in diesem beschränkenden Medium, doch nicht in dunklem Geheimnis.«[16] Wie Peter Kuhn auf überzeugende Weise nachgewiesen hat, ist das »Herabsteigen Gottes vom Himmel auf die Erde« ein Grundzug der rabbinischen Theologie[17], weshalb Hans Jonas von einer »nicht-trinitarischen Inkarnation« spricht.

Während die rabbinische Theologie nirgendwo auf den ganz anderen Gott vertröstet, setzt Neuhaus in allen seinen Beiträgen zur Theodizeeproblematik den von Kant als unüberbrückbar bezeichneten Graben zwischen »Sinn an sich« und »Sinn für mich« voraus. Denn er bezeichnet das Verlangen des transzendentalen Bewußtseins nach vollkommener Übereinstimmung des »Außen« (des von außen Wahrgenommenen) mit den eigenen Anschauungsformen und Kategorien (mit dem transzendentalen Bewußtsein) als den ständigen Versuch zur Vergewaltigung und Verfälschung der Wirklichkeit. Wie Theodor W. Adorno in jedem Begriff das Verhängnis einer alles in die eigene Identität einbeziehenden

---

[16] *H. Jonas*: Der Gottesbegriff nach Auschwitz. Eine jüdische Stimme, Frankfurt 1987, 38f. - Vgl. auch *U. Bohn*: Thora in der Grenzsituation, in: Treue zur Thora, hg. v. P. von der Osten-Sacken. FS G. Harder, Berlin 1977, 124-134; *E. Lévinas*: Schwierige Freiheit. Versuch über das Judentum, Frankfurt 1992, 109-113.

[17] *P. Kuhn*: Gottes Selbsterniedrigung in der Theologie der Rabbinen, München 1967 (= StANT 17); *ders.*: Gottes Trauer und Klage in der rabbinischen Überlieferung, Leiden 1978 (= AGJU 13).

Macht sieht, so plädiert Neuhaus für die ständige Hinterfragung des transzendentalen Bewußtseins, weil angeblich nur so verhindert werden kann, daß sich der Mensch mit seiner subjektiven Wahrnehmung der Wirklichkeit an die Stelle Gottes setzt.

Einmal abgesehen davon, daß ein Bewußtsein, das die eigenen Anschauungsformen, Kategorien und Begriffe kritisch hinterfragt, auch mit dieser Hinterfragung ein subjektives Interesse verfolgen kann (z.B. die Installierung eines Gottes zur Rechtfertigung der eigenen Hoffnung auf einen jenseitigen Sinn)[18], scheint mir die ganze Schärfe der Theodizeeproblematik verkannt, wenn man sie mit der Unterscheidung zwischen dem ganz anderen Gott (dem »Sinn an sich«) und den stets subjektiven Sinnentwürfen (dem »Sinn für mich«) zu beruhigen versucht. Dostojewskij hat durch die Gestalt des Iwan Karamasow ausgesprochen, was das eigentliche Problem innerhalb aller Rede von der Unvereinbarkeit geschichtlicher Leiderfahrung mit dem »lieben Gott« ist: nämlich daß dieser »liebe Gott« denen, die auf Erden so furchtbar gelitten haben, eine *nachträgliche* Antwort (nämlich den Himmel) verspricht. Iwan Karamasow will gar nicht bezweifeln, daß es Gott gibt, und auch nicht, daß er die Opfer der Geschichte mit einem ewigen Himmel entschädigt. Aber er gibt seine Eintrittskarte in diesen Himmel zurück. Er möchte nicht in der Nähe eines Gottes leben, der meint, er könne das Leid auch nur eines der unschuldigen Kinder, die von irgendwelchen Bestien in Menschengestalt gequält, zertreten und mißbraucht worden sind, durch eine nachträgliche Ausgleichszahlung kompensieren. Für Iwan kommt eine

---

[18] Wenn man den Gott, den wir denken, nicht völlig von dem Gott, den wir glauben, trennen will, dann bleibt der Verdacht bestehen, daß die vom einzelnen menschlichen Subjekt selbst vollzogene Unterscheidung zwischen der eigenen Sinnfrage und der ganz anderen Antwort Gottes einem (vielleicht verborgenen Interesse) des transzendentalen Bewußtseins entstammt. Deshalb überzeugt mich nicht, was *I. U. Dalferth* in seiner Züricher Antrittsvorlesung (»Was Gott ist, bestimme ich!« Theologie im Zeitalter der »Cafeteria-Religion«, in: ThLZ 121 [1996] 415-430) gesagt hat. Denn was meint er mit »Gott selbst« oder mit der »Selbstbestimmung Gottes« innerhalb der Fragen, die er jedem Theologen als sein eigentliches »Handwerkszeug« empfiehlt: »Wird die Differenz zwischen dem, was unter ›Gott‹ verstanden wird, und dem, was Gott ist, kritisch gewahrt? Ist eine Bestimmung Gottes an *Gott selbst* und damit an der Selbstbestimmung Gottes orientiert oder an etwas anderem? Suchen einzelne (›Was Gott ist, bestimme ich‹) oder Gemeinschaften (›Was Gott ist, bestimmen wir‹) frei zu entscheiden, was Gott ist, oder räumen sie ein, daß sich das allein an Gott selbst entscheidet (›Was Gott ist, bestimmt Gott selbst‹)?« (427f).
Wenn Dalferth die selbstkritische (kommunikativ vollzogene) Überprüfung des »Gott für mich« am »Gott an sich« fordert, dann muß er doch immer schon irgendwie wissen, wer dieser »Gott an sich« ist. Oder besteht seine »kritische Überprüfung« in der prinzipiellen Verneinung jeder Form von Wissen über Gott?

nachträgliche Antwort in jedem Falle zu spät. Für ihn ist der Erfinder des Kompensationshimmels ein Zyniker.

Neuhaus beteuert zwar, daß auch er in den Aussagen des Iwan Karamasow die prägnanteste Formulierung der Theodizeefrage sehe. Denn auch er wolle mit seinem Verweis auf den ganz anderen, alle subjektiven Sinnentwürfe durchkreuzenden Gott Israels nicht auf einen Himmel vertrösten, der das unverstandene Leid der Gegenwart kompensiere. Vielmehr sei er der Auffassung, daß eine Antwort auf die unausrottbare Frage des Menschen nach der Vereinbarkeit seiner Leiderfahrungen mit dem von ihm geglaubten Gott *etwas ganz anderes* sein müsse als der von Iwan Karamasow zu Recht abgelehnte Kompensationshimmel. Dennoch: Neuhaus muß sich fragen lassen, was denn einen wirklich von Leid niedergeworfenen, an den Rand der Verzweiflung gedrängten Menschen motivieren soll, an eine Antwort seines Gottes zu glauben, die der immanenten Vernunft in gar keiner Weise zugänglich, sondern ganz und gar anders als alle menschlichen Kategorien und Erwartungen ist! Neuhaus setzt meines Erachtens unbegründeterweise voraus, daß die jedem Menschen angeborene Sehnsucht nach völliger Übereinstimmung von Erkenntnis und Sein (Wirklichkeit) bzw. von »Sinn für mich« und »Sinn an sich« nur durch den Sprung in den Glauben an einen ganz anderen, unsere Kategorien sprengenden Gott beantwortet werden darf. Er gründet seine Reflexionen auf die Kantsche Prämisse, daß das »Ding an sich«, nach dem wir uns erkennend ausstrecken, unmöglich und also niemals von uns erreichbar ist. Für Neuhaus ist alles, was Menschen über Sinn und Bedeutung sagen oder schreiben, der stets zu hinterfragende Versuch, die nur Gott mögliche Antwort durch die eigene zu ersetzen.

Dagegen setze ich die These: Wenn die von Gott nach dem Ablauf dieser Weltgeschichte gegebene Antwort nicht einem ganz anderen als dem hier und jetzt fragenden Menschen gelten soll, dann darf die übernatürliche Vernunft nicht das ganz andere Stockwerk über der natürlichen Vernunft sein. Wie ich im folgenden zu zeigen versuche, entspricht die Eschatologisierung der Antwort Gottes auf die vielleicht drängendste Frage des Menschen weder (II) dem jüdischen Glauben an den durch die Tora in jede nur denkbare Situation des Lebens hineinsprechenden Gott, noch (III) dem Glauben der Christen an die Selbst-Offenbarung Gottes in der Geschichte.

II. Die Tora oder: Das »Hineinlassen« der Zukunft in die Gegenwart

Der jüdische Historiker Yosef Hayim Yerushalmi hat das Spezifikum genuin jüdischen Denkens wie folgt charakterisiert: »War Herodot der

Vater der Geschichtsschreibung, so waren die Juden die Väter des Sinns der Geschichte«[19]. Dabei bezeichnet er mit dem Wort »Sinn« den Zusammenhang jedes Zeitpunktes mit dem einen und einzigen Gott. Denn der Glaube Israels bekennt YHWH als den, der in allem, was ist und geschieht, der »Ich-bin-da« ist.

Die neuere Exegese hat sehr klar herausgearbeitet, daß im jüdischen Denken die Ewigkeit nicht der Gegensatz, sondern die Zukunft der Zeit ist, daß von daher der »ewige Gott« der Zeit nicht nur transzendent, sondern auch immanent ist. Zum Vergleich: Augustinus beschreibt die Ewigkeit als ständige Gegenwart, weil nur das »wirklich« ist, was nicht schon vergangen oder noch zukünftig ist. So gesehen ist die Zeit das Gegenteil der Ewigkeit, nämlich Nicht-mehr-Sein (Vergangenheit) oder Noch-nicht-Sein (Zukunft). Der Mensch kann zwar bewußtseinsmäßig die Vergangenheit und die Zukunft in die eigene Gegenwart holen (durch Erinnerung und Antezipation); aber damit werden Vergangenheit und Zukunft auf die Fassungskraft des einzelnen Subjekts, auf dessen Situation und möglicherweise auch auf dessen Zwecke reduziert. Ähnliches läßt sich von Kants Darstellung der Zeit als Anschauungsform des transzendentalen Bewußtseins sagen: Zeit und Raum sind Mittel des erkennenden Subjekts, alles mit allem in Beziehung, in Analogie, in Korrelation zu setzen, alles mit allem zu vergleichen. Ganz anders das jüdische Denken: Für Israel ist die Zeit weder eine Anschauungsform des transzendentalen Bewußtseins, noch das Kontinuum, in dem etwas Bestimmtes geschieht, sondern Zeit ist das, was der Schöpfer seiner Schöpfung schenkt, indem er deren Zukunft wird[20]. Gershom Scholem[21], Eliezer Berkovits[22] und Hans Jonas[23] haben auf je eigene Weise gezeigt, daß die rabbinische Theologie die Allmacht des Schöpfers nicht als »Herrschaft über«, sondern als »Selbstbeschränkung« (hebr. »Zimzum«[24]) beschreibt. Gott

---

19 *Y.H. Yerushalmi*: Zachor. Erinnere Dich! Jüdische Geschichte und jüdisches Gedächtnis, Berlin 1988, 20.

20 Prägnant formuliert *F. Rosenzweig*: »Nicht in der Zeit geschieht, was geschieht, sondern sie selber geschieht.« (Der Mensch und sein Werk. Gesammelte Schriften, Bd. III, Den Haag-Dordrecht 1982, 148).

21 Vgl. *G. Scholem*: Die jüdische Mystik in ihren Hauptströmungen, Frankfurt 1967, 285-287; *ders.*: Über einige Begriffe des Judentums, Frankfurt 1970, 53-89; *ders.*: Art. Kabbalah, in: EJ 10 (1978) 489-653, bes. 588-597.

22 Vgl. *E. Berkovits*: Faith after the Holocaust, New York 1973, bes. 90-110.

23 Vgl. *H. Jonas*: Der Gottesbegriff nach Auschwitz (s.o. Anm. 16), 15-48. – Dazu: *G. Schiwy*: Abschied vom allmächtigen Gott, München 1995, bes. 33-49.

24 Der hebräische Ausdruck »Zimzum« bedeutet so viel wie Konzentration oder Kontraktion und wird innerhalb des Midrasch vornehmlich auf die Gegenwart Gottes im Allerheiligsten des Tempels angewandt, in dem Gott seine ganze Macht gleichsam auf einen

nimmt sich bzw. seine eigene Macht so zurück, daß das Nichtgöttliche es selbst (Freiheit; Personalität) sein kann. Doch die »Freilassung« der Schöpfung durch den Schöpfer bedeutet nicht, daß Gott, wenn er einmal zum Schöpfer geworden ist, der Welt nichts mehr geben kann. Im Gegenteil: Gott ermöglicht das Eigensein seiner Geschöpfe, indem er seine Allgegenwart so zurücknimmt, daß er für alles Vergangene und Gegenwärtige »die Zukunft« ist. Die Zukunft ist allem Vergangenen und Gegenwärtigen zugleich immanent und transzendent. YHWH ist der »Ich-bin-da« - dies nicht im Modus einer Allgegenwart, sondern als die Zukunft, die jeder Zeit ihren Sinn verleiht. Wenn Juden sich an ihren großen Festtagen an die Ereignisse ihrer Geschichte erinnern - z.B. an das Heilsgeschehen des Exodus oder auch an das Unheilsgeschehen des babylonischen Exils -, dann schauen sie nicht zurück, sondern ehren den Gott, der allem Geschehen, auch den scheinbar ausweglosen Situationen des Unheils, Zukunft bzw. Sinn schenken kann. Franz Rosenzweig hat im dritten Teil seines Hauptwerkes mit dem Titel »Stern der Erlösung« gezeigt, daß die jüdischen Feste das Aufgehen in der Zeit unterbrechen: »in dem dreifachen Sinn des Aufrichtens, des Ausrichtens und so schließlich auch des Gerichtes«[25]. Also entwickelt Israel ein geschichtliches Bewußtsein, »das an Stelle des Mythos von der ewigen Wiederkehr die Singularität des geschichtlichen Ereignisses betont und schließlich die Geschichte insgesamt als Epiphanie Gottes begreift«[26].

Was das konkret bedeutet, läßt sich nur erschließen, wenn man die jüdische Zeitaufassung als Grundlage auch des Bundes und der Tora erkennt. Die Tora als die Gesamtheit der geschichtlich erfolgten Willensoffenbarung Gottes ist keine Lehre über Gott, sondern das Medium, durch das Gott sich als Zukunft in die Zeit jedes Menschen hinein vermittelt. Oder anders ausgedrückt: Wenn der Mensch jeden Zeitpunkt seines Lebens, jede Situation, jedes Glück und Leid von YHWH her und auf YHWH hin betrachtet, dann übersetzt er die Tora in jeden Augenblick seines Lebens und erfährt so, daß auch die dunkelste Stunde nicht ohne Zukunft bzw. Sinn (= YHWH) ist. Die Tora ist zugleich Offenbarung Gottes und Aufgabe ihres Adressaten, des Menschen. Sie ist

---

Punkt »beschränkt«. Dazu: *P. Kuhn*: Gottes Selbsterniedrigung in der Theologie der Rabbinen (s.o. Anm. 17), 47-60; *J. Moltmann*: Trinität und Reich Gottes. Zur Gotteslehre, München 1980, 123-127.

[25] *B. Casper*: »Das Gebet stiftet die menschliche Weltordnung«. Zum Verständnis der Erlösung im Werk Franz Rosenzweigs, in: Zeitgewinn. Messianisches Denken nach Franz Rosenzweig, hg. v. G. Fuchs u. H.H. Henrix, Frankfurt 1987, 127-150, hier: 142.

[26] *Ch. Münz*: Der Welt ein Gedächtnis geben. Geschichtstheologisches Denken im Judentum nach Auschwitz, Gütersloh 1995, 117.

Inbegriff des Bundes, durch den YHWH sich so an das Hören und Tun seines Volkes Israel bindet, daß jeder einzelne Israelit für seine Sippe, seinen Stamm und sein Volk eine bestimmte Aufgabe (Sendung) erfüllen soll – wobei zunächst gleichgültig ist, ob diese Aufgabe politisch so bedeutsam wie die der großen Korporativpersonen Mose oder David ist oder in der Verborgenheit des alltäglichen Lebens verbleibt. Wer seine Aufgabe realisiert, wird zum Heil für alle; und wer sich verweigert, wird zum Unheil. Die Exegeten nennen diesen Sachverhalt den Tun-Ergehen-Zusammenhang und drücken so aus, daß die Gemeinschaft mit Gott (das Heil) nicht einfach ein Geschenk YHWHs, sondern in demselben Maße ein Tun Israels (des Volkes insgesamt und jedes einzelnen Israeliten) ist, nämlich die Erfüllung der Tora. Insofern kann man sagen, daß »die Existenz der Welt [...] nicht nur von der Schöpfungsabsicht Gottes [...], sondern auch vom ethischen Verhalten der Menschen in der Geschichte«[27] abhängig ist.

Der Begriff »Bund« ist sehr vielschichtig, verweist aber immer auf die Tatsache, daß das Volk Israel in dem Maße mit YHWH verbunden ist, als es tut, was es von ihm empfängt[28]. Es gibt in der Heilsgeschichte Israels verschiedene Bundesstiftungen YHWHs; aber sie alle stehen unter dem Maßstab der Tora, die Gottes heiligste Gabe und zugleich stete Aufgabe ihrer Empfänger ist. Auf Grund einer verfehlten Paulus-Exegese wurde das Evangelium der Christen der Tora der Juden entgegengestellt – als ob dem Christen das Heil unmittelbar (ungeschichtlich) geschenkt werde, während der Jude durch vergebliche Gesetzestreue sich selbst rechtfertigen wolle. In Wahrheit verwirft Jesus das Bundesgesetz nicht, sondern ist dessen Erfüllung – und dies nicht, weil er durch Antithesen (»Euch ist gesagt worden [...]; ich aber sage euch [...]«) eine buchstabengetreuere und rigorosere Auslegung der Tora einfordert. Denn die Antithesen, die Jesus zum Beispiel in der Bergpredigt vorträgt, sind dem Inhalt nach nichts Neues und dem zeitgenössischen Judentum

---

[27] *P. Schäfer*: Die Geschichtsauffassung des rabbinischen Judentums, in: ders.: Studien zur Geschichte und Theologie des rabbinischen Judentums, Leiden 1978, 23-44, hier: 30.

[28] Dazu: *A. Deissler*: Die Bundespartnerschaft des Menschen mit Gott als Hinwendung zur Welt und zum Mitmenschen – Eine unüberholbare Botschaft der frühen altbundlichen Offenbarung, in: Weltverständnis im Glauben, hg. v. J.B. Metz, Mainz 1965, 203-223; *N. Lohfink*: Der niemals gekündigte Bund. Exegetische Gedanken zum christlich-jüdischen Dialog, Freiburg 1989; *ders.*: Der Begriff »Bund« in der biblischen Theologie, in: ThPh 66 (1991) 161-176; *F.-L. Hossfeld*: Der eine Gott des Ersten und des Neuen Bundes, in: PB(K) 47 (1995) 66-71; *ders.*: Die vielen Bünde und der eine Gott, in: PB(K) 47 (1995) 165-171.

durchaus geläufig; nein, Jesus intendiert nicht die Aufhebung oder Überbietung der Tora, sondern deren Übersetzung in das eigene Fleisch.

Um zu illustrieren, was die »Inkarnierung« der Tora (des Sinns der Geschichte) in jeden »Ort« von Zeit und Raum bedeutet, empfiehlt sich ein Ausflug in die sogenannte Responsenliteratur des Judentums. Unter Responsen versteht man Rechtsgutachten, Antworten auf Anfragen, wie man sich in konkreten Fällen verhalten solle. Nahezu alle Bereiche des jüdischen Lebens sind in ihnen reflektiert, von der Organisation und Struktur der Gemeinden, über Speisegewohnheiten und Kleidervorschriften, bis hin zu prekären moralisch-ethischen Fragen. Solche Responsensammlungen gibt es auch aus der Zeit der Shoa - z.B. aus dem Ghetto von Warschau und dem Ghetto von Kovno. Berühmt geworden sind die 1946 bei Aufräumarbeiten in Warschau gefundenen Aufzeichnungen des Rabbi Shimon Huberband. Hier ein Beispiel aus dem Ghetto von Kovno. Da heißt es in einer Anfrage: »›Wir Juden des Ghettos von Kovno [...] wurden versklavt durch die Deutschen; müssen schuften den ganzen Tag und die ganze Nacht ohne Pause; müssen verhungern und erhalten keinen Lohn. Der deutsche Feind hat unsere totale Vernichtung beschlossen. Wir sind vollständig entbehrlich. Die meisten werden sterben‹ [...]. Ist es da noch angemessen und möglich, das tägliche Morgengebet zu sprechen, in dem es heißt, man danke Gott, ›der mich nicht zum Sklaven machte‹?« Die Antwort des Rabbi Oshry lautet: »Einer der frühesten Kommentatoren der Gebete bemerkt, daß dieser Segen nicht gesprochen wird, um Gott zu loben für unsere physische Freiheit, sondern eher für unsere spirituelle Freiheit. Ich entscheide daher, daß wir dieses Gebet unter keinen Umständen unterlassen oder verändern sollten. Im Gegenteil, ungeachtet unserer physischen Gefangenschaft sind wir mehr verpflichtet denn je, dieses Gebet zu sprechen, um unseren Feinden zu zeigen, daß wir als ein Volk spirituell frei sind.«[29]

Ein anderes Beispiel aus Auschwitz: Am Vorabend des jüdischen Neujahrsfestes 1944 entschied der Kommandant, 1600 Jungen im Alter zwischen 14 und 18 Jahren einer Selektion zu unterziehen. Sie sollten unter einer in einer bestimmten Höhe angebrachten Latte hindurchgehen. Wer mit dem Kopf an diese Latte reichte oder gar den Kopf einziehen mußte, sollte am Leben bleiben. Alle anderen Jungen sollten am folgenden Tag vergast werden. Die Zahl der zum Tode Bestimmten wurde genau gezählt, und jüdische Kapos mußten, falls bei der Exekutierung

---

[29] Zit. nach *Ch. Münz*: Der Welt ein Gedächtnis geben (s.o. Anm. 26), 223.

jemand fehlte, Ersatz herbeischaffen. Angesichts dieser Situation ging ein Vater, dessen einziger Sohn bei den zum Tode bestimmten Jungen war, zu Rabbi Meisels und fragte ihn, ob er einen der jüdischen Kapos mit dem Ziel bestechen dürfe, seinen Sohn auszulösen, auch wenn die Gefahr bestehe, daß dann ein anderer jüdischer Junge statt seines Sohnes sterben müsse. Nachdem Rabbi Meisels keine klare Antwort geben konnte oder wollte, sagte dieser Vater: »Rabbi, ich habe getan, wozu die Torah mich verpflichtet. Ich habe halachische Unterweisung durch einen Rabbi ersucht. Es gibt keinen anderen Rabbi hier. Wenn du mir nicht sagen kannst, daß ich meinen Sohn auslösen darf, dann ist es offensichtlich, daß du dir selber nicht sicher bist, ob das Gesetz es erlaubt. Denn wenn du sicher wärst, daß es erlaubt ist, du hättest es mir fraglos mitgeteilt. So sind für mich deine Ausflüchte gleichbedeutend mit der klaren Entscheidung, daß es mir verboten ist, so zu handeln. Mein einziger Sohn wird sein Leben verlieren in Übereinstimmung mit der Torah und der Halacha. Ich akzeptiere das Gebot des Allmächtigen in Liebe und mit Freude. Ich werde nichts tun, um ihn auszulösen um den Preis eines anderen unschuldigen Lebens, denn so lautet das Gebot der Torah.«[30] Durch Rabbi Meisels wissen wir, daß dieser Vater den ganzen Tag von Rosch haSchanah umherlief, »still und voller Freude vor sich hinmurmelnd, er habe seinen einzigen Sohn zur Verherrlichung des Namens Gottes (Kiddush haSchem) geopfert, in Übereinstimmung mit dem Willen des Allmächtigen und Seiner Torah« - betend, »Gott möge seine Entscheidung und sein Tun ebenso anehmen wie die Bindung Isaaks durch Abraham, einem zentralen Motiv in der Liturgie von Rosch HaSchanah«[31].

Hier wird nicht darüber nachgedacht, wie Gott die Situation von Auschwitz zulassen kann; nicht einmal darüber, ob die bis zu dem Wort »Freude« gehende Sinnerfahrung des der Tora treuen Vaters nicht in krassem Gegensatz zur Situation des zur Exekution bestimmten Sohnes steht. Es handelt sich hier um die Inkarnation der mit Gottes Gegenwart identischen Tora in die eigene Situation. Diese eher existentielle als argumentative Vermittlung des Gottesglaubens mit dem Leid geht von dem Glauben aus, daß YHWH die Zukunft jedes Augenblickes ist, wenn ich ihn durch das Tun der Tora hineinlasse in jedwede Situation meiner Geschichte. Aber dieser Glaube ist keine Vertröstung auf das Eschaton eines ganz anders denkenden Gottes, sondern im Gegenteil: Hier und

---

[30] Ebd. 227.
[31] Ebd.

jetzt wird Gott – zumindest anfanghaft – als alles unterfassender Sinn erfahren, wenn ich seine Tora hineinlasse in meine Leiderfahrung.

Für Israel ist das, was wir abstrakt mit dem Wort »Sinn« benennen, die Gemeinschaft mit YHWH, der die Zukunft aller Zeit ist. Und diese Gemeinschaft wird so sehr als eine hier und jetzt erfahrbare verstanden, daß Israel im Unterschied zu den Nachbarvölkern (z.B. Ägypten), die das Göttliche im Eschaton ansiedeln, zunächst keinen Himmel jenseits der Todesgrenze kennt. YHWH wird so sehr mit dem Leben identifiziert, daß da, wo jemand in Gemeinschaft mit ihm steht, der Tod nicht sein kann. Die Toten gelten zwar auch schon vor der Makkabäerzeit in Israel als »irgendwie noch vorhanden«: nämlich in den eigenen Nachkommen bzw. in einer Art Unterwelt (Scheol); aber eigentliches Leben ist Gemeinschaft mit YHWH[32], und die gibt es nur diesseits der Todesgrenze[33]. Erst in der Reflexion der unbestreitbaren Tatsache, daß die der Tora besonders treuen Israeliten unschuldig und vorzeitig den Tod finden, gelangt Israel zu dem Glauben, YHWH werde diesen Gerechten seine Gemeinschaft jenseits der Todesgrenze nicht entziehen. Bei den Totenerweckungen durch Elischa (2 Kg 4,31-37; 13,21) oder Elija (1 Kg 17,17-24) allerdings handelt es sich um die Rückführung in das Leben *diesseits* des Todes. Und die Entrückung des Elija (2 Kg 2,11) und des Henoch (Gen 5,24) geschieht *vor* dem Tod. Und auch die in Jes 26,19

---

[32] »Für die Toten ist Jahwes Treue und Gnade gegenstandslos geworden (Jes 38,18f; Ps 88,11-13). In einem ganz ausschließlichen Sinne ist Jahwe der Gott der Lebenden: wo er ist, ist Leben; wo Tod ist, ist er nicht. Und so steht der Israelit nach dem Tod außerhalb des für ihn so unbedingt wichtigen irdisch-geschichtlichen Lebensbereiches, in dem es allein die Möglichkeit des Heils, der Teilhabe am Gottesverhältnis gibt. Dies ist der eigentliche Stachel des Todes für Israel: die mit ihm verbundene Trennung und Ferne von Jahwe, dem Gott des Lebens und des Bundes.« (*H. Kessler*: Sucht den Lebenden nicht bei den Toten. Die Auferstehung Jesu Christi in biblischer, fundamentaltheologischer und systematischer Sicht. Neuausgabe mit ausführlicher Erörterung der aktuellen Fragen, Würzburg 1995, 48).

[33] »Ein Hoffen gegen den Tod des *Einzelnen* regt sich zunächst nur als Erwartung langen, erfüllten irdischen Lebens (gemäß der dem vierten Gebot beigegebenen Verheißung: Ex 20,12). Selbst endzeitliche Ausblicke der nachexilischen Zeit fassen keine Abschaffung des Todes ins Auge, sondern allenfalls eine relative Verlängerung des irdischen Lebensalters und eine Vermeidung vorzeitigen Todes. So hofft man ›materialistisch‹ darauf, daß Gott ›einen neuen Himmel und eine neue Erde schafft‹, ohne Weinen und Wehklagen (Jes 65,17ff), von paradiesischem Frieden durchwaltet (60,18.21; 65,25), wo ›als jung gelten wird, wer mit hundert Jahren stirbt‹ (65, 19f; vgl. Sach 8,4). Es bleibt dabei: er stirbt. Der Tod wird nicht entmachtet, nur die Lebensgrenze wird hinausgeschoben. Diese Auffassung begegnet übrigens auch noch später in apokalyptischen Texten (äthHen 10,17; 25,4ff: ca. 200 v. Chr.; Jub 23,15ff: ca. 100 v. Chr.). In Jub 23,30ff findet sich die Vorstellung, der Scheol-Aufenthalt der verstorbenen Gerechten sei nicht düster, sondern freudvoll aufgehellt dadurch, daß sie das Glück ihrer Nachfahren sehen (anders als etwa Ijob 14,21).« (Ebd. 51f).

schon angedeutete und in Dan 12,1-4 förmlich ausgesprochene Glaubensvorstellung von einer Auferstehung der physisch Toten meint ein dem diesseitigen Leben vergleichbares neues Leben derjenigen, die auch in der Drangsal bzw. im Martyrium der Tora treu geblieben sind. Allerdings wird die apokalyptische Eschatologie zwischen dem ersten Jahrhundert vor und dem zweiten Jahrhundert nach Christus immer stärker von einer Erwartung geprägt, die Belohnung oder Bestrafung nach der Zerstörung des gegenwärtigen in einem jenseitigen Äon verspricht[34].

III. Jesus Christus oder: Die Liebe des Menschen, die stärker war als der Tod

Der jüdisch-christliche Dialog der vergangenen Jahrzehnte hat immer wieder erkennen lassen, daß genuin jüdisches Denken die erlösende und befreiende Gemeinschaft mit Gott an die Erfüllung der Tora bindet und sich deshalb von der nicht selten weltflüchtigen und heilsindividualistischen Eschatologie der christlichen Tradition mit ihrer Fixierung auf eine transmortale Belohnung oder Bestrafung unterscheidet. Die neuere Exegese ist sich einig in der These, daß Jesus die auf den Abbruch des gegenwärtigen Äons gerichtete apokalyptische Hoffnung seiner Zeitgenossen in dem Sinne enteschatologisiert hat, daß er nicht nur die Ausständigkeit, sondern auch das »Schon-Gekommensein« des Heils verkündet hat. In den vielen Einzelvollzügen, in denen Jesus den Willen des Vaters, die Tora, in jeden Moment seines Lebens hineinläßt, »ist« er das Ankommen der Gottesherrschaft. Und daraus folgt: Wer Jesus als den Christus bekennt, sucht Gott nicht nur jenseits und außerhalb von Welt

[34] Bis zum Entstehen der asidäischen Apokalyptik »arbeitete Israel an der Konzeption einer Geschichte, die sich ausschließlich aus der Abfolge von Fakten aufbaute, die Gott zum Heil der Nation markiert hatte. Erst mit dem Einbruch der apokalyptischen Eschatologie vollzieht sich durch die Entaktualisierung des alten heilsgeschichtlichen Denkens allmählich die dafür unabdingbare Änderung des Zeitbegriffs. Es kommt zur Vorstellung einer langen Zeitstrecke, an deren bald erreichtem Scheitelpunkt man eine einzige und endgültige Manifestation Gottes erwartet, die eine Heilsdimension eröffnen wird, deren Bemessung und Zuwendung jenseits der Norm aller kanonischen Geschichtstaten Gottes steht, die bisher das Geschichtsverständnis Israels konstituierten. Worum es nach der Außerkraftsetzung der überkommenen Erwählungstraditionen durch die eschatologische Predigt der asidäischen Apokalyptik geht, ist die Wahrnehmung der Geschichte als eines Zeitstroms, der deswegen ein integriertes Kontinuum bildet, weil ihn der Abfall und die Verfehlung der Menschen auf ein in Bälde über den ganzen kreatürlichen Bestand von Himmel und Erde hereinbrechendes Strafgericht Gottes zusteuern läßt« (*K. Müller*: Die jüdische Apokalyptik. Anfänge und Merkmale, in: TRE 3 [1978] 202-251, hier: 234).

und Geschichte, sondern glaubt an die *Selbst*-Mitteilung des Absoluten in der Geschichte.

Daß eine zeitimmanente Realität identisch ist mit dem Ganzen von Sinn, mit der absoluten Wahrheit, mit Gott bzw. Gottes Sohn, wird heute besonders von zwei Seiten bezweifelt: von denen, die zumindest bewußtseinsmäßig die Welt des Endlichen verlassen wollen, um den ganz Anderen bzw. das ganz Andere zu finden; und von denen, die Gott als das transzendente »Ding an sich« bezeichnen, auf welches sich jeder im Medium seiner Religion bzw. Konfession beziehen kann. Während die ersteren[35] ihr Heil in allen möglichen Experimenten heilsindividualistischer Therapie und esoterischer Praxis suchen, erheben letztere[36] den Anspruch, den gemeinsamen Kern aller Religionen entdeckt zu haben: nämlich das ethische Prinzip der Relativierung alles Endlichen durch dessen Beziehung auf den unendlichen Gott. Für John Hick und Paul F. Knitter, die wohl bekanntesten Vertreter der »Pluralistischen Religionstheologie« (PRT), ist eine absolute und also unüberbietbare Selbstmitteilung Gottes in einem geschichtlichen Menschen unmöglich, weil der absolute Gott nicht endlich und ein in Welt und Geschichte real existierender Mensch nicht Gott sein kann.

Die christologische Kernfrage, wie ein Geschöpf, nämlich der Mensch Jesus, »Ort« des Unbedingten sein kann, ist in der jüngeren Christologie im Anschluß an die Interpersonal-Lehre des frühen Fichte beantwortet worden. Denn auf Fichte stützt sich die Freiheitsanalyse von Hermann Krings, die von Hansjürgen Verweyen[37], von Thomas Pröpper und in diesem Sammelband von Magnus Striet[38] aufgegriffen wird, um den Glauben an Christus als den universalen Sinn von Welt und Geschichte vor der Vernunft verantworten zu können. Weil die Freiheit jedes einzelnen Subjekts in der Fähigkeit besteht, sich auf alle möglichen

[35] Vgl. *K.-H. Menke*: Die Einzigkeit Jesu Christi im Horizont der Sinnfrage, Einsiedeln-Freiburg 1995 (= Kriterien 94), 61-74.

[36] Vgl. ebd. 75-110. – Eine gute Übersicht über die Primär- und Sekundärliteratur der PRT bietet *P. Schmidt-Leukel* in: ThRv 89 (1993) 354-370.

[37] Im Unterschied zu Pröpper und Striet kritisiert Verweyen an der von Krings vorgetragenen Analyse, daß sie zwar die Genese der Freiheit des einzelnen Subjekts erkläre, nicht aber die Frage beantworte, warum das Du des Anderen ebenso wie das eigene Ich einen Wert darstellt, der unbedingte Anerkennung verdient. Er sieht die Antwort in der These des späten Fichte, daß das Unbedingte bzw. Absolute sich in jedem Subjekt als Bild äußert und so jedes Subjekt durch das jeweils andere Subjekt auffordert (= unbedingtes Sollen), »durch die freie Hineingabe in dieses Bild des Unbedingten selbst den bloßen Anschein von Sein in wirkliches Dasein zu überwinden« (*H. Verweyen*: Gottes letztes Wort [s.o. Anm. 14] 246).

[38] Vgl. SS. 66-71.

Gehalte hin zu öffnen bzw. diese Gehalte zu unterfassen, ist sie gegenüber jedem nur denkbaren Inhalt das unbedingt Andere. Allerdings findet das Ich in der transzendentalen Freiheit des Du eine Entsprechung; denn niemand kann bestreiten, daß da, wo ein Mensch zum »Ich«-Bewußtsein (zum Bewußtsein seiner transzendentalen Freiheit) gelangt, beides zugleich erfahren wird: die unbedingte (absolute) Andersheit des eigenen »Ich« und die unbedingte Andersheit eines mich anerkennenden »Du«. Nicht nur formal, sondern auch inhaltlich entsprechen kann das eigene Ich der unbedingten Andersheit (= der transzendentalen Freiheit) des anderen Ich nur durch unbedingte Anerkennung. Doch immer bleibt eine Differenz zwischen dem unbedingten Sollen, das der Andere für mich ist, und der tatsächlich von mir realisierten Anerkennung des Du. Ich selbst erfahre die Differenz zwischen der Anerkennung, die ich von seiten des Anderen erfahre, und der vollkommenen Liebe, die ich für mich ersehne. Und umgekehrt: Nie kann ich den Anderen so lieben, daß der Gehalt meiner Anerkennung der unbedingten Andersheit des Anderen realiter entspricht. Dennoch ist es theoretisch möglich, daß ein Mensch so vollkommen Anerkennung der Andersheit des Anderen ist, daß die Differenz zwischen formaler Unbedingtheit und realisiertem Gehalt geschlossen wird.

Wenn wir von Jesus bekennen, daß er als Mensch eben dies realisiert hat, die unbedingte Anerkennung des Anderen, dann stülpen wir über sein Menschsein nicht das Stockwerk einer übernatürlichen Gottessohnschaft, sondern bekennen, daß er diese Gottessohnschaft in der Endlichkeit von Welt und Geschichte (*als* Mensch!) gelebt hat. Das Absolute ist dann nicht das Gegenteil des Geschichtlichen, sondern die Geschichte ist der Ort des Absoluten, wenn der Mensch Jesus die unbedingte Anerkennung des Anderen realisiert hat. Jesus ist nicht trotz, sondern in seinem Menschsein Gottes absolutes Ja-Wort. Alles, was Jesus sagt und tut, ist dieses Ja-Wort im Modus der Geschichte. Deshalb kann man die Wahrheit, die er ist, den Weg, der er ist, das Leben, das er ist, weder in geschichtslose Satzwahrheiten fassen, noch in privater Unmittelbarkeit »haben«, sondern nur im Handeln (in der gelebten »traditio«) bewahrheiten[39].

---

[39] Dazu bemerkt *M. Blondel* in seiner scharfsinnigen Analyse des Verhältnisses von reflektiertem und praktiziertem Sinn: »Was der Mensch nicht völlig begreifen kann, vermag er dennoch ganz und gar zu tun; und indem er es tut, erhält er das Bewußtsein von dieser Wirklichkeit [...]. Das Wort Gottes ›bewahren‹ heißt vor allem, es in die Tat umsetzen; und das depositum der Tradition, das von den Treulosigkeiten des Gedächtnisses und den Begrenztheiten des Verstandes notwendig entstellt würde, wenn es uns in einer rein intellektuellen Gestalt überlassen wäre, kann nur dann unversehrt überliefert werden, mehr

Christlich an Gott glauben bedeutet das Bekenntnis zur Selbst-Mitteilung des Absoluten in der Endlichkeit von Raum und Zeit. Christlicher Glaube ist kein Sprung aus der Geschichte. Im Gegenteil: Wie die absolute Wahrheit, die Jesus Christus ist, sich im Modus der Geschichte offenbart, so ist auch der Glaube, der diese Wahrheit annimmt, ein Weg, ein Geschehen, ein stets ganz konkreter Mitvollzug jener Liebe, die sich ringend, Blut schwitzend, nach dem Vater schreiend und also in Welt und Geschichte und eben nicht jenseits von Raum und Zeit als alles umfassender Sinn, als die das Kreuz und die Trennung von Gott (den eigentlichen Tod) überwindende Liebe, erwiesen hat.

Hans Kessler hat in einer ebenso souveränen wie brillanten Zusammenfassung der Ergebnisse alt- und neutestamentlicher Exegese gezeigt, daß in der Bibel Leben Gemeinschaft mit Gott bedeutet, und daß diese Gemeinschaft nie einfach Besitz, sondern zugleich Aufgabe ist; daß Gottes Bund mit seinem Volk ein kommunikatives Handeln ist; daß YHWH zur Freiheit befreit; daß er die Adressaten seiner Liebe zu Tätern seiner Selbstmitteilung befähigt. Das heißt: Je mehr ein Mensch das eigene Ich auf das Du des Anderen hin überschreitet, desto mehr ist er in Gemeinschaft mit Gott. Kessler betont, daß Menschen, die das eigene Ego transzendieren, nicht bloße »Instrumente« Gottes, sondern Subjekte sind, die »durch Gottes Urheberschaft und Kraft zu einer Wirkung erhoben werden, welche ihre eigenen Fähigkeiten übersteigt und doch ihre eigene Wirkung ist«[40]. Auf Jesus angewandt heißt dies: In seiner vorbehaltlosen Offenheit für Gott und in seiner »Selbstüberschreitung auf die Andern zu geschieht Gottes Kommen und Handeln (Selbsterniedrigung und -mitteilung) so unüberbietbar [...], daß es letztlich nur als Menschwerdung (des Sohnes) Gottes begriffen werden kann. Gott selbst kann im Dasein Jesu für die Anderen (bis zum Äußersten der Lebenshingabe) ganz für die Andern wirksam (annehmend, versöhnend, befreiend) dasein und handeln (neues Leben der Agape schaffen)«[41].

Vor dem Hintergrund dieser Zusammenfassung exegetischer Einsichten verstehe ich ebenso wenig wie Hansjürgen Verweyen[42],

---

noch: es kann nur dann angewendet und weiterentwickelt werden, wenn es dem tätigen Gehorsam der Liebe anvertraut ist.« (Geschichte und Dogma, eingel. v. J. B. Metz u. R. Marlé, aus dem Frz. übers. v. A. Schlette, Mainz 1963, 79).

[40] *H. Kessler*: Sucht den Lebenden nicht bei den Toten (s.o. Anm. 32), 294.

[41] Ebd. 295.

[42] Verweyen hat Kessler zu einer Kontroverse herausgefordert, die sich vor allem in folgenden Beiträgen niederschlägt: *H. Kessler*: Sucht den Lebenden nicht bei den Toten. Die Auferstehung Jesu Christi in biblischer, fundamentaltheologischer und systematischer Sicht, Düsseldorf 1985; *H. Verweyen*: Rezension zu H. Kessler (s.o.), in: ZKTh 108

warum Kessler das Auferweckungshandeln als exklusiv göttliche Tat an dem toten Jesus bezeichnet[43]. Wenn das zutrifft, was er selbst als einen roten Faden beider Testamente bezeichnet, nämlich daß da, wo Gott Gemeinschaft schenkt[44], sein Adressat in demselben Maße Subjekt wie Empfänger dieses Bundes ist, dann müssen sich das Handeln Gottes und das Handeln des Menschen Jesus wie im Leben, so auch im Sterben direkt proportional zueinander verhalten[45].

Nur scheinbar ist das Thema »Auferstehung« verschieden vom Thema »Theodizee«. Denn von der Bestimmung des Ostereignisses hängt ab, ob die Theologie dem leidenden Menschen keine andere Antwort geben kann als die von Kessler geäußerte Hoffnung auf eine jenseitige Antwort des all unsere Kategorien sprengenden Gottes. Die für unser Thema schlechthin entscheidende Frage lautet: Wodurch hat sich Jesus als der

---

(1986) 71-74; *H. Kessler*: Irdischer Jesus, Kreuzestod und Osterglaube. Zu Rezensionen von A. Schmied und H. Verweyen, in: ThG 32 (1989) 219-229; *H. Verweyen*: Gottes letztes Wort. Grundriß der Fundamentaltheologie, Düsseldorf 1991, 441-465; *ders.*: »Auferstehung«: ein Wort verstellt die Sache, in: Osterglaube ohne Auferstehung? Diskussion mit Gerd Lüdemann, hg. v. H. Verweyen, Freiburg 1995 (= QD 155), 105-144; *H. Kessler*: Erörterung der neuesten Kontroversen und aktuellen Fragen, in: ders.: Sucht den Lebenden nicht bei den Toten. Die Auferstehung Jesu Christi (s.o.). Neuausgabe mit ausführlicher Erörterung der aktuellen Fragen, Würzburg 1995, 419-504; bes. 442-463.

43 *H. Kessler* (Sucht den Lebenden nicht bei den Toten [s.o. Anm. 32], 284-298) unterscheidet vier Weisen des göttlichen Handelns: a) die Alleinwirksamkeit ohne jede kreatürliche Vermittlung im Sinne der creatio ex nihilo; b) die Allwirksamkeit in allen Zweitursachen im Sinne der creatio continua; c) die personale Selbstmitteilung im Sinne einer die Freiheit des Anderen ermöglichenden und evozierenden Liebe; und d) die Auferweckung des Gekreuzigten und die eschatologische Auferweckung aller Toten als ein Handeln, das zwar die Schöpfung schon voraussetzt, aber ähnlich wie die creatio ex nihilo nicht durch kreatürliche Ursachen vermittelt und also exklusiv göttlich und radikal innovatorisch ist. Wörtlich bemerkt Kessler: »Nun setzt ja Auferweckung der Toten den Tod der kreatürlichen Subjekte, das Ende ihrer und aller weltlichen Möglichkeiten voraus. Sie kann demzufolge nur als streng von außen kommendes, nicht mehr durch kreatürliche Aktivitäten vermitteltes, exklusives Handeln Gottes am Toten gedacht werden. Die Auferweckung der Toten ist die ausschließliche Prärogative Gottes. Sie stellt einen radikalen Neuanfang dar (vergleichbar nur der Schöpfung), jedoch keinen absoluten Neuanfang (also doch keine ›Schöpfung aus dem Nichts‹). Denn Gott fängt nicht völlig neu an, er *steht* zu den vorausgehenden Stufen seines Handelns und knüpft an sie an: In seinem Auferweckungshandeln *greift* er auf die Toten (die zu reinen ›Objekten‹ gewordenen Subjekte) und auf die an ihr Ende gekommene Welt *zurück*, um radikal Neues zu schaffen; und zwar so, daß er die irdisch (und sei's noch so fragmentarisch) gelebte Gemeinschaft mit Gott und die gelebte Agape gegenüber Menschen und Geschöpfen zu einer nochmals freien, alles übertreffenden Vollendung führt.« (297).

44 Trinitätstheologisch muß man fragen, ob der Gott, der in sich selbst unbedingte Anerkennung des Anderen als des anderen ist, da, wo er sich in einem Geschöpf, nämlich in dem Menschen Jesus, als er selbst mitteilt, jemals ohne Jesus an Jesus handeln kann.

45 *H. Kessler* (s.o. Anm. 32) 295[53].

Christus, als der Sinn von Welt und Geschichte, als der Sinn des Einzelnen und des Ganzen, erwiesen? Durch ein transgeschichtliches Ereignis oder durch die Selbstmitteilung Gottes in der Geschichte (Inkarnation)? Weil es nach Paulus das Geschehen der Auferweckung war, welches Jesus als den Christus erwiesen hat, fragt sich: Ist das Osterereignis eine transgeschichtliche oder innergeschichtliche Offenbarung?

Nach Kessler geschieht der österliche Sieg des unbedingten Sinns über das Sinnlose (Kreuz und Tod) nicht *durch* den Menschen Jesus, sondern *an* ihm. Der Erweis Jesu als des Christus ist für ihn ein »nicht durch menschliche Aktivität vermitteltes«[46] Handeln Gottes *an* dem Gekreuzigten. Gewiß sagt Kessler immer wieder, Gott identifiziere sich mit dem Gekreuzigten so, daß er in dessen Leiden »selber leidet«[47]. Aber was heißt das, wenn Gott dennoch der bleibt, der handeln kann, während Jesus der Ohnmächtige ist, dessen Liebe im Sterben »dahingeschieden ist«[48]? Und was bedeutet die *Selbst*-Mitteilung des trinitarischen Gottes, wenn Jesus angesichts der Sünde (des kreuzigenden Hasses) nicht selber das aktive Subjekt der Liebe (der Beziehung) ist, die den Tod besiegt?

Allerdings: Mit dem Begriff »Tod« ist hier nicht der physische Tod gemeint. Den stirbt Jesus ohne jeden Abstrich; von dem physischen Tod ist überhaupt niemand auf Grund seines Glaubens an die Auferstehung erlöst. Mit dem Begriff »Tod« ist hier die Trennung von dem Gott gemeint, der das ewige Leben und mithin der Sinn des Einzelnen und des Ganzen ist. Mit dem Begriff »Tod« ist hier die Folge der Sünde gemeint. Diesen Tod besiegt Jesus, indem er da, wo die Sünde in Gestalt des kreuzigenden Hasses sich an ihm austobt, in Beziehung bleibt zum Vater. So entmachtet er die Sünde und besiegt den Tod der Trennung von Gott. So trägt er Gott (= das ewige Leben, den Sinn des Einzelnen und des Ganzen) in den Abgrund der Sinnlosigkeit. Gewiß: Daß der Gott, dessen Macht identisch ist mit der in Jesus Christus geoffenbarten Liebe, das letzte Wort behalten hat, das mußte sichtbar gemacht werden; insofern kann man die Auferweckung und die Erscheinungen des Auferweckten als »Demonstrationen« Gottes bezeichnen. Aber das, was Jesus zum Erlöser aller Menschen aller Zeiten werden ließ, das ist kein Handeln Gottes ohne Jesus an Jesus, sondern ein vom Vater her und auf den Vater hin erfolgtes (ermöglichtes) Handeln Jesu selbst. Wenn man von Jesus sagt, daß er die Einheit mit dem Vater (bzw. die hypostatische

---

[46] *H. Kessler*: Sucht den Lebenden nicht bei den Toten (s.o. Anm. 32), 296.

[47] Ebd. 450[74].

[48] Ebd. 452.

Union mit dem innertrinitarischen Sohn) in der betenden, fragenden und suchenden Treue zur Tora »tun« (geschichtlich erringen und durchleiden) mußte, dann darf man nicht nur sagen: »*Gottes* Liebe war stärker als der Tod«; dann darf man auch bekennen: »*Jesu* Liebe war stärker als der Tod«[49].

Würde der trinitarische Gott noch etwas anderes außer dem sein, was er in Jesus Christus mitgeteilt hat; würde er jenseits der Liebe, die am Kreuz sichtbar geworden ist, auch noch »All-Macht« sein; hätte der trinitarische Gott über die Möglichkeiten Jesu Christi hinaus noch weitere Möglichkeiten gehabt, dann hätte er den nach ihm schreienden Jesus doch gar nicht erst sterben lassen brauchen; dann hätte er doch -natürlich unter Einbeziehung der geschöpflichen Zweitursachen - Auschwitz verhindern können. Mir scheint, daß Kessler aus der einmaligen (absoluten) Selbstmitteilung Gottes in dem Menschen Jesus nicht die Konsequenz zieht, daß Gottes Allmacht (Gottes Handeln) mit der Liebe identisch ist, die de facto gekreuzigt wurde und dennoch bzw. gerade so das letzte Wort behalten hat. Mir scheint auch, daß Magnus Striet in seinem Beitrag zu diesem Sammelband inkonsequent ist. Denn einerseits bezeichnet er mit Kessler die Auferweckung als Beweis dafür, daß Gott über die Möglichkeiten der wehrlosen Liebe Christi hinaus noch andere Möglichkeiten hat[50]; und andererseits identifiziert gerade er Gottes Allmacht mit einer Liebe, die so ausschließlich Anerkennung der Andersheit des Anderen ist, daß sie zwar alles erhofft, aber das Erhoffte (die universale Versöhnung) nicht statt der Täter und Opfer, sondern nur und ausschließlich durch diese selbst tun kann[51].

Was oben über den Zusammenhang von jüdischer Zeitauffassung, Bund und Tora gesagt wurde, ist, wie ich meine, der hermeneutische Horizont, in den nicht nur das Leben, sondern auch Sterben und Auf-

---

[49] Der Ruf »Mein Gott, mein Gott, warum hast du mich verlassen?« (Ps 22,34) wird falsch gedeutet, wenn man ihn als Beleg dafür nimmt, daß der dem innertrinitarischen Sohn hypostatisch geeinte Jesus irgendwann vom Vater verlassen (getrennt) war. Denn solange der sterbende Jesus - klagend, anklagend - in Beziehung steht zu seinem Vater, ist die Gemeinschaft mit ihm nicht abgerissen.

[50] Vgl. S. 56[21].

[51] Magnus Striet (vgl. bes. SS. 73-78) schließt sich der These von Verweyen an, daß Gott unendlich lange an der Verweigerung eines seiner mit Freiheit begabten Geschöpfe leiden kann. Nicht nur Gott, sondern jeder, der Gemeinschaft mit Gott haben will, muß die Versöhnung auch des letzten sich verweigernden Mitmenschen erhoffen; aber Gott und die Communio Sanctorum können nichts erzwingen, weil sie sich mit keinen anderen Mitteln als denen der wehrlosen Liebe durchsetzen können.

erstehung Jesu einzuzeichnen sind[52]. Von Gott her muß man feststellen: Wenn er nicht nur scheinbar, sondern wirklich Mensch geworden ist, dann ist er *ein* bestimmter Mensch geworden, weil niemand außerhalb der Singularität eines unwiederholbaren Individuums Mensch sein kann. Aber von Jesus her ist die hypostatische Einheit mit dem innertrinitarischen Sohn bis zum Geschehen der Auferstehung nicht anders sichtbar als in den vielen einzelnen Vollzügen, durch welche er den Willen Gottes, die Tora, in jeden Moment seines Lebens hineinläßt. Indem er die vorbehaltlose (unbedingte) Anerkennung des Anderen lebt, »ist« er Gemeinschaft mit dem Vater; »ist« er die Fleischwerdung des von YHWH immer wieder gestifteten Bundes; »ist« er die Einheit von Gottes- und Nächstenliebe. Ontologische Aussagen über die Einheit Jesu mit Gott bzw. Gottes Sohn dürfen nicht im Sinne einer monophysitischen Aufhebung der wahren Menschheit Jesu mißverstanden werden. Im Gegenteil: Jesus lebt seine Einheit mit Gott (die hypostatische Einheit mit dem innertrinitarischen Sohn) geschichtlich: indem er seine Zeit durch die Zukunft, die YHWH ist, durchkreuzen läßt; indem er den Willen des Vaters, die Tora, immer wieder neu – fragend, suchend, manchmal nächtelang betend, am Ölberg Blut schwitzend vor Angst – in sein Tun übersetzt. So ist er der neue Gottesknecht, der die Unheilsgeschichte all der Brüder und Schwestern, die teils Opfer, teils Täter verweigerter Gottestreue wurden, auf sich nimmt.

Im Anschluß an die Analysen von René Girard hat vor allem Raymund Schwager gezeigt, daß der Sünder nicht nur sein Für-Sein für die anderen (seine Solidarität) verweigert, sondern auch seine Schuld auf

---

[52] Dazu: *B. Klappert*: Jesus Christus zwischen Juden und Christen. Gegen eine Christologie der Trennung vom Judentum, in: Erläuterungen zum Synodalbeschluß der Rheinischen Landessynode »Zur Erneuerung des Verhältnisses von Christen und Juden«, hg. v. B. Klappert u. H. Starck, Neukirchen-Vluyn 1980, 138-166; *ders.*: Israel – Messias/Christus – Kirche. Kriterien einer nicht-antijüdischen Christologie, in: EvTh 55 (1995) 64-88; *J. Schoneveld*: Die Thora in Person. Eine Lektüre des Prologs des Johannesevangeliums als Beitrag zu einer Christologie ohne Antisemitismus, in: KuI 6 (1991) 40-52; *P. von der Osten-Sacken*: Christologie im Gespräch mit jüdischer Theologie, in: BThZ 7 (1990) 157-176; *ders.*: Logos als Tora? Anfragen an eine neue Auslegung des Johannesprologs, in: KuI 9 (1994) 138-149; *H.H. Henrix*: »Israel ist seinem Wesen nach formale Christologie«. Die Bedeutung H. U. von Balthasars für F.-W. Marquardts Christologie, in: BThZ 10 (1993) 135-153; *W. Breuning*: Grundzüge einer nicht antijüdischen Christologie, in: JBTh 6 (1993) 293-311; *J. Ringleben*: Der Gott des Sohnes. Christologische Überlegungen zum Verhältnis von Judentum und Christentum, in: KuD 40 (1994) 20-31; *H. Hegstad*: Der Erlöser der Heiden oder Israels Messias? Zur Frage der theologischen und christologischen Bedeutung des Judeseins Jesu, in: KuD 40 (1994) 32-46; *A. Lindemann*: Der jüdische Jesus als der Christus der Kirche. Historische Beobachtungen im Neuen Testament, in: EvTh 55 (1995) 28-49.

Unschuldige abwälzt und so einen Teufelskreis der Aggression provoziert, der schließlich zur Vereinigung der zunächst gegeneinander gerichteten Beschuldigungen auf einen einzigen Unschuldigen, den Sündenbock, führt[53]. Was aber geschieht mit diesem unschuldigen Opfer der Geschichte? Wird es durch ein unmittelbares (transgeschichtliches) Eingreifen YHWHs gerettet? Oder handelt Gott auch jetzt noch bundesgemäß, also nicht ohne das Tun dessen, den er errettet?

Die Antwort liegt nach Schwager in jenem Gottesknechtlied (Jes 52,13-53,12), in dem YHWH den unschuldig Geschlagenen befähigt, die Beschuldigungen bzw. Aggressionen der Sünder *freiwillig* auf sich zu nehmen und so den Teufelskreis von Gewalt und Gegengewalt zu durchbrechen. Denn wo einer, den die Schuldigen zum Sündenbock stempeln, sich durch seine Gewaltlosigkeit als das Gegenteil des Sünders erweist, entlarvt er die ihn anklagenden »Gerechten« nicht nur als die wirklich Schuldigen, sondern entmachtet auch die Macht der Sünde. Denn er nimmt keine Rache, sondern übt eine Solidarität, die bis zum letzten geht, bis zur Vergeltung des Bösen mit dem Guten, bis zum freiwilligen Tragen der ihm fälschlich aufgeladenen Schuld. Die unbedingte Solidarität des Gottesknechtes dreht den Spieß nicht um; er vernichtet nicht die, die ihn vernichten wollten; er ersetzt sie nicht, sondern er vertritt sie. Seine unbedingte Solidarität ist Stellvertretung; denn Stellvertretung ist das Gegenteil von Ersatz.

Wenn Gott den Sünder nicht entmündigen, ersetzen oder vernichten, sondern zu sich selbst befreien will, kann er nur *mit* ihm - also *innerhalb* der Geschichte - handeln. Deshalb erhebt sich ganz unabhängig davon, ob und wie weit sich Jesus als Erfüllung des leidenden Gottesknechtes gewußt hat, das Postulat eines Stellvertreters, der die von ihm Vertretenen weder ersetzt, noch in der Realisierung seiner Stellvertretung selbst untergeht.

Von daher nochmals die Frage: Was ist im Ereignis von Kreuz und Auferstehung Jesu geschehen? Ist dieser der Tora ganz und gar treue Israelit so an die Stelle der Sünde (2 Kor 5,21) getreten, daß er nicht nur den physischen, sondern auch den eigentlichen Tod der Trennung von Gott erlitten hat? Oder wurde Jesus befähigt - zwar zitternd vor Angst, Blut schwitzend und nach seinem Gott schreiend -, auch da noch in der Gemeinschaft mit seinem Vater zu bleiben, wo sich das Gegenteil von Gottesgemeinschaft, nämlich die Sünde und deren kreuzigender Haß an ihm austobten? Entweder ist die Auferstehung des Gekreuzigten ein

---

[53] Vgl. *R. Schwager*: Brauchen wir einen Sündenbock? Gewalt und Erlösung in den biblischen Schriften, München 1978, 54-142.

exklusiv innovatorisches Handeln Gottes an dem nicht nur physisch toten, sondern auch von der Gemeinschaft mit seinem Abba getrennten Jesus. Oder Jesus ist jener der Tora ganz und gar treue Israelit, der im Martyrium seines physischen Sterbens seinen Gott als Zukunft bzw. unzerstörbares Leben erfährt. Wenn Ersteres zutrifft, ist Ostern ein transgeschichtliches, durch menschliche Aktivität nicht vermitteltes Handeln Gottes, das den Gekreuzigten als den ins Leben zurückgeholten erweist. Wenn aber das Letztere richtig ist, bedeutet Ostern, daß ein zu Tode gemarterter Unschuldiger im Leiden und Sterben befähigt wurde, das Nicht-sein-Sollende, das Böse und seine Folgen, durch das Hineinlassen Gottes in die Nacht äußerster Sinnferne zu »unterfassen«, zu »verwandeln«, zu »besiegen«[54].

Meines Erachtens darf der unbedingte Sinn, nach dem die transzendentale Vernunft des Menschen verlangt, nicht mit den ganz anderen Kategorien eines sich postmortal offenbarenden Gottes beantwortet werden. Denn was ist das für ein Schöpfer, der den Menschen mit der Sehnsucht nach unbedingtem Sinn begabt hat und ihn dann feststellen läßt, daß es Sinn, wenn überhaupt, auf gänzlich andere als in der von ihm erwarteten oder einsehbaren Weise gibt? Ich meine, daß der Schrei des gekreuzigten Jesus nach seinem Gott (nach Sinn) nicht mit den ganz anderen Kategorien eines ganz anderen Gottes jenseits dieser Welt und ihrer Geschichte, sondern zumindest anfanghaft schon in seinem physischen Leiden und Sterben beantwortet wird.

Wie einleitend geschildert, sieht Johann Baptist Metz jede Erlösungslehre vor einem begrifflich (argumentativ) unlösbaren Dilemma: Entweder erklärt man die schmerzliche Nicht-Identität alles geschichtlichen Lebens zur Funktion einer politischen Utopie; oder man hebt – im Blick auf Gottes Kenose im Kreuz Jesu Christi – die mensch-

---

[54] Auch wenn Israel lange Zeit nicht zwischen dem physischen Tod und der Trennung von Gott unterscheidet, ist der physische Tod nicht identisch mit der Trennung von Gott. Indem Jesus dahin geht, wo die Sünde (die Trennung von Gott) ist (2 Kor 5,21), setzt er sich dem physischen Tod aus, ohne die Gemeinschaft mit dem Vater zu verlieren. Denn der dem Menschen Jesus hypostatisch geeinte innertrinitarische Sohn ist niemals – auch im Vorgang des physischen Sterbens und erst recht nicht für die Zeit von drei Tagen – vom Vater getrennt. Was in der (physizistisch verstandenen) Zeit ein Nacheinander ist, nämlich das Sterben, der Tod und die Auferstehung, das ist in der dialogisch (als Beziehung) verstandenen Zeit identisch. Jesu physisches Sterben und Jesu physisches Auferstehen geschehen sukzessive. Aber weil der Erlöser auch in der Passion seines Kreuzes in Beziehung zu seinem Vater bleibt, darf schon diese Beziehung als Auferstehung, als Sieg der Liebe über den Tod, bezeichnet werden. Kurzum: Was in der Beziehung Jesu zum Vater ein einziges Geschehen ist, nämlich Tod und Auferstehung, das ist in der physizistisch verstandenen Zeit ein Nacheinander.

liche Leidensgeschichte in eine Geschichte der trinitarischen Liebe auf. Entweder reduziert man Gott auf die sittliche (transzendentale) Empörung des Menschen gegen das Böse, oder man relativiert das menschliche zu einem Moment des göttlichen Leidens. Für Metz liegt der einzige Ausweg aus dieser Alternative im Festhalten an einem alle unsere Mutmaßungen, Theorien, Zweifel und Fragen unendlich überragenden Gott, der sich »post mortem« rechtfertigen kann.

Dieser von Janßen, Kuschel, Neuhaus und vielen anderen mehr oder weniger affirmierten Position möchte ich eine These entgegenstellen, die auf dem geschilderten Zusammenhang von jüdischer Zeitauffassung, Bund, Tora und Auferstehung Jesu beruht.

IV. Jesus Christus oder: Das Ankommen Gottes im Leiden und Handeln des Menschen

Wenn Jesus der Mensch ist, in dem Gott selbst (das *Leben*, die *Zukunft*, der *Sinn* schlechthin) sich so unbedingt mitteilen konnte, daß sogar das Sterben dieses Menschen noch ein »Hineinlassen« des Abba in das Dunkel der scheinbaren Zukunftslosigkeit war, dann darf man mit Fug und Recht sagen: Wer seinerseits Jesus Christus, den endgültig und unwiderruflich mit Gott verbundenen Menschen, in sein eigenes Leben, gerade auch in seine Schwäche und Dunkelheit, in die Abgründe des Zweifelns und der Angst, hineinläßt[55], der erfährt – vielleicht nur im geängstigten Ringen einer Ölbergnacht –, daß es einen alle Sinnlosigkeit unterfassenden Sinn gibt. Dieser Sinn ist nie einfach nur Besitz, sondern immer auch Aufgabe. Aber wer den in Christus real anwesenden Gott »tut«, erfährt »schon« hier und jetzt den Sinn, der alles unterfaßt. Dieses »schon« ist ein geschichtliches und also kein ekstatisches, weltflüchtiges, rein privates oder gar triumphalistisches Heil. Im Gegenteil: Niemand darf einem leidenden Menschen sagen, das Heil sei »schon« da, wenn er den Gekreuzigten nicht so als den Auferstandenen erinnert, daß er selbst in praktischer Solidarität bzw. kommunikativer Praxis an die Stelle des Leidenden tritt.

---

[55] Mit Recht spricht *Th. Pröpper* (Erlösungsglaube und Freiheitsgeschichte. Eine Skizze zur Soteriologie, überarb. u. erw. Neuaufl. München 1988, 214) von einer verhängnisvollen »Monopolisierung des Gnadengeschehens durch die amtlichen kirchlichen Vollzüge«. Indem er auf die »Kategorien der Freiheit, der Interaktion und des Symbols (näher bestimmt durch die Elemente Erinnerung und Antizipation, Dank und Bitte)« verweist, deutet er an, wie Christus »hineingelassen« werden kann in jede Situation und jeden Zeitpunkt jedes menschlichen Lebens.

Hansjürgen Verweyen hat schon in seiner Dissertation und dann in vielen seiner Veröffentlichungen Beispiele der Literatur für Situationen gesucht, in denen Menschen inmitten scheinbar auswegloser Sinnlosigkeit zu alles überwindendem Glauben, Hoffen und Lieben befähigt wurden[56]. In Wolfgang Borcherts Erzählung »Die Hundeblume«[57] zum Beispiel wird von einem Gefangenen, dem Sträfling aus »Nummer 432«, berichtet, wie er in der grauen Öde seiner von Häßlichkeit und Eintönigkeit, von Enge, Kälte und Einsamkeit pervertierten Existenz durch das Sehen einer einfachen Blume zur Erfahrung von Sinn wider alle Sinnlosigkeit gelangt. Diese Erfahrung ist kein Besitz, sondern ein Geschenk, das glaubend, hoffend und liebend »getan« werden will, dann aber auch stärker ist als der Tod.

Mit ähnlicher Intention verweist Christof Gestrich[58] auf ein von Claude Lanzmann[59] aufgezeichnetes Filminterview mit einem tschechischen Juden, der Auschwitz überlebte, weil ihn eine in den Tod gehende Frau zur Hoffnung wider alle Hoffnungslosigkeit befähigt hat. Filip Müller - so der Name des Überlebenden - erzählt in diesem Interview, wie er - von den Nazis zur Aufsicht und Mithilfe bei der Vernichtung seiner Mithäftlinge gezwungen - eine Gruppe von Landsleuten in den Auskleideraum der Vernichtungsanstalt führen mußte, wie diese dann die tschechische Nationalhymne angestimmt haben, wie angesichts dieser gegen die Übermacht des Bösen gesungenen Ohnmacht alle Hoffnung in ihm zusammenbrach, wie er sich entschloß, mit seinen Landsleuten in die Gaskammer zu gehen, wie aber auf dem Weg dahin eine Frau aus der Heimat ihn erkannte und anflehte, um ihret- und ihrer Brüder und Schwestern willen zu überleben, um einmal an sie und alle anderen Opfer zu erinnern. Das Antlitz dieser Frau war für Filip Müller inmitten einer scheinbar alles erdrückenden Sinnlosigkeit die Erfahrung eines Geschenkes, das ihn befähigte, stärker zu sein.

Was solche Stärke auch bedeuten kann, mag folgendes Zitat aus dem Brief einer Mutter verdeutlichen, die ihren drogensüchtigen Sohn nicht aufgibt. Da heißt es: »Ich weiß, daß Christus stärker ist als die Sucht und Schwä-

---

[56] Vgl. *H. Verweyen*: Ontologische Voraussetzungen des Glaubensaktes. Zur transzendentalen Frage nach der Möglichkeit von Offenbarung, Düsseldorf 1969, 167-170.

[57] Vgl. *W. Borchert*: »Draußen vor der Tür« und ausgewählte Erzählungen, Hamburg 1956, 95-106.

[58] Vgl. *C. Gestrich*: Die Wiederkehr des Glanzes in der Welt. Die christliche Lehre von der Sünde und ihrer Vergebung in gegenwärtiger Verantwortung, Tübingen 1989, 186-193.

[59] Vgl. *C. Lanzmann*: Shoah, aus dem Frz. übers. v. N. Börnsen u. A. Kamp, Düsseldorf ^{2}1986, 217-220.

che meines Kindes. Deshalb finde ich in ihm die Kraft, meinen Sohn nicht aufzugeben, an den neuen Anfang zu glauben, seine zerstörte Persönlichkeit so zu lieben, daß er anfängt, wieder an sich selbst zu glauben.«

Oder ein anderes Beispiel: »Als ich«, so bekennt eine junge Frau, »nach der Geburt dieses entsetzlich entstellte Gesichtchen sah, da habe ich geschrien; ich wollte das Kind von mir werfen; ich wollte weglaufen. Aber dann fiel mein Blick auf das Kreuz in meinem Krankenzimmer. Dann habe ich mein Kind genommen, es fest an mich gedrückt und sein Gesichtchen geküßt.« Und dann schreibt diese Mutter: »Nie wieder bin ich so froh gewesen wie in diesem Augenblick.« - Was bedeutet diese Freude anderes, als daß in dieser Frau die Liebe das Kreuz besiegt hat! Das Kreuz der Behinderung ihres Kindes bleibt ihr; aber ihre in tätige Liebe übersetzte Verbindung zu Christus verwandelt Sinnlosigkeit in Sinn.

Oder: Ein junger Mann, den ich selbst zehn Monate lang zweimal wöchentlich in einer Strahlenklinik besucht habe. Ich kannte ihn aus der Jugendarbeit. Er war ein ausgezeichneter Gruppenleiter, hochbegabt, sportlich, ungeheuer vital. Er hatte gerade sein Abitur mit Auszeichnung bestanden und wollte Physik studieren, als ihn die Diagnose einer unheilbaren Krankheit traf. Er hat dieses Urteil zunächst nicht mit dem »lieben Gott« in Einklang bringen können. Er hat nicht einmal fragen können: »Warum?« Er hat die bloße Tatsache, daß ich Priester bin, bei meinem ersten Besuch in der Klinik nicht ertragen und mich regelrecht aus dem Zimmer gewiesen. Natürlich hatte ich nicht über den Sinn und über Gott gesprochen. Aber auch das Schweigen war unerträglich für ihn. Und es hat Monate gedauert, bis ich ihm - wortlos - ein kleines Kreuz auf den Nachttisch zu legen wagte. In den letzten Tagen - er war bei vollem Bewußtsein - hat er dieses Kreuz nicht mehr losgelassen; und so ist er gestorben. Und ich glaube mich nicht zu täuschen, wenn ich bezeuge, daß er nicht erst nach seinem Tod im sogenannten »Jenseits«, sondern durch, mit und in Jesus Christus schon hier und jetzt - anfanghaft wenigstens! - die Sinnlosigkeit seiner Krankheit von innen heraus besiegt (in Sinn verwandelt) hat.

Ich erinnere mich an eine Lehrerin. Sie war in derselben Gemeinde tätig, in der ich als Seelsorger arbeitete. Sie unterrichtete in der Abgangsklasse und kannte im Unterschied zu den meisten Kollegen jeden einzelnen ihrer Schüler. Einer dieser Schüler - ich nenne ihn hier einmal Robert - war unter seinen Kameraden besonders beliebt; war kräftiger als die anderen; packte an, wenn es praktisch etwas zu tun gab; aber er tat sich extrem schwer mit allem Theoretischen. Obwohl er sich sehr bemühte, mußte die Lehrerin ihm auch in den letzten beiden Klassenarbeiten bescheinigen, daß seine Leistungen nicht ausreichten. Er hatte schon eine Lehrstelle in einer Baufirma in Aussicht; aber das Abschlußzeugnis war Voraussetzung. Die Lehrerin hat mir erzählt, wie sie die Zeugnisse schrieb, auch das von Robert. Auf ihrem Schreibtisch stand ein Kreuz; sie blickte darauf wohl fünf Minuten lang; dann zerriß sie das schon geschriebene Zeugnis von Robert und füllte ein neues Formular aus. Nach dem Buchstaben des Gesetzes hatte sie sich strafbar gemacht. Aber nicht aus Willkür, sondern aus Liebe zur Wahrheit hat sie ihren Schüler und ihren Beruf, ihre ganz konkrete Situation an den gebunden, der von keinem Gesetz und keinem Dogma umschrieben, sondern allenfalls bezeichnet wird.

Christlicher Glaube ist keine Flucht in eine »höhere Ebene« und erst recht keine vertröstende Verschleierung der Wirklichkeit, sondern der stets anspruchsvolle, oft mit Leid verbundene Versuch des Hineinlassens Gottes in die stets ganz konkrete Wirklichkeit (Mitvollzug der Inkarnation!).

Ein einfacher Arbeiter hat mir erklärt, warum die Szene von der Verklärung Christi auf dem Berge Tabor zur Verkündigung der Fastenzeit gehört. Er hatte wegen eines Rückenleidens seinen Job verloren, kam völlig herunter, wurde dann auch von seiner Frau verlassen und geriet nach einer furchtbaren Odyssee eher zufällig an einen Sozialarbeiter, der sich – aus welchen Gründen auch immer – fast bis zur Selbstaufgabe für ihn engagierte. Heute sammelt er nach erfolgreicher Therapie weggeworfenes Spielzeug, repariert es in seinen vielen freien Stunden und beschenkt damit mehrere Kinderheime. Die Annahme des eigenen Schicksals, die Annahme der eigenen Wirklichkeit, ist für ihn identisch mit dem Glauben an Christus, identisch mit dem Fasten, das die Wunden des Lebens nicht beseitigt, aber doch verklärt.

Solche Verklärung ist viel mehr als die von Hermann Lübbe[60] apostrophierte Kontingenzbewältigung. Denn in diesem Beispiel wird eine Wirklichkeit erfahren, die ganz unabhängig von dem, was ein einzelner Mensch »bewältigt«, alles Seiende in Welt und Geschichte unterfaßt. Die in konkretes Tun übersetzte Annahme der in Christus geschehenen Bejahung ist etwas anderes als die Betrachtung Jesu als bloßes Beispiel oder Vorbild. Kein Mensch außer Jesus Christus *ist* die Liebe, die stärker ist als das Sinnlose. Doch jeder Mensch kann – bewußt oder unreflex – so mit Christus kommunizieren[61], daß er zum »Täter Christi« wird.

---

[60] Vgl. *H. Lübbe*: Religion nach der Aufklärung, Graz 1986, bes. 127-218.

[61] Orte, in denen jeder dem in Christus ein für allemal in Geschichte und Welt inkarnierten Sinn begegnen kann, hat *B. Welte* (Auf der Spur des Ewigen, Freiburg 1965, 135) als »Gipfel des Seienden« beschrieben. Zu diesen »Gipfeln« zählt er: a) alle Gestalten der Wahrheit, z.B. Gesichter von Heiligen; b) jedwedes Handeln, das den Anderen (den Näch-

Beten – gerade ausdauerndes, existentielles Beten – geschieht meistens wortlos. Beten, wenn es still geworden ist, bittet nicht mehr um dies oder das, will den Gott, der in Christus das unbedingte Ja-Wort ist, nicht mehr zu irgendetwas veranlassen, sondern Öffnung[62], Subjekt, Täter dessen sein, der durch Christus (durch die unbedingte Anerkennung des Anderen als des anderen) real da ist in dieser Welt, der aber – weil er das unbedingte Ja-Wort im Modus der Geschichte ist – nichts ohne uns tut. Jeder Mensch ist in dieser Welt so etwas wie eine Öffnung, durch die der in Christus inkarnierte Gott das realisieren kann, was seine unbedingte Liebe will. Jeder Mensch ist berufen, auf seine Weise Subjekt der in Christus geschichtlich gewordenen Bejahung (Anerkennung) zu sein. Aber er ist – um in diesem Bild zu bleiben – eine Öffnung, die beides kann: sich weiten und sich verschließen[63].

V. Exkurs: Das Verhältnis von göttlichem und menschlichem Handeln

Wenn Gott sich so unbedingt wie in den oben geschilderten Beispielen an das Handeln des Menschen bindet, empfiehlt sich ein kurzer Exkurs zum

---

sten) um seiner selbst willen bejaht; c) Begebenheiten, in denen Menschen zur Freiheit befreit werden; d) Kunstwerke – und dazu gehören auch die der Natur –, in denen sich das Ganze von Sinn in einem Detail der Wirklichkeit oder einem Fragment der Schöpfung inkarniert; e) Liturgische Vollzüge, die eine alles unterfassende Bejahung ausdrücken; f) Gestalten von Communio, in denen der einzelne seine unbedingte Einmaligkeit erfährt; g) Aufgaben, in denen Menschen das Staunen lernen.

62 Wenn ich die absolute (trinitarische) Liebe Gottes in ein Bild fassen darf, dann möchte ich sie – wenn man eine nichtpersonale mit einer personalen Wirklichkeit vergleichen darf – als das Wasser bezeichnen, das in einen völlig ausgetrockneten Boden eindringen und das überall erstorbene Leben neu ermöglichen will. Der trockene Boden ist unsere Welt. Und jeder Mensch ist in diesem Boden eine Pore, die sich für das Wasser öffnen oder sich ihm verschließen kann. Je mehr Poren sich – quantitativ und qualitativ betrachtet – öffnen, desto mehr kann das Wasser in diesem Boden wirken, was es immer schon wirken will. Vor dem Hintergrund dieses Bildes bitten wir Gott in all unseren Gebeten nicht, er möge lieb sein; er ist doch schon absolute und also unüberbietbare Liebe. Er will schon immer das tun, was unbedingter Liebe entspricht. Aber er kann nichts erzwingen, weil Liebe die Andersheit des Anderen (die geschöpfliche Freiheit) unbedingt wahrt. Die trinitarische Liebe kann jede Sinnlosigkeit unterfassen, verwandeln und besiegen. Aber sie kann dies nur, wenn sich – bildlich gesprochen – möglichst viele Poren möglichst weit öffnen.

63 Niemand kann sagen, *warum* der oben geschilderte Vater im Konzentrationslager Auschwitz seinen einzigen Sohn verloren hat oder *warum* der von mir in den Krebstod begleitete junge Mann an Krebs erkrankt ist. Aber ich muß diesen Achtzehnjährigen auch nicht auf die ganz andere Antwort des ganz anderen Gottes vertrösten. Vielmehr kann ich ihn einführen in ein Beten, das vielleicht am Anfang Empörung, Klage, Anklage oder bloßer Schrei nach Sinn ist, dann aber in die Erfahrung des Jesus als des Christus führen kann.

Verhältnis zwischen göttlichem und menschlichem Handeln. Ich unterscheide im folgenden die *kausalanalytische*, die *freiheitsanalytische*, die *prozeßtheologische* und die *zeitanalytische* Handlungstheorie.

1. Die *kausalanalytische* Handlungstheorie möchte ich im Anschluß an Karl Rahner[64] und Béla Weissmahr[65] darstellen. Beide stützen sich auf die scholastische Terminologie, indem sie das Handeln Gottes entweder als *creatio ex nihilo* oder als *creatio continua* beschreiben und zwischen Erst- und Zweitursache unterscheiden. Auch wenn man wie Raphael Schulte in seiner Kritik an Weissmahr[66] die Befürchtung hegt, daß die Bezeichnung des göttlichen Handelns als *causa primaria* und die Bezeichnung des geschöpflichen Handelns als *causa secundaria* oder *causa instrumentalis* zu der falschen Vorstellung verleitet, Gott bediene sich der Geschöpfe als Mittel zur Verwirklichung seiner Intentionen, so steht doch außer Zweifel, daß diese Kritik die Intentionen von Rahner und Weissmahr nur partiell trifft. Während Schulte das Zueinander des göttlichen und geschöpflichen Handelns im Blick auf die interpersonale Kommunikation zweier Subjekte beschreibt, geht es Rahner und Weissmahr um das Verhältnis des Schöpfers zu allen nur denkbaren Geschöpfen[67].

Angesichts des Schöpfungshandelns fragt Weissmahr: Warum sollte Gott, der die ganze Welt aus nichts erschaffen konnte, nicht auch beliebig jedes einzelne Seiende innerhalb der Welt ohne Mitwirken von Zweitursachen hervorbringen können? Warum sollte er nicht z.B. un-

---

[64] Vgl. *K. Rahner*: Die Hominisation als theologische Frage, in: Das Problem der Hominisation. Über den biologischen Ursprung des Menschen, hg. v. P. Overhage u. K. Rahner, Freiburg 1961 (= QD 12/13), 13-90, bes. 43-84; *ders.*: Christologie innerhalb einer evolutiven Weltanschauung, in: Schriften 5 (1962) 183-221, bes. 191-194; *ders.*: Vom Geheimnis des Lebens, in: Schriften 6 (1965) 171-184, bes. 179-183; *ders.*: Die Einheit von Geist und Materie im christlichen Glaubensverständnis, in: Schriften 6 (1965) 185-214, bes. 210-214; *ders.*: Immanente und transzendente Vollendung der Welt, in: Schriften 8 (1967) 593-609, bes. 606-608.

[65] Vgl. *B. Weissmahr*: Gottes Wirken in der Welt. Ein Diskussionsbeitrag zur Frage der Evolution und des Wunders, Frankfurt 1972 (= FTS 15), bes. 109-145; *ders.*: Bemerkungen zur Frage der Möglichkeit eines nicht durch Geschöpfe vermittelten göttlichen Wirkens in der Welt, in: ZKTh 96 (1974) 426-430; *ders.*: Kann Gott die Auferstehung Jesu durch innerweltliche Kräfte bewirkt haben?, in: ZKTh 100 (1978) 441-469.

[66] Vgl. *R. Schulte*: Wie ist Gottes Wirken in Welt und Geschichte theologisch zu verstehen?, in: Vorsehung und Handeln Gottes, hg. v. Th. Schneider u. L. Ullrich (= QD 115), Freiburg 1988, 116-167.

[67] Vgl. *B. Weissmahr*: Evolution als Offenbarung der freiheitlichen Dimension der Wirklichkeit, in: Kann man Gott aus der Natur erkennen?, hg. v. C. Bresch, S.M. Daecke u. H. Riedlinger, Freiburg 1990 (= QD 125), 87-101.

mittelbar durch einen Eingriff von oben das Konzentrationslager Auschwitz beseitigen können? In dieser Frage wird vorausgesetzt, daß die Schöpfung der *ganzen* Welt und die Schöpfung eines *einzelnen* Seienden innerhalb der Welt in jeder Hinsicht als der gleiche Fall betrachtet werden können. Das ist aber - so bemerkt Weissmahr in seiner Analyse der entsprechenden Gedanken Karl Rahners - eine Annahme, die einer rationalen Prüfung nicht standhält. Denn es gibt eine Seinsbestimmung, die nur dem einzelnen Seienden und nicht der Welt als ganzer zukommt. Das einzelne Seiende, das ein Teil der Welt ist, unterscheidet sich von der Welt als ganzer durch das »Innerhalb-der-Welt-Stehen«. Von daher steht ein einzelnes Seiendes in einem *anderen* Abhängigkeitsverhältnis zu Gott als die Welt insgesamt. Während die Welt als ganze *nur* unmittelbar von Gott abhängt, ist das Abhängigkeitsverhältnis, welches das einzelne Seiende zu Gott hat, innerhalb seiner unmittelbaren Abhängigkeit zu Gott *zugleich* von unzähligen Zweitursachen vermittelt. Das Abhängigkeitsverhältnis des einzelnen Seienden innerhalb der Welt zu Gott ist also *nicht nur unmittelbar*, sondern *zugleich auch mittelbar*. Würde es nur unmittelbar von Gott abhängen, dann wäre es kein Seiendes innerhalb der Welt, sondern eine von der unsrigen ganz verschiedene, eigenständige Welt. Ein von Gott ohne aktive Beteiligung innerweltlicher Ursachen innerhalb der Welt hervorgebrachtes Seiendes wäre - weil *nur* von Gott abhängig - kein Seiendes innerhalb der Welt, sondern es würde sich außerhalb der Welt befinden. Von daher - so folgert Weissmahr - ist es ausgeschlossen, daß der Schöpfer *dieser* Welt *un-vermittelt* in derselben Welt wirkt. Doch daraus ist nicht der falsche Schluß zu ziehen, Gott habe das Ganze der Welt einmal geschaffen und seine Schöpfung dann sich selbst überlassen. Im Gegenteil: Weil Gott als der trinitarische absolute Liebe ist, ist er so Schöpfer, daß die Schöpfung insgesamt und jedes Partikel der Schöpfung und in besonderer Weise das Ziel der Evolution, der Mensch, nicht nur Wirkung, sondern auch Ursache, nicht nur Objekt, sondern auch Subjekt[68] ist. Wo Liebe wirkt, ist das Bewirkte nicht einfach Objekt, sondern auch Subjekt. Von daher ist es völlig abwegig zu meinen, daß die Erstursache (der Schöpfer) und die Zweitursachen (die Geschöpfe) in einem Konkurrenzverhältnis zueinander stehen. Das Gegenteil ist richtig: Je mehr ein Geschöpf Ausdruck der Erstursache

---

[68] Keine einzige Wirkung kann vollständig auf eindeutig formalisierbare Faktoren zurückgeführt werden. Jedes Seiende ist trotz all seiner Erklärbarkeit durch innerweltliche Beziehungen und Ursachen *auch* etwas Neues, nicht innerweltlich Erklärbares, nicht in univoken Begriffen Definierbares, also Kontingentes, Faktisches, also ein »Vorentwurf« der Freiheit des sich seiner selbst bewußten Subjekts.

(der absoluten bzw. trinitarischen Liebe) ist, desto mehr ist es selbst schöpferisches Subjekt. Erst vor dem Hintergrund dieser Argumentation sagt Weissmahr: »Ebenso wie Gott durch die Vermittlung der menschlichen Selbsthingabe Jesu die Erlösung als umfassende Heilstatsache verwirklicht hat, hat er auch das entscheidende Ereignis unseres Erlöstseins, die Auferstehung Jesu, bewirkt. Die Auferstehung Jesu ist einerseits ganz und gar ein schöpferischer Akt Gottes, reines Gnadengeschenk, andererseits aber das Ergebnis der Entscheidung der menschlichen Freiheit Jesu zur Selbsthingabe bis zum Tod. Und weil das Ereignis der Auferstehung Jesu als integrales Moment auch seine innerweltlichen Zeichen miteinschließt, kann gesagt werden: Die geschöpfliche Kraft, die auf der Ebene der innerweltlichen Ursächlichkeit die Auferstehung Jesu und damit auch das Verschwinden seines Leichnams aus dem Grab bewirkt hat (oder durch deren Vermittlung Gott die Auferstehung Jesu und damit auch das Leerwerden seines Grabes bewirkt hat), ist die menschliche Gottes- und Nächstenliebe Jesu bis zum Äußersten.«[69]

Auch wenn man Weissmahrs Vermutung, »die totale Selbsthingabe Jesu im Tod [habe] seinen Leib total personalisiert«[70] und so das innerweltliche »Verschwinden« seines Leichnams bewirkt, nicht teilt, so kann seine Handlungstheorie doch erklären, daß Jesus in demselben Maße, in dem er sich für den Willen seines Vaters geöffnet hat, zum »Täter« der Kreuz und Tod verwandelnden Zukunft wurde.

2. Die *freiheitsanalytische* Handlungstheorie möchte ich im Anschluß an Hans Kessler[71] darstellen. Handeln, so bemerkt er, heißt immer »intentional eine Veränderung (= Transformation von Zuständen) in der Welt bewirken oder verhindern. Das ausschlaggebende Moment in dieser Definition ist die Intention des Handlungssubjekts. Denn sie erst leistet die Verbindung der verschiedenen Phasen einer Handlung und ermöglicht es, sie zusammenfassend als Handlung zu verstehen; [...]. Wegen dieser gewollten Intention kann Handeln [...] nur dem Menschen (nicht etwa dem Tier) zugeschrieben werden. Handeln setzt die Einheit des Ich als

---

[69] *B. Weissmahr*: Kann Gott die Auferstehung Jesu durch innerweltliche Kräfte bewirkt haben? (s.o. Anm. 65), 456.

[70] Ebd. 462.

[71] Vgl. *H. Kessler*: Der Begriff des Handelns Gottes. Überlegungen zu einer unverzichtbaren theologischen Kategorie, in: Kommunikation und Solidarität. Beiträge zur Dimension des handlungstheoretischen Ansatzes von Helmut Peukert in Theologie und Sozialwissenschaften, hg. v. H.-U. v. Brachel u. N. Mette, Freiburg/Schweiz-Münster 1985, 117-130.

Subjekt voraus.«[72] Wenn man – natürlich *per modum analogiae* – von einem Handeln Gottes spricht, dann darf man auch fragen, wie seine Intention in der aus endlichen (kontingenten) Wirkungen bestehenden Welt der Schöpfung und Geschichte erkennbar wird.

Sofern Gott von der theologischen Tradition zutreffend als Beziehung dreier Personen, als Anerkennung des Anderen als des anderen, als Selbstmitteilung und also als Liebe beschrieben wird, kann sein Handeln letztlich nur durch eine einzige Intention charakterisiert sein: nämlich zur Freiheit befreien zu wollen. Denn Liebe, wo sie selbstlos und also unbedingt ist, will die Andersheit (die Freiheit) des Anderen. Liebe handelt nie als Bemächtigung, sondern immer als Befreiung. Wenn die Schöpfung in den Jahrmilliarden ihrer Evolution immer neue Qualitäten höherer Selbständigkeit (Vorentwürfe personaler Freiheit) hervorbringt, und wenn sich diese höheren Qualitäten nicht deterministisch (im Sinne eines innergeschöpflichen Kausalverhältnisses) vorausbestimmen lassen, dann liegt der Gedanke nahe, daß Gott überall wirkt, wo mehr Freiheit entsteht. Dabei ist der Inhalt dieses Begriffes so weit wie möglich zu fassen. Thomas Pröpper bemerkt: Zu einem zur Freiheit befreienden Handeln gehört »sicher jederzeit Befreiung von Krankheit und Not, Zwängen und Furcht, Verurteilung und Vereinsamung, Unterdrückung und Abhängigkeit; Gewährung von Lebens- und Entfaltungsmöglichkeiten, Ermutigung und Vergebung, Achtung und Freundschaft«[73]. Allerdings: Daß zum Beispiel da, wo ich selbst »Sinn« – und das ist im Kern Befreiung zur Freiheit – erfahren habe, Gott selbst gehandelt hat, dies anzunehmen und zu bekennen ist selbst ein Akt von Freiheit, nämlich ein Akt meines Glaubens – und nicht das Ergebnis einer Kausalanalyse[74].

---

[72] Ebd. 120.

[73] *Th. Pröpper*: Thesen zum Wunderverständnis, in: Bittgebet – Testfall des Glaubens, hg. v. G. Greshake u. G. Lohfink, Mainz 1978, 71-91; hier: 86.

[74] »Geschehnisse, die konkret auf einen Menschen eingehen und dabei ihn selber erreichen, die ihn zu seiner Bestimmung rufen und sie schon realisieren, die seiner tiefsten Sehnsucht, wie sie sich in Klage und Schrei, Bitte und Wunsch und noch in schweigender Erwartung ausdrücken kann, entgegenkommen oder auch unerwartet und beglückend begegnen, allererst Erwartungen begründen, Zutrauen und Hoffnung wecken, Selbstverschlossenheit lösen, Entfremdung überwinden und zu Selbstvertrauen aufrichten, solche Geschehnisse [...] sollen Wunder genannt werden; nicht weil sie unser Erkenntnis- und Erklärungsvermögen in Verlegenheit bringen, sondern weil sie die Kraft haben, einen Menschen in seiner absoluten Sinnoffenheit anzusprechen und seinem Selbstsein die Wahrheit und Gewißheit freier Anerkennung zu geben. Was denn sonst will man Wunder nennen, und wo will man sie finden, wenn nicht dort, wo eine Freiheit sich unbedingt und ursprünglich zu anderer Freiheit entschließt und ihr als schöpferische Liebe begegnet?« (Ebd. 86f).

Wenn die der gesamten Schöpfung und ihrer Geschichte zugrundeliegende Intention des trinitarischen Gottes Freiheit ist, dann handelt Gott in demselben Maße, in dem ein Mensch - symbolisch vermittelt - die Freiheit des Anderen anerkennt, wiederherstellt oder erst ermöglicht. Unter dieser Voraussetzung schreibt Kessler über Jesus: In seiner »Selbstüberschreitung auf die Andern zu geschieht Gottes Kommen und Handeln [...]. Gott selbst kann im Dasein Jesu für die Anderen (bis zum Äußersten der Lebenshingabe) ganz für die Andern wirksam (annehmend, versöhnend, befreiend) dasein und handeln (neues Leben der Agape schaffen).«[75] Im Blick auf die jüdisch-christliche Heilsgeschichte darf man sagen: Immer hat Gottes Handeln - »von den ersten Ansätzen zu einem Dekalog [...] bis zur Erwartung der Königsherrschaft Gottes (Zentralthema bei Jesus)« - ein und dieselbe Intention: »die Schaffung von Gegengesellschaften gegen die immer vorfindlichen inhumanen Zustände«. Denn »das Verhältnis Gottes zum Nichtgöttlichen steht von Anfang an unter der Intention [...], sich dem Nichtgöttlichen mitzuteilen, in das Nichtgöttliche einzugehen und für immer eine Partnerschaft mit ihm zu begründen, mit jenem Teil des Nichtgöttlichen, der fähig ist, bewußt und frei Gott aufzunehmen«[76]. Um die Intention des göttlichen Handelns zu charakterisieren, erinnert Kessler[77] an einen Grundzug der Theologie des Johannes Duns Scotus: »Deus vult condiligentes«[78]. Gottes Intention zielt auf die Freiheit des Anderen, die sich in der Liebe bzw. im kommunikativen Handeln der zur Freiheit befreienden Anerkennung des Anderen realisiert.

3. Eine dritte Handlungstheorie, nämlich die *prozeßtheologische*, wird auf unterschiedliche Weise von mehreren jüdischen und christlichen Theologen vertreten.

Über die an kabbalistischen und rabbinischen Vorlagen orientierte Schöpfungslehre von Gershom Scholem, Eliezer Berkovits und Hans

---

[75] *H. Kessler*: Sucht den Lebenden nicht bei den Toten (s.o. Anm. 32), 295. - »Christliche Praxis [...] ist Gottes Liebe unter den Menschen, d. h. durch Glaube und Hoffnung bestimmte menschliche Liebe, die bezeugt und mitteilt, was ihr geschenkt wird.« (*Th. Pröpper*: Erlösungsglaube und Freiheitsgeschehen [s.o. Anm. 55], 221).

[76] *H. Vorgrimler*: Überlegungen zur Geschichtsmächtigkeit Gottes, in: Kommunikation und Solidarität. Beiträge zur Diskussion des handlungstheoretischen Ansatzes von Helmut Peukert in Theologie und Sozialwissenschaften, hg. v. H.-U. v. Brachel u. N. Mette, Freiburg/Schweiz-Münster 1985, 131-139; hier: 133f.

[77] Vgl. *H. Kessler*: Sucht den Lebenden nicht bei den Toten (s.o. Anm. 32), 124.

[78] »Qui enim amat se primo ordinate, et per consequens non inordinate zelando, vel invidendo isto modo, secundo vult habere alios diligentes: et hoc est velle alios habere amorem suum in se, et hoc est praedestinare eos, si velit eis hoc bonum finaliter.« (*Johannes Duns Scotus*: Opus Oxoniense III d. 32 q. 1 n. 6 [in: Opera Omnia VII/2, Reprogr. Nachdr. Hildesheim 1968, 692]).

Jonas wurde oben schon gesprochen. Zumindest Hans Jonas[79] scheint den hebräischen Ausdruck »Zimzum«, der innerhalb des Midrasch vornehmlich die sich auf einen Ort beschränkende (kontrahierende) Gegenwart Gottes im Allerheiligsten des Tempels bedeutet, so auf das Zueinander von göttlichem und menschlichem Handeln zu übertragen, daß man eher von einem Nacheinander als einem Zugleich (einer direkten proportionalen Zuordnung) beider Größen sprechen muß. Das heißt: Wenn Gott einmal zum Schöpfer geworden ist, dann ist er »ohn-mächtig« angesichts des Prozesses der sich selbst evolvierenden Schöpfung und speziell in bezug auf die Folgen der von ihm selbst ermöglichten Freiheit des Menschen.

Noch weniger biblisch als diese Position erscheinen die Voraussetzungen der von christlichen »Prozeßtheologen« entwickelten Handlungstheorie. Hier ist neben Alfred North Whitehead[80] und Teilhard de Chardin[81] der ausdrücklich auch mit der Theodizeefrage befaßte Amerikaner David Griffin[82] zu nennen.

---

[79] *H. Jonas* (Der Gottesbegriff nach Auschwitz [s.o. Anm. 16]) schreibt: »Nachdem er sich ganz in die werdende Welt hineingab, hat Gott nichts mehr zu geben: Jetzt ist es am Menschen, ihm zu geben. Und er kann dies tun, indem er in den Wegen seines Lebens darauf sieht, daß es nicht geschehe, und nicht seinetwegen, daß es Gott um das Werdenlassen der Welt gereuen muß. Dies könnte wohl das Geheimnis der unbekannten ›sechsunddreißig Gerechten‹ sein, die nach jüdischer Lehre der Welt zu ihrem Fortbestand niemals mangeln sollen und zu deren Zahl in unserer Zeit manche der erwähnten ›Gerechten aus den Völkern‹ gehört haben möchten: [...].« (47f). – Weil Jonas übersieht, daß die Schöpfungslehre der Rabbinen untrennbar mit der Beschreibung Gottes als der Zukunft aller Vergangenheit und Gegenwart verbunden ist, gelangt er zu einem fast deistischen Gottesbild und zu einer Mythisierung des »Zimzum«. *H.H. Henrix* bemerkt zu Recht: »Im kabbalistisch verstandenen Zimzum behält Gott seine Souveränität gegenüber der möglich gewordenen Schöpfung. Er bleibt dort souveränes Gegenüber zur Welt; seine Kontraktion und Zusammenziehung ist partiell. Hans Jonas aber postuliert eine totale Zusammenziehung, eine Zusammenziehung nicht auf ein Nichts, wohl aber auf bedingungslose Immanenz« (Machtentsagung Gottes? Ein Gespräch mit Hans Jonas im Kontext der Theodizeefrage, in: »Landschaft aus Schreien«. Zur Dramatik der Theodizeefrage, hg. v. J.B. Metz, Mainz 1995, 118-143, hier: 129).

[80] Vgl. *A.N. Whitehead*: Prozeß und Realität. Entwurf einer Kosmologie, aus dem Amerik. übers. v. H.G. Holl, Frankfurt ²1984, bes. 79-88.294-313.611-627.

[81] Vgl. *P. Teilhard de Chardin*: Der Mensch im Kosmos, aus dem Frz. übers. v. O. Marbach, München 1959, bes. 13-54; *ders.*: Die Entstehung des Menschen, aus dem Frz. übers. v. G. Scheel, München 1961, bes. 103-129; *ders.*: Über die Weisen des göttlichen Wirkens im Universum, in: ders.: Mein Glaube, aus dem Frz. übers. v. K. Schmitz-Moormann, Olten 1972, 33-46; *ders.*: Mein Weltbild, aus dem Frz. übers. v. K. Schmitz-Moormann, Olten 1975, bes. 11-62.

[82] *D.R. Griffin*: God, Power and Evil: A Process Theodicy, Philadelphia 1976; *J.B. Cobb, Jr./D.R. Griffin*: Prozeßtheologie. Eine einführende Darstellung, aus dem Amerik. übers. v. M. Mühlenberg, Göttingen 1979 (= ThÖ 7).

Teilhard de Chardin hat an vielen Beispielen demonstriert, daß da, wo die Evolution einen qualitativen Fortschritt erzielt, dieser Fortschritt stets an das Wachsen der Einheit gebunden ist. Jede Einheit ist aber gleichzeitig ein »relatives Nichts«, weil sie im Vergleich zu höherer Einheit noch-nicht-verdichtete, noch-nicht-organisierte, noch-nicht-geeinte Vielheit ist. Das »Nur-Viele« als solches hat keine Art von Existenz, nicht einmal eine flüchtige. Das Telos der Evolution, die Einfaltung aller Vielheit in die Communio mit dem mystischen Leib Christi, dem Alpha und Omega der Schöpfung, bedeutet zugleich, daß dort, wo vollständige Ent-Einung des kosmischen Stoffes vorliegt (in einer unendlichen Entfernung von Omega), »nichts« ist.

Teilhard schreibt die Transformationskraft der Evolution nicht dem sich organisierenden Selbst der Materie zu. Vielmehr sieht er in dieser Transformationskraft das die Weltordnung uneinholbar Eröffnende wirksam. Dabei entspricht der expandierenden Kraft ins unendlich Große eine komplektierende (entropische) Kraft sozusagen »nach innen«. Mit fortschreitender Komplexität konvergieren die Materieteilchen zur Bildung »komplizierter« Formen bis empor zum Leben: zu Zellen, zu Organismen, zu höheren Primaten, zum Menschen. Sobald der Mensch sich selbst zum Gegenstand seines Denkens machen kann (die »reditio ad seipsum« vollziehen kann), schlägt die »Biosphäre« um in die »Noosphäre« (in die Ebene des Geistes). Im Menschen nimmt die Evolution eine Wendung nach innen, was nicht allein bedeutet, daß sie bewußter wird, sondern auch, daß sie eben dadurch »moralisch wird« und »sich mit Freiheit lädt«. Teilhard ist überzeugt, daß nach dem Entstehen der Noosphäre ein weiterer Fortschritt dem freien Wollen des Menschen überantwortet ist. Der einzelne muß die je größere Einheit mit dem Anderen wollen und in der Realisierung von immer größerer Selbstlosigkeit vollziehen. Nur so kann Christus alles in allem und in allen werden.

Ganz ähnlich wie Pierre Teilhard de Chardin betrachtet auch Alfred North Whitehead alle Dinge von der höchsten Stufe der Entwicklung, vom Menschen, her. Zum Prozeß aller Dinge gehört z.B. *Gedächtnis* für das unmittelbar vorangegangene Geschehen; aber auch die Fähigkeit zur *Antezipation* des Zukünftigen, verbunden mit einem gewissen Grad an *Freiheit* beim *Auswählen* des Zukünftigen aus dem Bereich des Möglichen. Schon die kleinsten Teile des Universums – für den Whitehead des 1929 erschienenen Werkes »Prozeß und Realität« noch die »Atome« – implizieren ein gewisses Maß an Subjektivität und sind so ein Vorentwurf der menschlichen Subjektivität. Kraft ihrer relativen, im Verlauf der Entwicklung des Kosmos wachsenden Freiheitsgrade können alle Entitäten auf etwas »ansprechen«. Alle Entitäten haben für Whitehead im Unterschied zu den Leibnizschen Monaden »Fenster«, die eine zumindest elementare Kontaktaufnahme bzw. Kommunikation ermöglichen. Diese Fenster, durch die hindurch sich die besagte »Subjektivität« zeigt, nennt er »feeling« (Empfindung).

Vor diesem Hintergrund gibt Gott der stets erst relativ wirklichen Welt das Ziel ihrer Konkretion vor. Aber bestimmen heißt nicht verfügen. Gott handelt in Beziehung zu Wesenheiten, die ihr eigenes Maß an Selbstbestimmung haben. Er ist so gesehen nicht vor, sondern mit der Schöpfung das Prinzip des Konkretwerdens. Von daher erklärt sich Whiteheads radikale Kritik am traditionellen Theismus mit seinen Vorstellungen der Unabhängigkeit, Absolutheit und Allmacht Gottes. Indem er betont, daß Gott nicht »kontrollierend« oder zwingend, sondern gleichsam »überredend« (persuasiv) auf seine Schöpfung einwirkt, stellt Whitehead die These auf, daß Gott sich von der Welt nicht nur abhängig *macht*, sondern in der Tat von ihr abhängig *ist*. Gottes Vollkommenheit ist »teilnehmendes Erwidern«, ist Responsivität, ist nicht ein »Für-sich-Sein« oder ein »Immer-schon«, sondern ein »Mit-Sein«. Gottes Vollkommenheit zeigt sich nicht in prädeterminierendem Wissen, sondern in der Irreversibilität aller Prozesse. Irreversibilität bzw. Unumkehrbarkeit aber besagt, daß der zukünftige Zustand ein anderer ist als der gegenwärtige. Zeit ist damit nicht abstrakt leere Dauer, sondern das Fortschreiten einer Bewegung. Die im Werden begriffene Welt ist ein antezipatorisches System, das in keinem gegebenen Zustand verharren kann, das vielmehr auf jeder einmal erreichten Stufe über sich selbst hinaus auf neue und reichere Möglichkeiten seiner Entfaltung weist.

Auf der Basis dieser Prozeßtheologie meint David Griffin, daß von einer »creatio ex nihilo« nicht mehr gesprochen werden darf; daß Gott vielmehr als die Macht zu verstehen sei, die Milliarden von Jahren braucht, um aus dem Chaos immer komplexere und höhere Formen von Ordnung entstehen zu lassen. Tragisch nennt Griffin die unbestreitbare Tatsache, daß ein höheres Maß an Beziehungsfähigkeit auch ein höheres Maß an Gefährdung mit sich bringt. Ein Mensch hat ungleich mehr Möglichkeiten der Beziehung auf seine Umwelt als ein Tier. Er ist also freier und mächtiger; aber er kann deshalb auch ungleich mehr Schaden anrichten. Nach Griffin handelt Gott wie einer, der ein ursprüngliches Chaos zu immer komplexeren Formen der Ordnung und Einheit »überredet«. Armin Kreiner bemerkt zu der Theodizee von Griffin: Nach seiner Auffassung ist Gott von niemandem gezwungen worden, »das ursprüngliche Chaos dazu zu überreden, immer komplexere Wesen und schließlich uns Menschen hervorzubringen. In diesem Sinn bleibt Gott auch im Rahmen der Prozeßtheologie für das Leid verantwortlich. Daher stellt sich [...] die Frage, ob man einen Gott, der ein derartiges Risiko auf sich nimmt, als gütig und weise bezeichnen kann. Immerhin mußte Gott doch wissen, welche Gefahren er heraufbeschwört, indem er die Materie zur Entwicklung immer komplexerer Wesen überredet. Er konnte vielleicht nicht wissen, was Menschen tatsächlich tun werden. Aber er mußte zumindest darum wissen, was Menschen sich und einander antun *können*. Die Möglichkeit zum Holocaust lag von Anfang an in der Macht der Menschen. Und vermutlich lag auch die Macht zur restlosen Selbstvernichtung im Bereich des Möglichen. All dies scheint Gott in Kauf genommen zu haben. Nach traditioneller Überzeugung hätte Gott immerhin noch die Macht, die Ereignisse vollständig zu kontrollieren. Nach prozeßtheologischer Überzeugung besitzt er diese Macht nicht mehr. Er hat eine Entwicklung entfacht, die er gar nicht kontrollieren kann.«[83]

Einmal ganz abgesehen von den dualistischen Konsequenzen[84] der prozeßtheologischen Zuordnung von göttlichem und geschöpflichem Handeln muß man die Unvereinbarkeit dieser Theorie mit dem Gott der jüdisch-christlichen Tradition feststellen[85]. Teilhard de Chardin allerdings unterscheidet den Schöpfergott von der Energie, die zu immer komplexeren Gestalten der Schöpfung führt, wohingegen Griffin seinen Gott auf die gestaltende Kraft der Evolution reduziert.

4. Jede Form von Prozeßtheologie trägt das göttliche und das geschöpfliche Handeln auf einer sich von der Vergangenheit in die Zukunft bewegenden Zeitlinie ein. Demgegenüber identifiziert die *zeitanalytische Handlungstheorie* von Franz Rosenzweig[86], Walter Benjamin[87] oder

---

[83] *A. Kreiner*: Gott und das Leid, Paderborn ^{2}1995, 118.

[84] *A. Kreiner* (ebd., 109) betont zwar, daß die Welt von Griffin nicht als widergöttliche Macht verstanden wird, und daß man seine Theorie deshalb von der Markions oder Manis unterscheiden muß. Aber »immerhin scheint es auch in der Prozeßtheologie etwas zu geben, was die Macht Gottes grundsätzlich begrenzt«. Obschon Griffin keinen Dualismus zwischen Erlöser-Gott und Schöpfer-Gott, zwischen Licht und Finsternis lehrt, liegt auch bei ihm die Wurzel des Bösen in dem Gegensatz zwischen Gott und Welt.

[85] Während *M. Welker* (Universalität und Relativität der Welt. Theologische Kosmologie im Dialog mit dem amerikanischen Prozeßdenken nach Whitehead, Neukirchen 1981, bes. 201ff) zu einer vornehmlich ablehnenden Beurteilung gelangt, begrüßt *W. Pannenberg* (Die Bedeutung der Kategorien »Teil« und »Ganzes« für die Wissenschaftstheorie der Theologie, in: ThPh 53 [1978] 481-497) die Wiederaufnahme der Problemstellung der Liberalen Theologie mit ihrer entschiedenen Tendenz zur Vermittlung und Verifikation des Wahrheitsanspruchs des christlichen Gottdenkens im Horizont eines universalen Wirklichkeitsverständnisses. Dazu auch: *H. Reitz*: Was ist Prozeßtheologie? Analyse eines Neuansatzes in der nordamerikanischen Theologie der Gegenwart, in: KuD 16 (1970) 78-103; *K. Koch*: Schöpferischer Lockruf Gottes im Prozeß der Welt. Perspektiven der Gottesfrage in der amerikanischen Prozeß-Theologie, in: ThBer 12 (1983) 129-171, bes. 149-160.

Emmanuel Lévinas[88] Gottes Handeln mit der Zukunft[89], die der Gegenwart jedes Geschöpfes Sinn verleiht, wenn dieses das eigene Handeln von der Zukunft bestimmen läßt. Gott selbst ist die »Zukunft, die, ohne aufzuhören Zukunft zu sein, dennoch gegenwärtig ist«[90]. Emmanuel Lévinas hat gezeigt, daß die durch kein transzendentales Denken, durch keine Intention und keine Einfühlung einholbare Andersheit des Du der »Ort« ist, wo ich Gott als diese Zukunft erfahren kann. Denn Gottes Intention ist gerichtet auf die Freiheit, die Einmaligkeit, die Andersheit des Anderen. Deshalb begegne ich überall da, wo ich »meinen« Besitz, »meine Zeit«, »meine« Gedanken, »meine« Pläne vom Anderen durchkreuzen lasse, dem, der mich unbedingt »an-geht«, weil er die Zukunft »meiner« Vergangenheit und »meiner« Gegenwart ist. Wo immer ich mein Handeln von der Andersheit des Anderen beanspruchen lasse oder die Andersheit des Anderen (seine Freiheit bzw. Personalität) durch Anerkennung ermögliche, da handelt Gott in meinem Handeln; da lasse ich die Zukunft »meine Zeit« bestimmen.

VI. Jesus Christus oder: Der Gott, der jetzt schon Zukunft schenkt

Wenn man die freiheitsanalytische mit der zeitanalytischen Handlungstheorie »kombiniert«, dann läßt sich mit Blick auf Jesus Christus über die Zuordnung von göttlichem und menschlichem Handeln sagen: Weil Jesus sich dem Anderen so geöffnet hat, daß Gott (= der ganz und gar Andere bzw. die Zukunft) »seine Gegenwart« wurde, war sein Handeln das Handeln Gottes selbst und sein Tod die endgültige Erfahrung der Zu-

---

86 Dazu: *B. Casper*: Zeit - Erfahrung - Erlösung. Zur Bedeutung Rosenzweigs angesichts des Denkens des 20. Jahrhunderts, in: Der Philosoph Franz Rosenzweig, Bd. II, hg. v. W. Schmied-Kowarzik, Freiburg 1988, 553-566; *H.-J. Görtz*: Tod und Erfahrung: Rosenzweigs »erfahrende Philosophie« und Hegels »Wissenschaft der Erfahrung des Bewußtseins«, Düsseldorf 1984, passim.

87 Dazu: *G. Scholem*: Walter Benjamin und sein Engel, in: Zur Aktualität Walter Benjamins, hg. v. S. Unseld, Frankfurt 1972, 87-138; *M. Kehl*: Eschatologie, Würzburg 1986, 327-336; *J. Wohlmuth*: Zur Bedeutung der »Geschichtsthesen« Walter Benjamins für die christliche Eschatologie, in: EvTh 50 (1990) 2-20.

88 Dazu: *B. Casper*: Illéité. Zu einem Schlüssel»begriff« im Werk von Emmanuel Lévinas, in: PhJ 91 (1984) 273-288; *L. Wenzler*: Das Antlitz, die Spur die Zeit. Zeitlichkeit als Struktur und als Denkform des religiösen Verhältnisses nach Emmanuel Lévinas (Diss. habil. masch.), Freiburg 1987, bes. 377-400.

89 Vgl. die obigen Ausführungen zu Abschnitt II: »Die Tora oder: Das ›Hineinlassen‹ der Zukunft in die Gegenwart«.

90 *F. Rosenzweig*: Der Mensch und sein Werk. Gesammelte Schriften, Bd. II, Den Haag-Dordrecht 1980, 250.

kunft. Jesus als den Christus bekennen bedeutet fortan, wie Paulus sagt, Christus »anziehen«; also durch, mit und in Christus die eigene Vergangenheit und Gegenwart vom Anderen bzw. von der Zukunft bestimmen lassen.

Ein Beten, das den gekreuzigten und auferstandenen Christus erinnert, will Gott nicht zu irgendetwas veranlassen, sondern ihn in die eigene Gegenwart und in das eigene Handeln »hineinlassen« – hoffend, daß er, der sich mit keinen anderen Mitteln als denen unbedingter Liebe durchsetzt, dem Dunkel der Sinnlosigkeit Licht schenkt. Dieses Geschenk geschieht immer *in* der Zeit, also nicht in einer Art welt- und geschichtsenthobener Vision, sondern in Analogie zu der durchlittenen Ölbergnacht Jesu. Der achtzehnjährige Krebskranke, von dem ich erzählt habe, hat suchend, fragend und doch anfanghaft auch findend Sinn inmitten von Sinnlosigkeit erfahren. Und ganz sicher hat jener von Camus geschilderte Dr. Rieux, der auf der reflexen Ebene absolute Sinnlosigkeit konstatiert, dort, wo er bis zum Umfallen gegen den Tod eines furchtbar sterbenden Kindes kämpft, die Liebe getan, die alles Böse unterfaßt, obwohl sie das Eigensein der Schöpfung und ihrer Evolution und die Perversionen vorbewußter und bewußter Freiheit nicht außer Kraft setzen oder verhindern kann. Das jedenfalls ist die biblische Antwort auf die Theodizeefrage: daß im Tun der Tora bzw. mit, durch und in Christus nicht erst »post mortem«, sondern zumindest anfanghaft schon hier und jetzt die Liebe (der Sinn bzw. die Zukunft) erfahrbar ist, die das letzte Wort behält.

Harald Wagner weist in den folgenden Ausführungen auf eine weithin vergessene Dimension der reformatorischen Kreuzestheologie hin: darauf, daß die radikale Christozentrik der lutherischen Theologie ein »Hineinwachsen« des Christen in Christus und somit auch eine existentielle Sinndeutung seines Leidens intendiert. Diese »Sinndeutung« ist gewiß keine argumentative Lösung der Theodizeefrage, aber ebenso gewiß keine bloße Vertröstung auf die ganz andere Antwort des Eschaton.

IV

»Crux probat omnia«

Anstöße zur Bewältigung des Theodizeeproblems aus reformatorischer Theologie

Von Harald Wagner, Münster

1. Luther für heute

Daß es sich bei der »Theodizee« um ein neuzeitliches Problem handelt, gilt in der heutigen Theologie und – soweit überhaupt am Gespräch beteiligt – Philosophie als ausgemacht.[1] Darauf verweist bereits die neuzeitliche Begriffsprägung durch Leibniz (wohl erstmals 1697), mehr aber noch die Tatsache, daß sich die Neuzeit, ganz allgemein formuliert, als eine Erfahrungswelt eigenen Profils darstellt, wo der Mensch im Umgang mit seiner Freiheit so etwas wie Grundperspektive ist. Dies soll hier im einzelnen nicht diskutiert und schon gar nicht in Frage gestellt werden. Wenn wir gleichwohl theologische Zeugnisse und Zugänge auch aus der Vergangenheit bemühen, hier vor allem das Denken Luthers, so hat dies mehrere Gründe. *Erstens* kommt bei den Versuchen einer Bewältigung des Theodizeeproblems der *Tradition* eine nicht zu ersetzende Bedeutung zu. »Wenn der Mensch kein unbegrenztes Arsenal von Mitteln zur Weiterführung der Geschichte der unvollendeten Freiheiten und zur Bewältigung seiner Unmenschlichkeit besitzt, so wird auch eine über sich und ihre Grenzen aufgeklärte Aufklärung auf die in den religiösen und philosophischen Überlieferungen der Menschheit ausgesprochenen Erfahrungen zurückgreifen, wenn durch diese Überlieferungen gegenwärtige Probleme gelöst und vergessene Dimensionen des Menschen und der Gesellschaft wieder sichtbar gemacht werden können. Wenn die Überlieferungen sich an diesen Maßstäben nicht bewähren, soll ihre Sprache sie nicht schützen, aber bis dahin sollte ihre Sprache auch kein Anlaß sein, ihnen das Gehör zu

[1] Dazu grundsätzlich *W. Sparn*: Leiden – Erfahrung und Denken. Materialien zum Theodizeeproblem, München 1980; *ders.*: Mit dem Bösen leben. Zur Aktualität des Theodizeeproblems, in: NZSTh 32 (1990) 207-225; *H.-G. Janßen*: Das Theodizeeproblem in der Philosophie der Neuzeit, Darmstadt 1989.

verweigern.«[2] Wir haben - *zweitens* - solche Traditionen um so mehr zu würdigen, insofern sie einen bedeutenden Ausschnitt aus der Theologie insgesamt bis heute nachhaltig beeinflussen. Gedacht ist an das Fortleben von Motiven, Gesichtspunkten und Denkfiguren aus der Reformation, besonders aus der Theologie Luthers[3], in heutiger evangelischer Theologie[4]. Eine *ökumenisch* orientierte Theologie - und katholische Theologie will dies seit dem Zweiten Vatikanum ausdrücklich sein - kann daran nicht vorbeigehen. *Drittens* - und hier beziehe ich mich auf den Einwand, vergangene Theologie sei viel zu »theozentrisch«, um etwas für uns Hilfreiches zum Theodizeeproblem sagen zu können - ist gerade Luther in vielerlei Hinsicht dem Denken und Bewußtsein seiner Zeit weit voraus, am Menschen orientiert, darin fast mehr noch ein Gesprächspartner als ein Vorläufer heutigen Denkens.[5] Es ist in diesem Rahmen wohl angemessen, die Impulse aus der Theologie Luthers sogleich als solche zu würdigen, d.h. nicht erst nach einem geschlossenen theologiegeschichtlichen Teil eine Art systematische Befragung für heute anzuschließen.

Bewußt ist im übrigen von »Impulsen« die Rede. Es geht nicht darum, die Bewältigung des Theodizeeproblems durch Luther als *das* theologi-

---

[2] *W. Oelmüller*: Was ist heute Aufklärung?, Düsseldorf 1972, 81f. Derselbe Autor wendet sich in einer Rezension von 1994 gegen Tendenzen heutiger Theologie, in ihren Theodizeespekulationen mehr über Leiden, Tod und Untergang sagen zu können als das Hiobbuch (Hiob unser Zeitgenosse, Rez. zum gleichnamigen Buch von G. Langenhorst, Mainz 1994, in: Orientierung 58 (1994) 267f.)

[3] Wenn hier vor allem Luther herangezogen wird, so steht er nicht nur »pars pro toto«, sondern weil er theologisch besonders intensiv gewirkt hat. Zur Frage der Theodizee hat er sich in seinem Opus oft direkt und indirekt geäußert. Klassischer Text ist *De servo arbitrio*. Vgl. auch viele seiner Briefe: *G. Ebeling*, in: ZThK 88 (1991) 180-211; auch ZThK 84 (1987) 162-193.

[4] Die wichtigsten Gesichtspunkte aus Luthers Theologie zur Theodizee findet man - der Text stehe als Beispiel - in einem Beitrag des evangelisch-lutheranischen Theologen *H.-M. Barth* beisammen: »Der Ort der intensivsten Verborgenheit Gottes ist Golgatha - die Schädelstätte. Was Selbstverwirklichung Gottes heißen kann, bestimmt sich vom Kreuz Jesu Christi her. Daß Gott sich am Kreuz, an einem Galgen, in einer Gaskammer verwirklichen soll, widerspricht unseren Vorstellungen von Selbstverwirklichung radikal. Tiefer verborgen kann Gottes Selbstverwirklichung nicht sein. Sie ist nicht plausibel zu machen, sie leuchtet nicht ein. Wer rational befriedigende oder faktisch überzeugende Lösungen sucht, wird für das Kreuz Christi nur ein Achselzucken übrig haben [...]. [Dieses] kann nur gepredigt und geglaubt [...] werden. Die Verborgenheit Gottes im Kreuz ist nicht transparent zu machen.« (Angesichts des Leidens von Gott reden, in: PTh 75 (1986) 116-131, hier: 125.)

[5] Die Aussage von der anthropologischen Grundstruktur lutherischer Theologie wäre natürlich in vielem zu differenzieren. Siehe aus der Fülle der Literatur: *G. Ebeling*: Lutherstudien I (Tübingen 1975) und Lutherstudien III (Tübingen 1985) sowie *W. Joest*: Ontologie der Person bei Luther, Göttingen 1967.

sche Lösungsmodell schlechthin anzubieten, sondern aus seinem Ansatz Anstöße zu gewinnen, die teils hier eher in Vergessenheit geraten sind.

2. Theologische Voraussetzungen

Daß die Hl. Schrift die Seele der Theologie ist, auch der dogmatischen, weiß die katholische Theologie zwar nicht erst seit dem Zweiten Vatikanum (vgl. OT 16), doch daß die nachtridentinische Theologie, besonders in ihrer neuscholastischen Gestalt, eher »schriftvergessen« ist, ist so bekannt, daß es hier keines eigenen Nachweises bedarf. Ebenso bekannt ist, daß sich die Neuorientierung der Theologie durch das Konzil in weiten Teilen der entschiedenen Neubesinnung auf die Hl. Schrift verdankt, und daß hier die Begegnung mit der reformatorischen Theologie, besonders in Mitteleuropa, von ausschlaggebender Bedeutung war. »Wenn aber Luther überhaupt eine Bedeutung für die Theologie - welcher Gegenwart auch immer - haben kann, dann ist es zunächst einmal seine Erinnerung an die elementare Angewiesenheit der Theologie auf den auszulegenden Text der heiligen Schrift«, sagt Eberhard Jüngel, und katholische Theologie von heute sollte kein Problem haben, ihm in der sich daran anschließenden Aussage zu folgen: »Theologie ist grundlegend und sie ist bis zuletzt Exegese«[6], zumal der Autor hier nicht eine formale Autorität der Bibel noch gar eine Art Biblizismus, sondern ihren Charakter als »conditio sine qua non« theologischer Existenz und des Theologietreibens herausstellen möchte. Mehr noch: Von Luther kann man lernen, daß der Theologe in und aus der Hl. Schrift leben, sie sozusagen »erfahren« muß, um sich von dorther seine Urteile zu bilden. Es ist notwendig, so Luther, »um die Biblien zulauffen«[7]. Was Luther aber dort findet - nicht nur im Neuen, sondern auch im Alten Testament, denn auch dieses redet von Christus -, ist das Kreuz. Deshalb gilt: »Crux sola est nostra Theologia«[8]. Luthers Theologie ist Kreuzestheologie. Das bedeutet einerseits ein theologisch-epistemologisches Prinzip. In der Kreuzestheologie hat man den Schlüssel der Glaubenserkenntnis, die nicht nur im Gegensatz steht zum menschlichen Erkennen allein durch die Ratio, sondern

---

[6] *E. Jüngel*: Die Bedeutung Luthers für die gegenwärtige Theologie, in: L. Grame u. B. Lohse (Hrsg.): Luther und die Theologie der Gegenwart, Göttingen 1980, 9-80, hier: 28.

[7] WA 7,317,5f.

[8] WA 5,176,32 (Operationes in Psalmos) [WA 2,385].

zugleich Kreuz und Leiden zur Denkform der Theologie erhebt.[9] »Theologie beginnt mit dem Lesen der Passion Jesu Christi, im Kontext alles Leidens der Welt, und sie kommt nicht zum Ende damit, solange es Leiden gibt.«[10] Der theologische Ansatz Luthers verweist hier auf einen grundsätzlichen Ausgangs- und Bezugspunkt, der heutiger Theologie – vor allem unter dem Stichwort »Theologie nach Auschwitz« – sehr wichtig geworden ist.[11]

Wer aber Theologie betreibt, der setzt nicht ein bei der »puren« Reflexion um ihrer selbst willen, auch nicht beim »puren« Nachdenken über die Inhalte der Bibel, sondern blickt auf das Kreuz Christi, sucht aus der Passion zu leben, um von dieser Erfahrung aus zu reden. Deshalb ist Theologie für das Leben da, ist existentiell, nicht spekulativ.[12] »Der Theologe des Kreuzes erschließt sich nicht dem betrachtenden Denken, sondern nur dem leidenden Erleben. Der Theologe des Kreuzes steht dem Kreuz Christi nicht als Zuschauer gegenüber, sondern wird selbst in dieses Geschehen hineingezogen [...]. Wenn irgendwo, dann stimmen in Luthers theologia crucis ›Lehre und Leben‹ zusammen.«[13] Eine derartige, existentielle Theologie kommt zu ihrem Gegenstand durch Erfahrung.[14] Erfahrung aber bedeutet Leiden. Oft zitiert ist Luthers Aussage: »Vivendo, immo moriendo et damnando fit theologus, non intelligendo, legendo aut speculando.«[15]

Wenn aber die Theologie somit eine lebens- und erfahrungsbezogene Wissenschaft ist, die sowohl die vor allem durch die Bibel vermittelten Erfahrungen mit Gott im Blick hat als auch die Lebenserfahrungen des Menschen, dann ist sie praktischer Art: »Theologia est practica, non speculativa«[16]. Ihr Reden unterliegt nicht der Eindeutigkeit akademisch-

---

[9] Vgl. *A.C. McGill*: Suffering. A Test of Theological Method, Philadelphia ²1982.

[10] *G. Sauter*: »Leiden« und »Handeln«, in: EvTh 45 (1985) 435-458, hier: 454.

[11] Hier sei erinnert an das Wort von *Th.W. Adorno*: »Kein vom Hohen getöntes Wort, auch kein theologisches, hat unverwandelt nach Auschwitz ein Recht« (Negative Dialektik, Frankfurt 1975, 360).

[12] »Theologisch, geistlich, das Gewissen betreffend – das ist für Luther ein und dasselbe. Der Unterschied zwischen akademischer Theologie und kirchlicher Verkündigung wird unwesentlich.« (*G. Ebeling*: Lutherstudien III (s.o. Anm. 5), 3-43, hier: 41f.)

[13] *W. v. Loewenich*: Luthers Theologia Crucis, Witten ⁵1967, 130.

[14] Anders als die scholastische, sich an Aristoteles orientierende Theologie, vgl. WA 1,290,34-291,9. Diese kommt nicht über Vermutungen hinaus, ja, sie ist Geschwätz.

[15] WA 5,163,28-29 [AWA 2,296,10-11].

[16] WATR 2,56,22-23. Vgl. dazu *H. Zahrnt*: Luther deutet Geschichte. Erfolg und Mißerfolg im Licht des Evangeliums, München 1952, 185: »Das bedeutet eine doppelte Existenzbezogenheit der Theologie. Einmal ist damit gesagt, daß der Theologe selbst durch den Gegenstand seiner Arbeit praktisch in Anspruch genommen sein muß; zum anderen, daß seine Arbeit sich ständig auf die konkrete Situation dessen zu beziehen hat, zu dem er

wissenschaftlicher Sprachregelung; Predigt, Bekenntnis, Gebet und Doktrin gehen ineinander über[17]. Dies ist erst recht dort der Fall, wo es um die Mitte der Theologie geht, um das Paradox des Kreuzes. Soweit hier das Problem unerklärlichen menschlichen Leidens ins Spiel kommt, wird - so oft die Auskunft heutiger evangelischer Theologie - die *Klage* zum rechten Ort, dies zu Gehör zu bringen, sowohl in der Theologie, als auch im individuellen Gebet, als auch im Gottesdienst der Gemeinde.[18] Jedoch ist dabei im Blick zu behalten, daß es nicht einfach und nur um die Klage als solche geht. Der Glaubende klagt über das, was der Zusage (*promissio*) Gottes widerspricht. Er hat ja zugesagt, die Klage des Leidenden zu erhören und dies grundsätzlich bestätigt in der Auferstehung seines Sohnes. Damit kommt dieses Faktum, Gottes Zusage, wesentlich ins Spiel. Der *Bund*, den Gott dem Abraham geschworen hat, gilt auch angesichts der Leidenserfahrungen der an ihn Glaubenden und der Unheilserfahrungen des gesamten Gottesvolkes.

Damit sind wesentliche Impulse aus der Theologie Luthers zur Bewältigung des Theodizeeproblems genannt - Impulse, die teilweise deutlich in den Bewältigungsversuchen evangelischer Theologie mitgesetzt sind und diese erst verständlich machen, Impulse, die dort wie auch in der katholischen Theologie noch umfassender Aufarbeitung harren: Der konsequente Zugang über eine biblisch ausgerichtete Theologie; eine Neukonzeption der Theologie, deren Denkform das Leiden ist (das des einzelnen wie das der Menschheit); Selbstverständnis von Theologie als eines existentiellen, erfahrungsbezogenen, »praktischen« Vorgangs; Zur-Sprache-Kommen des Leidensproblems in Form der Klage vor dem Horizont der Auferstehung. Dies alles bewegt sich freilich noch im Bereich der theologischen *Voraussetzungen*. Das Theodizeeproblem ist bei Luther in der »Theologia Crucis« anzusiedeln: Von daher kommen auch die entscheidenden Impulse für heutige evangelische Theologie.

---

redet. Theologie geschieht nicht zur Anreicherung von Erkenntnis, sondern zur Unterrichtung der Gewissen [...]. Sie sucht nicht nach der Wahrheit an sich, sondern nach der Wahrheit, die dem anderen das Heil seiner Seele bringt [...]. So ist alle Theologie Seelsorge - oder sie ist nicht Theologie.«

[17] Luther bestimmt die Theologie als oratio, tentatio und meditatio. Vgl. *O. Bayer*: Erhörte Klage, in: ZSTh 25 (1983) 259-272.

[18] Insofern die Klage eine Form des Gebets ist, rückt hier die *dogmatische* Bedeutung des Gebets überhaupt in den Blick, das ja - als Vollzug von Religion - Gott selbst als Grund, Adressaten und Ziel des Gebets mitsetzt (vgl. *G. Ebeling* in seiner »Dogmatik des christlichen Glaubens«, ganz in der Tradition Schleiermachers. Siehe den gesamten, in der vorherigen Anmerkung genannten Aufsatz von Bayer).

Und es ist wiederum die Frage zu stellen, ob die katholische Theologie die hier gesetzten Impulse schon hinreichend aufgenommen hat.[19]

3. »Theologia Crucis«[20]

Luther selber hatte seine Theologie in der Heidelberger Disputation von 1518 als »Theologia Crucis« bezeichnet[21], und zwar in Abhebung von der »Theologia Gloriae«: Luther fragt, wer denn ein rechter Theologe sei, und er antwortet: »Non ille digne Theologus dicitur, qui invisibilia Dei per ea, quae facta sunt, intellecta conspicit, sed qui visibilia et posteriora Dei per passiones et crucem conspecta intelligit.«[22]

Wir beschränken uns hier auf einige Elemente dieser dichten Aussage.

Rechte Theologie, d.h. die Kreuzestheologie, ist Offenbarungstheologie. Offenbarung aber gestattet nur indirekte Erkenntnis. Gottes Angesicht kann man nicht schauen, wie wir aus der Geschichte des Mose wissen. Wir sehen Gott nur »von hinten« (»posteriora«). Nicht also »ex operibus« ist Gott zu erkennen, sondern nur »per passiones et crucem«. Gerade in den Dingen, die dem Menschen als nichtgöttlich erscheinen (humanitas, infirmitas, stultitia) zeigt sich Gott; diese sind seine eigentlichen »visibilia«; sie kulminieren im »Christus crucifixus«. Der Gekreuzigte aber existiert auch in denen, die in Verbundenheit mit ihm leiden. »Das Kreuz Christi und das Kreuz des Christen gehören für ihn [d.h. Luther; der Verf.] zusammen. Das Kreuz Christi ist für ihn nicht eine isolierte historische Tatsache, zu der das Leben des Christen nur in der Beziehung der Kausalität steht, sondern im Kreuz Christi ist evident geworden, wie es zwischen Gott und dem Menschen steht [...]. Will ich [...] diese Evidenz im Ernst gelten lassen, dann muß ich sie mit meiner ganzen Existenz bejahen, d.h. dem Kreuz Christi entspricht das Kreuz des Christen. Gott erkennen – per passiones et crucem, d.h. am Kreuz

---

[19] Vgl. *H. Sasse*: Luther's Theologia Crucis, in: Luther on Outlook 16 (1951) 263-266, 305-308, hier: 307: »Wenn diese Theologie, wie sie es beansprucht, nicht nur die Theologie eines großen christlichen Denkers ist, sondern die getreue Wiedergabe einer großen neutestamentlichen Lehre, dann muß sie nicht nur für einen Teil der Christenheit, sondern für die ganze Kirche von Bedeutung sein.«

[20] Eine große Gesamtdarstellung von Luthers Theologia Crucis (vor allem nach den »Operationes in Psalmos«) einschließlich Forschungsgeschichte sowie Verbindungen zur heutigen Theologie beinhaltet die neue Arbeit von *H. Blaumeiser*: Luthers Kreuzestheologie. Schlüssel zu seiner Deutung von Mensch und Wirklichkeit, Paderborn 1995.

[21] *H. Blaumeiser* stellt (ebd. 34f.) die wichtigste Literatur – etwa dreißig Titel – zur Heidelberger Disputation zusammen.

[22] WA 1,354,17ff.

Christi, dessen Sinn nur dem, der selbst im Kreuz und Leiden steht, offenbar wird, entsteht Erkenntnis Gottes.«[23]

Es ist überhaupt keine Frage, daß Luthers Zugang zur Bewältigung von Leiden zunächst *spiritueller* Art ist. Ganz im Sinne spätmittelalterlicher Leidensmystik will er zur »imitatio Christi externo exemplo« aufrufen.[24] Immerhin hält dieser Aspekt für alle Zukunft christlicher Glaubensgeschichte die Wahrheit offen, daß das Problem des Leidens letztlich nur im christusbezogenen Leben zu bewältigen ist, eine Überlegung, die auch heute, auffallend in evangelisch-lutherischer Theologie, zu Gehör gebracht wird. »Der Sinn dieses Leidens und Sterbens ist die Aneignung jenes einzigartigen Leidens Jesu Christi durch den einzelnen Christen [...]. Die Sinndeutung des Leidens wird darin gefunden, daß der leidende Mensch [...] unmittelbar mit dem leidenden Christus zusammengesehen wird [...]. Wer sein Leiden im Blick auf diesen Christus annimmt und wie er im Vertrauen auf Gott durchsteht, der wird gleich Christus zur Herrlichkeit durchdringen.«[25] Wer für einige Zeit in der Seelsorge tätig war, weiß, daß es solche existentiell-christologischen Zusammenhänge sind, die für den Normalchristen (ob theologisch gebildet oder nicht) das eigentliche Bewältigungsraster für das Leid sind; theologisch-rationaler Durchdringung entziehen sie sich. Sie werden auch in einer »aufgeklärten« Welt nicht obsolet. Sie lassen sich freilich durchaus in etwa plausibel machen, wenn sie heute so weitergeführt werden[26]: Das Leiden Jesu hat seinen Sinn nicht in sich selbst, sondern Jesus geht aktiv gegen das Leiden an. Leiden darf - im Blick auf das kommende Reich Gottes - nicht sein. Jesu Auferweckung ist der Erweis der Macht Gottes, die auch der Endgültigkeit des Todes gegenübersteht. Das Leiden wird somit nicht als solches gerechtfertigt, sondern der mit Christus »Mit-Leidende« steht in Leidenssolidarität mit ihm im Wissen,

---

[23] *W. v. Loewenich* (s.o. Anm. 13), 21. Sterben und Tod Christi müssen als eigenes Sterben, als eigener Tod erfahren werden. Vgl. *P. Althaus*: Die Theologie Martin Luthers, Gütersloh ^{3}1972, 36f.

[24] In welchem Umfang die »Theologia Crucis« Luthers ihre Wurzeln auch in vorreformatorischer Theologie hat, besonders in der sogenannten »Humilitastheologie«, ist umstritten. Vgl. *H. Blaumeiser* (s.o. Anm. 20), 485 u. passim.

[25] *F. Mildenberger*: Das Leiden Christi und das Leiden des Christen, in: H. Schulze (Hrsg.): Der leidende Mensch. Beiträge zu einem unbewältigten Thema, Neukirchen-Vluyn 1974, 115-127, hier: 118; 120; 121.

[26] Beispielhaft für häufig anzutreffende Ausführungen ähnlicher Art auch im Aufsatz von Mildenberger (s.o. Anm. 25).

daß das Leiden ein Indiz ist für die Unordnung der Welt. Auch Luther weiß, daß für den Christen Tod und Leiden ihre Macht verloren haben.[27]

Damit ist jedoch noch nicht alles gesagt. Luthers Überlegungen bleiben nicht bei spirituellen Erwägungen stehen, so unbestritten deren Rang und Gewicht ist (und auch für heutige Theologie sein sollte). Schon bevor man sich mit den Quellen befaßt, darf man vermuten, daß das Thema der Leidensbewältigung bzw. der Theodizee nicht ohne den größeren Zusammenhang der *Rechtfertigung* zu denken ist.[28]

»Leyden, Leyden, Creutz, Creutz ist der Christen recht, des und keyn anders«, sagt Luther 1525.[29] Im Leiden trifft Gottes Handeln auf das Handeln des Menschen, wie es am Kreuz Christi zu erkennen ist. Luther sagt interessanterweise *nicht*, daß Leiden gewissermaßen der »Christen Teil« sei, als ob der, der leidet, sich im Blick auf Christus ausgezeichnet fühlen dürfe. Vielmehr ist das Leiden der Christen *Recht*. »Darum bekommt Leiden eine neue Qualität, ohne daß es religiös überhöht und glorifiziert würde. Ohne das Erleiden der Wirklichkeit Gottes mitten im Leid wird es kein Recht geben, jedenfalls nicht für Christen. Gottes Gerechtigkeit ist sein heilschaffendes Handeln: Gott richtet, indem er schmerzhaft scheidet zwischen dem, was Menschen haben wollen, und dem, was sie werden sollen; Gott rettet, indem er von keinem Menschen etwas verlangt, was dieser nicht zuvor von Gott empfängt.«[30] Das Leiden also ist die Kehrseite des heilsschaffenden Handelns Gottes, der in Jesus Christus des Menschen Recht schafft. Die Gerechtsprechung des Menschen, die Rechtfertigung, bedeutet für den Menschen *vita passiva*. Ein »Soli Deo gloria« ist hier letztendlich gemeint – was aber auch des Menschen *höchste Ehre* bedeutet, seine Gemeinschaft mit Gott, ja seine Vergöttlichung.[31]

Das ist letztlich auch der Sinn der früher katholischerseits so geschmähten *Passivität* der Gerechtigkeit Gottes, »die wir nur empfangen, wenn wir nichts wirken, sondern einen anderen, nämlich Gott, in uns

---

[27] Vgl. *H.-G. Fritzsche*: »... und erlöse uns von dem Übel.« Philosophie und Theologie zur »Rechtfertigung Gottes«, Stuttgart 1987, bes. 43.

[28] Dazu schon *G. Bornkamm*: Die Frage nach Gottes Gerechtigkeit. Rechtfertigung und Theodizee, in: ders.: Das Ende des Gesetzes. Paulusstudien. Gesammelte Aufsätze Bd. I, München 1965, 196-219.

[29] WA 18,310,10f. – Ich lehne mich in diesem Abschnitt an Überlegungen und Ergebnisse von *G. Sauter* an: »Leiden« und »Handeln«, in: EvTh 45 (1985) 435-458.

[30] *G. Sauter*, ebd. 438f.

[31] Für diese Aussage bei Luther führt *H. Blaumeiser* (s.o. Anm. 20, 214ff.) eine ganze Reihe von Beispielen an.

wirken lassen«[32]. Die *vita passiva* ist ein Leben unter dem und aus dem Kreuz. Der Mensch ist nicht »Täter«, sondern Werdender, und dieses Werden ist von Gott nur vor allem durch Leiden auf den Weg gebracht.[33] Katholische Theologie wird sich heute, da der Konsens in der Rechtfertigungsfrage näher gerückt ist als je, fragen müssen, ob sie das Anliegen lutherischer Rechtfertigungslehre ganz verstanden, geschweige denn aufgenommen hat. Luther hebt ja den Menschen nicht auf, sondern läßt ihn – gerade durch das Leiden im Sinne der »Theologia Crucis«, von Gott initiiert, hineinwachsen in diesen selbst. Das Leiden »vergöttlicht« den Menschen. Ist Christus der Emmanuel, als solcher aber der Leidende, so ist Gott im Leiden beim Menschen, und der passiv-leidende Mensch wird »aufgehoben« in Gott. Eine »Theologia Gloriae« vermag das freilich nicht zu erkennen, vermag letztendlich Gott nicht zu erkennen.

Gott ist ja wesentlich – und damit sind wir bei einem wichtigen Aspekt der »Theologia Crucis« – der verborgene Gott, der »Deus absconditus«.[34]

Gott verbirgt sich »sub contrario«, um den Menschen aus seiner Egozentrik zu retten. »Verkehrter Selbstbezug des Menschen und Ökonomie des Kreuzes stehen also in engstem Zusammenhang. Der Weg des Kreuzes ist die rettende Antwort Gottes auf die Perversion menschlicher Existenz. Und so ist der Weg Gottes merkwürdig gegensätzlich: Alles ist auf den Kopf gestellt, verborgen unter dem Gegenteil (*sub contrario*) – nicht aus Willkür, sondern weil der Mensch, so wie er konkret beschaffen ist, dessen absolut bedarf.«[35]

Die Rede vom »verborgenen Gott« ist als solche der durchschnittlichen katholischen Theologie nicht geläufig. Im Anschluß an Karl Rahner[36] vermag sie aber zu realisieren, daß der Mensch »beim Andern« zu sich selbst und damit auch zu Gott als dem »absoluten Geheimnis« kommt. In dem Dasein Jesu für die Armen und die Leidenden, Ohnmächtigen widerfährt Gottes Transzendenz, so wie der Gott der Bibel bei

---

32 WA 40,I,41,3.

33 Rechtfertigung als Lebensvorgang, in: EvTh 44 (1984) 315-359.

34 Auch dazu findet sich eine wertvolle, ca. 30 Titel umfassende Bibliographie bei *H. Blaumeiser* (s.o. Anm. 20), 31f. (Anm. 17). Dazu auch noch *A. Adam*: Der Begriff »Deus absconditus« bei Luther nach Herkunft und Bedeutung, in: LuJ 30 (1913) 97-106. Verf. sieht im Hintergrund v.a. Dionysius Areopagita.

35 *H. Blaumeiser* (s.o. Anm. 20), 173. Der Autor zitiert (174) zustimmend *P. Bühler*: Kreuz und Eschatologie, Tübingen 1981, hier: 222: »Das ist der letzte Grund der Verborgenheit sub contrario: Das Handeln Gottes muß dem Menschen im Widerspruch widersprechen, damit es ihn wieder in Einklang mit sich selber bringen kann.«

36 *K. Rahner*: Grundkurs des Glaubens. Einführung in den Begriff des Christentums, Freiburg 1976, 54ff.

den Armen und Unterdrückten bleibt. Eben dies ist die »Spur« des absoluten Geheimnisses.[37]

Trotz der Versuche Rahners und anderer bleibt der Begriff des Geheimnisses in der Anwendung auf Gott der Theologie noch weiter aufgegeben. Wenn die Theologie von Gott redet, so hat sie in der Tat eine Wirklichkeit vor Augen, die von menschlicher Vernunft nicht einstimmig und erschöpfend gedacht werden kann. Gott kann deshalb, so sagt es die gesamte theologische Tradition, nur in Offenbarung empfangen werden. In der gegenwärtigen, auch hinsichtlich der Erkenntnismöglichkeiten gebrochenen Situation des Menschen könnte Gott eben nicht »leicht, mit fester Sicherheit und ohne irgendeine Beimischung von Irrtum erkannt werden«[38]. Diese Position, nach der Gott in seiner Geheimnishaftigkeit kein weiteres Fragen zuläßt, wird *mutatis mutantis* im evangelischen Raum vertreten von Martin Kähler, Nathan Söderblom und Wolfgang Trillhaas. U.a. in Johannes Hessen hat sie auch einen profilierten katholischen Vertreter.[39] »Luthers Argumente in Sachen Theodizee haben nicht zuletzt gezeigt, daß auch Religion und gerade die christliche Religion es nicht übernehmen kann und darf, eine allgemein überzeugende und vernünftig begründbare Erklärung der Welt bereitzustellen. Selbst dort, wo der christliche Glaube im Widerspruch gegen das Bestehende orientierende Kraft erweist, resultiert sie doch nicht aus der Einsicht in die Stimmigkeit der erfahrenen Welt; auch wenn die Klage des angefochtenen Glaubens vor Gott zum Lob Gottes fortschreiten kann, so ist doch kein erfahrenes Leiden erklärt und aufgelöst. Nietzsche und Luther haben, wenngleich aus ganz verschiedenen Gründen, recht behalten. Sinngebung ist als ›Theodizee‹ nicht mehr möglich.«[40]

Trotzdem greift die theologische Vernunft aus nach diesem sie grundsätzlich transzendierenden Gott. Insofern aber im Sohn der Vater erscheint und menschlich zugänglich wird, ist der Gegensatz zwischen dem »Deus absconditus« und dem »Deus accessibilis« menschlich vermittelt. Ist aber das Kreuz der Ort, wo Jesus von Nazareth die bedingungslose Liebe Gottes in Konzentration und Vollendung sichtbar

---

[37] Vgl. ausführlicher bei *Th. Freyer*: Gott als »Geheimnis«? Zu einem theologischen Schlüsselbegriff, in: ThGl 86 (1996) 325-342.

[38] Vatikanum I: De fide catholica, 29; vgl. Vatikanum II: Dei Verbum, 6.

[39] Es sind »die menschlichen Versuche, Gott wegen des Weltübels zu rechtfertigen, zum Scheitern verurteilt. Der Mensch kann Gott nicht rechtfertigen, weil er Mensch, d.h. ein endliches Wesen ist. Um Gott und sein Werk begreifen und beurteilen zu können, müßte er selber Gott sein. Als der schlechthin Unbegreifliche macht Gott alle menschliche Theodizee zuschanden.« (Religionsphilosophie II, Essen-Freiburg/Br. 1948, 259.)

[40] *W. Sparn*: Leiden – Erfahrung und Denken (s.o. Anm. 1), 247.

macht, dann erhält der Gedanke des Geheimnisses Gottes eine christologisch-soteriologische Konnotation, ohne damit seine grundsätzlich unerschöpfliche und unabschließbare Dimension zu verlieren. Immerhin wird man sagen dürfen: »Jesus Christus [ist] die Lösung der dialektischen Gottesfrage im philosophischen wie im theologischen Sinn.«[41]

4. Gott und Mensch

Bevor wir unsere Ausführungen zu einem weiteren Aspekt hinüberleiten, sei noch auf einige Eigenarten des *Gottesverständnisses* von Luther hingewiesen.

Gott ist in seinem Wirken nicht nur *incomprehensibilis et inaccessibilis*. In Aussagen, die an die Mystik und an Ockham erinnern[42], vertritt Luther die These, daß Gottes allmächtiger Wille *grundlos* sei. Gott selbst ist die Regel von allem, er steht - recht verstanden - jenseits von dem, was wir Menschen Gut und Böse nennen (wobei die Spitze gegen die aristotelische bzw. naturrechtliche Ethik freilich deutlich ist). Jedoch bleibt dieses nicht das letzte Wort, sondern wird - wie im Rahmen der bekannten Dialektik lutherischen Denkens zu erwarten - durch eine andere Perspektive ergänzt: »Gut ist das, was von Gott gewollt ist und selbst Gott will, böse ist das, was diese Beziehung zu Gott durch Abfall zur Kreatur, und das heißt letztlich zum Ich, nicht gewinnt. Gott selbst aber will, daß das Böse in diesem Sinn des kreatürlichen Nicht-Gott-Wollens sei, aber das Böse, das er will, ist eben dadurch im höchsten Sinn wieder nichts Böses mehr.«[43]

Das gilt im übertragenen Sinn auch für das, was die Tradition »malum physicum« nennt. Weil dieser »verborgene« Gott gleichwohl der am Kreuz geoffenbarte ist, ist er der, der den Menschen schlägt und zerbricht, um ihn so zum Heil zu führen. »Wir müssen es als Leiden, als Tod, als Sinnlosigkeit erfahren, wenn der gnädige Gott als der verborgene in Aktion tritt und Freude, Leben und Sinn schenkt.«[44] So ist es eben durch das Kreuz erwiesen: Gottes Majestät siegt in der Vernichtung am Kreuz. Es gilt aber auch für das »malum morale«, das Sündige. Man hat

---

[41] *G. Keil*: Glaubenslehre. Grundzüge christlicher Dogmatik, Stuttgart 1986, 190.

[42] Zum folgenden: *E. Seeberg*: Luthers Theologie. Motive und Ideen. I. Die Gottesanschauung, Göttingen 1929, bes. 140ff.

[43] *E. Seeberg*, ebd. 177.

[44] *H. Rückert*: Luthers Anschauung von der Verborgenheit Gottes, in: ders.: Vorträge und Aufsätze zur historischen Theologie, Tübingen 1972, 96-107, hier: 102.

aufgrund mehrerer Aussagen Luthers den Eindruck, daß Gott die Sünde nicht nur zuläßt, sondern sogar befiehlt.[45] Indem Gott nicht nur zuläßt, sondern befiehlt, daß der Teufel die Menschen versucht und sich zugleich vom Menschen zurückzieht, erscheint er als »Urheber« der Sünder. Dies direkt zu behaupten, widerstrebt Luther aber doch: Er mildert die Aussage durch den Gedanken ab, daß Gott das Böse an sich nicht direkt wolle, sondern es befehle, um so seine Ehre in der Welt durchsetzen zu können. Durch seine eigenen Argumentationen in die Enge getrieben, verweist Luther zuletzt immer wieder auf das paulinische Bild vom Ton und Töpfer. »Wir sind wirklich nur wie Mücken und Puppen, und wir bekommen unseren positiven oder negativen Wert dadurch, daß Gott und Satan uns zu Organen und Instrumenten ihres jenseitigen und sich bekämpfenden Willen machen.«[46] Dies müßte dann noch hinsichtlich der Probleme von Prädestination und Reprobation bei Luther weiter geklärt werden. Aber auch hier bleibt bei aller Grundtendenz, Gott die alleinige »Vorherrschaft« von Gnade und Sünde zuzuschreiben, wiederum als Grenze die Aussage stehen: »Nullus coacte et invite est in peccato«[47]. Der freie Wille bei Luther - also doch ein Name ohne zugrundeliegende Realität, wie Trient die reformatorische Position meinte interpretieren zu müssen? Dieser Frage kann hier nicht weiter nachgegangen werden, jedoch ist mindestens (historisch) die Nähe zum Ordensvater Augustinus unübersehbar, und auch nicht das Grundanliegen Luthers, Gottes Majestät die Ehre zu geben. Ein evangelischer Theologe interpretiert diese Position Luthers (im praktischen Transfer) so: »Wer bist du denn, daß du nach menschlichen Maßstäben, ja nicht einmal nach allgemein-menschlichen, sondern nach höchst subjektiven Maßstäben Gott beurteilen willst? Könnte es nicht sein, daß deine Maßstäbe für Gut und Böse einer Revision bedürfen? Damit wird freilich bereits auf den Deus ipse, der uns doch verborgen ist, abgehoben. Offenbar ist uns der gute Gott - freilich offenbar nur durch die Botschaft dessen, der gekreuzigt wurde, offenbar also ebenfalls nur indirekt, ›sub contrario‹, nur durch das Wort, das das Kreuz als etwas Gutes interpretiert.«[48] Hierin sieht Dietrich Stollberg wichtige Anstöße für heutige Seelsorge (»Heutige Seelsorge im Zentrum der Verborgenheit Gottes«[49]).

---

[45] Dazu, auch was die Stellen bei Luther angeht, *E. Seeberg* (s.o. Anm. 39), 159ff.

[46] *E. Seeberg* (s.o. Anm. 39), 172.

[47] Röm II, 213, 5, zit. nach: *E. Seeberg* (s.o. Anm. 39), 168.

[48] *D. Stollberg*: Deus absconditus - Der ent-täuschende Gott. Über die Relevanz der Rede Luthers vom verborgenen Gott für die Seelsorge, in: PTh 73 (1984) 455-469, hier: 461.

[49] Ebd.

Nimmt man die sicher beeindruckende Theo-logie Luthers zur Kenntnis, so fällt - trotz der christologischen Zuspitzung - freilich auf, daß der trinitarische Gott kaum eine Rolle spielt. Gerade »De servo arbitrio«, wo sich Luther am deutlichsten zum Theodizeeproblem äußert, »ist gegen die Erhebung einer Trinitätslehre bekanntlich spröde«[50] und allgemein gilt von Luther: »Seine Trinitätslehre ist in sich eigentümlich unausgeführt«[51]. Damit sind auch Grenzen von Luthers »Theodizeeversuchen« bezeichnet. Es führt von ihm in diesem Punkt kaum ein direkter Weg zu solchen Optionen in der Gegenwart.

5. Konkretisierungen

Es legt sich natürlich nahe (wie schon oben angedeutet), den Schlüssel zur Theodizeefrage bei Luther auch in der Rechtfertigung zu sehen.[52] Das zeigt sich dort, wo die Theodizeefrage besonders relevant wird, bei der Interpretation der Geschichte. »Seine Geschichtsdeutung ist nichts anderes als das Geltendmachen des Rechtfertigungsbekenntnisses in der konkreten geschichtlichen Situation. Jede Aussage, die er über die Geschichte macht, ist transparent für das ›simul iustus et peccator‹ der Rechtfertigung«[53]. Damit ist Theodizee bei Luther gerade *nicht* die Rechtfertigung der Wege Gottes vor den Menschen, wie Hegel definierte, sondern genau umgekehrt: Luther stellt nicht die Frage der Rechtfertigung Gottes vor dem Menschen, sondern es geht um die rechte Stellung des Menschen vor Gott.

Deshalb gibt es in menschlicher Sicht eine Regellosigkeit der Geschichte, was damit zusammenhängt, daß in der Geschichte der lebendig-personale Wille Gottes am Werk ist. So kann Luther je ähnliche Ereignisse der Geschichte je unterschiedlich deuten. Entscheidend ist, daß Gott es in ihr und mit ihr »recht« macht. »Gott ist Gott, und Mensch ist Mensch, und Gott hat auf alle Fälle immer recht, und der Mensch auf alle Fälle immer unrecht.«[54] Die Antwort auf die Frage, warum Gott

---

50 *K. Schwarzwäller*: Theologia Crucis. Luthers Lehre von Prädestination nach De servo arbitrio, 1525, München 1970, 201.

51 Ebd.

52 Dieser Aspekt wird für die heutige evangelische Theologie sehr dezidiert herausgearbeitet von *Gerold Graf* in seiner Arbeit: Gott dennoch Recht geben. Die Theodizeefrage als ein entscheidendes Problem - besonders bei Luther, Bultmann und Sölle, Frankfurt/M. 1983 (= Europäische Hochschulschriften, R. 23, 219).

53 Ebd. 196.

54 *H. Zahrnt* (s.o. Anm. 16), 186.

einmal so handelt und einmal anders, lautet bei Luther: »sed Deus ita constituit«[55].

6. Ekklesiologische Transformation

Das Theodizeeproblem hat für Luther nicht nur eine theologisch-christologische bzw. individuelle Seite, sondern ist auch *ekklesiologisch* strukturiert. Es kann hier nicht darum gehen, den ganzen Komplex der Ekklesiologie Luthers ins Auge zu fassen.[56] Für das folgende ist zunächst nur wichtig, daß gerade der ältere Luther bedacht ist, *einerseits* die Gemeinden aus der Reformation als Kirche Jesu Christi auszuweisen und deshalb auf der Linie der traditionellen Ekklesiologie von »notae Ecclesiae« zu reden (äußere Kennzeichen der Kirche Christi, wodurch sie auffindbar, unterscheidbar wird). *Andererseits* verläßt er die traditionellen Pfade, versucht, Wesensaussagen über die Kirche und Aussagen über die empirisch greifbaren Wesensäußerungen miteinander, sozusagen in einer einzigen Perspektive, zu begreifen.[57] Vor allem in der Schrift »Wider Hans Worst« (1541) möchte er zeigen, daß die »alte« Kirche - die Kirche Roms - trotz ihres Alters zu unrecht den Anspruch erhebt, Kirche Christi zu sein. Statt dessen lautet seine Herausforderung: »Wie aber, wenn ich beweiset, das wir bey der rechten alten Kirchen blieben, ja das wir die rechte alte Kirche sind, jr aber von uns, das ist, von der alten Kirchen abtrunnig worden, ein newe Kirchen angericht habt wider die alte Kirche.«[58] So kommt zwangsläufig die Frage nach den »notae« ins Spiel. Ist das Wesen der Kirche engstens verknüpft mit dem Wort Gottes (die Kirche ist »creatura Verbi«; »tota vita et substantia Ecclesiae«). Gott ist es, der sich in seinem Wort bekannt macht. Aber, wir sahen es bereits, auch der im Wort sich offenbarende und offenbare Gott bleibt der verhüllte Gott, der »sub contrario« handelt. Da die Kirche ihr Wesen aus der Gestalt des Wortes erhält, hat sie teil an dem verhüllten Charakter der gesamten Offenbarung, speziell an der inkarnatorisch-staurologischen Verhüllung Christi. Näherhin besteht die Verborgenheit der Kirche einerseits

---

[55] WATr 2, Nr. 2271 b.

[56] Literatur dazu bei *B. Lohse* (s.o. Anm. 6), 206f.

[57] Zum folgenden u.a. *W. Höhne*: Luthers Anschauungen über die Kontinuität der Kirche, Berlin-Hamburg 1963; *F.W. Kantzenbach*: Strukturen in der Ekklesiologie des älteren Luther, in: LuJ 35 (1968) 48-77.

[58] WA 51,478f.

hinsichtlich ihres wahren Hauptes und Inhaltes, Christus: Ihm in seiner Kreuzgestalt ist die Kirche gleichförmig, ist daher ihrem eigentlichen Wesen nach verhüllt, ohnmächtig, verkannt, verfolgt, steht unter dem Zeichen des Kreuzes.[59]

Andererseits steht die Verborgenheit der Kirche auch hinsichtlich ihrer Glieder: »abscondita est Ecclesia, latent sancti.«[60] Daher sind Verfolgung und Leiden, ist das Kreuz geradezu Kennzeichen der Kirche. In Christus, dem Herrn der Kirche, ist Gott verborgen - ihm, dem Gekreuzigten, muß die Kirche gleichförmig sein. An den Gliedern der Kirche kann man keineswegs erkennen, daß sie die Geretteten und von Gott Geheiligten sind. Sie erscheinen - im Gegenteil - als Leidende, Unterdrückte, Verfolgte. Wenn Luther nicht nur drei »notae« aufführt (Wortverkündigung, Taufe, Abendmahl), sondern sogar sieben (die ersten sechs: Wortverkündigung, Taufe, Abendmahl, Schlüsselgewalt, Berufung ins Amt, Gott loben und danken), so gehört auf jeden Fall dazu das »Heilthum des Heiligen Creutzes, däs es [die Kirche] mus alles unglück und verfolgung, allerley anfechtung und ubel (wie das Vater unser betet) vom Teufel, welt und fleisch, inwendig trauren, blöde sein, erschrecken, auswendig arm, veracht, kranck, schwach sein, leiden, damit es seinem Heubt Christo gleich werde«[61].

Gewiß wäre es theologiegeschichtlich reizvoll, dem Theologoumenon von der besonderen Dignität der »Ecclesiae pressa« im einzelnen nachzugehen bzw. die Spur von der Deutung des Kreuzes/des Leidens als »notae Ecclesiae« nach rückwärts zu verfolgen. In der nachtridentinischen Theologie ist dafür kein Platz. Dem Zweiten Vatikanum ist es vorbehalten, Kreuz, Verfolgung und Leiden als Signatur der Kirche Christi auszusagen: »Wie aber Christus das Werk der Erlösung in Armut und Verfolgung vollbrachte, so ist auch die Kirche berufen, den gleichen Weg einzuschlagen [...]. Die Kirche schreitet zwischen den Verfolgungen der Welt und den Tröstungen Gottes auf ihrem Pilgerweg dahin und verkündet das Kreuz und den Tod des Herrn, bis er wiederkommt [...]« (LG I,8).

Was hier aber eher thesenhaft ausgesagt wird, erfährt theologische Profilierung und Befreiung in der südamerikanischen Theologie der Befreiung, der unter diesem Aspekt (Leiden als Kennzeichen der Kirche

---

[59] »Deus enim ita abscondit et obruit eam infirmitatibus, peccatis et erroribus, variis formis Crucis et scandalis, ut secundum sensum nusquam appareat.« (WA 40,2,106)

[60] WA 18,652,23.

[61] WA 50,641f.

Christi) eine Affinität zum Denken Luthers eignet, und die damit auch wichtige Impulse zur Bewältigung der Theodizeeproblematik bereithält.

Die Theologie der Befreiung möchte sehr wohl auch Kreuzestheologie sein[62], ausgehend von Leben und Passion Jesu und hinzielend auf Solidarität mit den Leidenden in dieser Welt. Obwohl die Theologie der Befreiung in besonderem Maß kontextuelle Theologie ist, ist sie jedoch anregender für *jede* Theologie, als sie in vielen ihrer wichtigsten Repräsentanten (J.L. Segundo, L. Boff, J. Sobrino, C. Mesters, G. Gutiérrez u.a.) eine Korrelation herausarbeitet zwischen dem gekreuzigten Jesus und der leidenden Menschheit, in dem sie durch Erinnerung an Passion, Tod und Auferstehung eine Theologie von Sünde bzw. von Befreiung zu entwickeln vermag und die Kirche als Gemeinschaft von solidarischen und verantwortlichen Subjekten zur unbedingten Solidarität inspiriert, ja Kirche geradezu von daher definiert. Durch christliche Solidarität gelangt man zum befreienden und erlösenden Wort vom Kreuz. Christlich-kirchliche Solidarität ist notwendig *kenotische* Solidarität, weshalb Kenose zum Wesen christlicher Gemeinschaft gehört. Das Martyrium wird zum Höchstfall kirchlicher Kreuzesgestalt.[63] Daß die Option für die Armen, die zu solchen Ortsbestimmungen führt, keineswegs nur eine Angelegenheit der lateinamerikanischen Kirchen ist, sondern zum Wesen der Kirche Jesu Christi gehört, hat u.a. M. Kehl eindrucksvoll in seiner Ekklesiologie gezeigt.[64] – Kehren wir in diesem ekklesiologischen Zusammenhang noch einmal unmittelbar zurück zu Luther!

Bekanntlich sieht Luther in der Wortverkündigung sowie in Taufe und Abendmahl die Vergewisserung der »Promissio« im Zeichen, dessen Grundgestalt Christus selber ist. Das Werk Gottes, das den Menschen

---

[62] Die vielen Aspekte zu diesem Thema in der Befreiungstheologie sind jetzt übersichtlich zusammengefaßt von *J.J. Limón* im Beitrag: Leiden und Tod, Kreuz und Martyrium, in: J. Ellacuría/J. Sobrino (Hrsg.): Mysterium Liberationis. Grundbegriffe der Theologie der Befreiung, Bd. 2, Luzern 1996, 1115-1131.

[63] »Die christliche Solidarität ist notwendigerweise, wenn auch in verschiedenen Stadien, eine wirklich verändernde, ›inkarnatorische‹ und ›kenotische‹ Solidarität. Dies ist ein entscheidendes historisch-praktisches Kennzeichen christlicher Solidarität, durch welches diese zum Dreh- und Angelpunkt einer Befreiungstheologie des Kreuzes wird. Denn es hat die christliche Solidarität ebensosehr mit der Geschichte des Leidens unter gesellschaftlicher Unterdrückung zu tun wie mit dem Leiden unter Endlichkeit und Schuld; sie setzt die verschiedenen Arten von Leiden [...] gemäß dem Modell der Solidarität des Gottesreiches in der Nachfolge Jesu miteinander in Beziehung. Dank jenem Kennzeichen ist sie bleibend geprägt von der Bedingungslosigkeit der *agape* und der verantwortlichen, mutigen und schöpferischen Suche nach der *koinonia*« (ebd. 1120f.) »Das Martyrium um der Solidarität des Reiches willen ist die Höchstgestalt des christologischen Zeugnisses [...]« (ebd. 1129).

[64] Vgl. *M. Kehl*: Die Kirche. Eine katholische Ekklesiologie, Würzburg 1992.

von sich selbst befreit, geschieht in Wort und Sakrament. Hier bringt der Mensch nichts mehr von sich selbst ein (also kein »opus operatum«), sondern läßt Gott, der sich im *Christus praedicatus* offenbart, ganz und gar wirken. Deshalb ist der *Gottesdienst der Kirche* der eigentliche Ort christlichen Umgangs mit dem Leiden. »Im Wort, das auch als Gerichtswort nicht ohne Verheißung ist, erschafft uns Gott neu. In Christus sagt sich Gott den Menschen zu, und seine Zusage läßt sich verdichtet im Herrenmahl hören und schmecken.

Herr des Mahles ist der Gekreuzigte. Er hat ›den Tod geschmeckt‹, erzählt ihn und hat als Lebendiger das endgültige Wort eben kraft seines Todes. So sind aus der Mitte des Lebens, wie sie im Gemeinschaftsmahl wahrgenommen wird, Leiden und Tod nicht ausgeschlossen. Sie sind in das tägliche Brot eingeschlossen. Daher weckt das Gabewort des Mahles und jeder anderen Predigt die ›Eucharistie‹: den Dank und die Freude.«[65]

Gottes Handeln erschließt sich überhaupt nicht direkt. Ist es nicht der Gottesdienst der Gemeinde, wo Gottes Handeln zugänglich wird, so ist es doch immer das Gebet, bzw. die Wirkung des Gebetes ist es, Geschichte deuten, Gottes Handeln an und im Menschen bzw. an und in der Menschheit ausdeuten zu können.

7. Hinweise zum Verhältnis von Vernunft und Glaube bei Luther

Hat Luther mit seiner Position in der Theodizeefrage nicht sozusagen die Vernunft aus dem Glauben hinauskatapultiert? Hat er damit nicht zugleich auch die Philosophie aus der Theologie verabschiedet?[66] In der Tat verweist Luther oft auf die Blindheit der Ratio; »Philosophieren« und »Süchwätzen« sind für ihn Synonyma.[67] Freilich ist dabei zu beachten, daß Luther einen engen Zusammenhang sieht zwischen Ratio und Voluntas. Die Vernunft, wie sie den Menschen vom Schöpfer geschenkt ist, könnte eine gewisse Gotteserkenntnis haben. Durch den Fall ist sie jedoch pervertiert. In der Erkenntnis sucht nunmehr der Mensch sich selbst, sucht sich als den sich selber Wollenden. Der

---

[65] *U. Bayer*: Glaube im Rechtsstreit mit Gott. Die Wunde der Theodizee, in: EvKomm 16 (1983) 629f., hier: 630. Ähnlich *W. Brändle*: Thesen zu einer »Theologischen Theodizee«, in: W. Oelmüller (Hrsg.): Worüber man nicht schweigen kann. Neue Diskussionen zur Theodizeefrage, München 1992, 203-208.

[66] Dazu im folgenden *B. Lohse*: Ratio und Fides. Eine Untersuchung über die Ratio in der Theologie Luthers, Göttingen 1958; *E. Schlink*: Weisheit und Torheit, in KuD 1 (1955) 1-22.

[67] Vgl. *B. Lohse*, ebd. 25f.; 32ff. (Belege).

Erkenntnisakt wird vom Willen qualifiziert. So ist also die Ratio des sündigen Menschen blind und mit Schuld beladen. Sie kann aus eigenen Kräften nicht zu Gott kommen, denn der sündige Mensch will das ja eigentlich gar nicht. Von daher kommt der sündige Mensch nur zu Torheiten. Er möchte, durchaus im Sinn des göttlichen Schöpfungswillens, von der Erfahrung der Welt transzendierend aufsteigen zu Gott (Röm 1), bleibt aber auch hier blind, ja, statt Gott die Ehre zu geben, gerät er noch tiefer in die Sünde.

In der Rechtfertigung geht es darum, daß der Selbstbezug (Egoismus) des Menschen zerbrochen wird. Von Gott ergriffen, wird die Vernunft neu geschaffen, der so wiedergeborene Mensch versteht sich ganz von Gott her. Sie ist gefangen im Gehorsam Christi (»captivatio in obsequium Christi«).[68] Die so erneuerte Vernunft meint die Ratio, »die nicht mehr vom Ichwillen des Menschen bestimmt, sondern im Gehorsam Christi zu ihrer echten Natürlichkeit befreit ist«[69]. Die Vernunft kann also Wert, Funktionen und Besonderheit der irdischen Dinge »autonom« erkennen, beurteilen und einordnen. Sie vermag auch der Theologie gewisse Dienste zu leisten (gewisse Prämissen liefern, bei der Auslegung der Schrift behilflich sein usw.). Doch dies kann nur in dem Maße geschehen, als dieser Vernunft die Weisheit Gottes widerfährt. Die von der Vernunft dann entwickelte Philosophie wird »wahre« Philosophie. »Die Vernunft vermag Gott nicht zu erkennen, aber der Glaube an den gekreuzigten Christus befreit die Vernunft zum rechten Erkennen der Welt«[70] - und zum uneigennützigen Dienst am Glauben, wird man ergänzen dürfen. Diese Aktualisierung der Vernunft ist, christlich gesprochen, durch und durch von Liebe geprägt. Sie hat eine teleologisch-eschatologische Perspektive, die das Wohl des Menschen und der Menschheit und die Vollendung bei (durch) Gott im Auge hat.

Übertragen auf das Theodizeeproblem bedeutet dies: Die (natürliche) Vernunft kann »nicht verstehen, warum es den Christen oft schlecht geht und Gott sie doch nicht verlassen hat. Die *infirmitas carnis in piis* verletzt die Vernunft, weil sie meint, mit dem Glauben müsse sogleich das ganze Leben verändert sein, und sie darum Gottes Handeln nicht versteht. Jede Anfechtung ist ihr ein Ärgernis.«[71] »Si igitur possem ulla ratione comprehendere, quomodo is Deus sit misericors et iustus, qui

---

[68] Ebd. 105f.

[69] Ebd. 113. Diese Vernunft ist dann in weltlichen Dingen durchaus letzte und höchste Autorität.

[70] *E. Schlink* (s.o. Anm. 63), 19.

[71] *B. Lohse* (s.o. Anm. 63), 97 (Belege).

tantum iram et iniquitatem ostendit, non esset opus fide. Nunc cum id comprehendi non potest, fit locus exercendae fidei, [...]«[72] Die in die Kreuzestheologie eingetauchte Vernunft ist für den Glauben offen, der weiß, daß Gott im Leiden sein tiefstes Wesen offenbart. Mit einem evangelischen Theologen der Gegenwart gesagt: »Das Kreuz Christi gilt für den christlichen Glauben als der Ort der tiefsten Erniedrigung Gottes und gerade so als der Ort, an dem Gott sein Herz enthüllt. Anders gesagt: Das Leiden Jesu Christi ist der Ort der Selbstoffenbarung Gottes.«[73] Die vom Glauben an die Kraft des Kreuzes getragene Vernunft – und nur sie – ist offen für Verheißungen über den Tod hinaus.[74]

»Crux probat omnia«. Auch das Rätsel des Todes, das den Menschen bedrückt, erhält dort, im Kreuz, seine Aufhellung, weil das Kreuz höchste Manifestation göttlicher Liebe ist. »Wer das Theodizeeproblem nicht im Horizont der theologia crucis reflektiert, der bedenkt es jedenfalls nicht im Kontext des christlichen Glaubens. Vom Kreuz Christi her tut sich auf eine durchaus geheimnisvolle Weise ein Zusammenhang von Leiden und Liebe auf, der das Tragfähigste sein könnte, was in diesem Zusammenhang überhaupt zu sagen ist.«[75]

Der Status eines staurologisch gedeuteten Vernunftvermögens ist jedenfalls in der Theologie insgesamt wenig, in der katholischen fast überhaupt nicht erwogen worden, weil hier lange Zeit die verhängnisvolle Zweipoligkeit »Natur – Gnade« bzw. »Glaube – Vernunft« vorherrschend war.

8. Was bleibt?

Gewiß bleibt aus dem Ansatz Luthers die kompromißlose Konzentration auf das *Kreuz* als »Prüfstein« auch für jede theologische Antwort auf die Theodizeefrage. Es bleibt die epistemologische Ausrichtung auf das *Wort vom Kreuz*, d.h. die in der Hl. Schrift grundlegende Verkündigung (Primat des »verbum externum«). Es bleibt (damit) aber auch eine gewisse Dissonanz zwischen Offenbarung und Erfahrung, die von Luther letztlich »nur« spirituell eingeholt wird. Theologen, die sich der

[72] WA 18,551,633.

[73] *W. Härle*: Leiden als Fels des Atheismus? Analyse und Reflexionen zum Philosophiegespräch in »Dantons Tod«, in: ders. (Hrsg.): Unsere Welt – Gottes Schöpfung. FS E. Wölfel, Marburg 1992, 127-143, hier: 142.

[74] »Ohne Eschatologie gibt es keine Theodizee.« (*W. Härle*, ebd. 143.)

[75] Ebd. 142.

Reformation (lutherischer wie reformatorischer Prägung) verpflichtet fühlen, haben das Theodizeeproblem weiter bedacht: Dietrich Bonhoeffer und Heinrich Bornkamm, Paul Tillich und Rudolf Bultmann, Helmut Gollwitzer und Dorothee Sölle. Sich mit Vertretern katholischer Theologie hinsichtlich der Theodizeefrage ins Gespräch zu bringen, wäre sicher nicht der nebensächlichste Versuch vertiefter Ökumene, weil gerade in dieser Thematik unausgesprochene Grundoptionen und Voraussetzungen, die weiter nicht begründet werden, im Spiel sind.

Personenregister

Autorenverzeichnis

Neuhaus, Gerd, Dr. theol., Privatdozent für Fundamentaltheologie an der Katholisch-Theologischen Fakultät der Ruhr-Universität Bochum; Fachleiter für Katholische Religionslehre am Studienseminar Oberhausen; Studiendirektor am Abtei-Gymnasium in Duisburg.

Menke, Karl-Heinz, Dr. theol., Professor Dogmatik und Theologische Propädeutik an der Katholisch-Theologischen Fakultät der Universität Bonn.

Striet, Magnus, Wissenschaftlicher Mitarbieter am Seminar für Dogmatik und Dogmengeschichte der Katholisch-Theologischen Fakultät der Westfälischen Wilhelms-Universität Münster.

Wagner, Harald, Dr. theol., Professor für Dogmatik und Dogmengeschichte der Katholisch-Theologischen Fakultät der Westfälischen Wilhelms-Universität Münster; Mitarbeiter am Johann-Adam-Möhler-Institut in Paderborn.

QUAESTIONES DISPUTATAE

127 **Die größere Hoffnung der Christen.** Eschatologische Vorstellungen im Wandel
W. Berg, A. Gerhards (Hg.), M. Kehl, H. Kramer, G. Lange, G. B. Langemeyer, H. J. Pottmeyer, A. Sand, R. Schaeffler 184 Seiten. ISBN 3-451-02127-7

128 **Glauben durch Lesen?** Für eine christliche Lesekultur
R. Lettmann, P. Deselaers, F. Furger, A. Kallis, K. Kertelge, A.-Th. Khoury (Hg.), H. Lichtenberger, L. Muth (Hg.), K. Richter, H. Vorgrimler
152 Seiten. ISBN 3-451-02128-5

129 **Offenbarungsanspruch und fundamentalistische Versuchung**
I. Broer, Joh. Maier, M. Peek-Horn, H. R. Seliger, J. Werbick (Hg.), H. Zirker
248 Seiten. ISBN 3-451-02129-3

130 **Ingolf U. Dalferth, Kombinatorische Theologie**
Probleme theologischer Rationalität 159 Seiten. ISBN 3-451- 02130-7

131 **Glaube als Zustimmung.** Zur Interpretation kirchlicher Rezeptionsvorgänge
W. Beinert (Hg.), F. Ochmann, H. J. Pottmeyer, K. Schatz
168 Seiten. ISBN 3-451-02131-5

132 **Gemeinsame Liturgie in getrennten Kirchen?**
A. Hänggi, S. Kraft, Th. Müller, K. Schlemmer (Hg.), u. a.
136 Seiten. ISBN 3-451-02132-3

133 **Wie geschieht Tradition?** Überlieferung im Lebensprozeß der Kirche
D. Wiederkehr (Hg.) 192 Seiten. ISBN 3-451-02133-1

134 **Othmar Kehl / Christoph Uhlinger, Göttinnen, Götter und Gottessymbole**
Neue Erkenntnisse zur Religionsgeschichte Kanaans und Israels aufgrund bisher unerschlossener ikonographischer Quellen 528 Seiten. ISBN 3-451-02134-X

135 **Der eine Gott und die Göttin**
Alttestamentliche Gottesvorstellungen im Horizont feministischer Theologie
G. Braulik, H.-W. Jüngling, S. Schroer, H. Schüngel-Straumann, G. Vanoni, M.-T. Wakker (Hg.), E. Zenger (Hg.) 192 Seiten. ISBN 3-451-02135-8

136 **Soziales Denken in einer zerrissenen Welt**
Anstöße der katholischen Soziallehre in Europa
W. Kerber und J. Müller (Hgg.) 240 Seiten. ISBN 3-451-02136-6

137 **Christoph Dohmen / Manfred Oeming, Biblischer Kanon – warum und wozu?**
144 Seiten. ISBN 3-451-02137-4

138 **Monotheismus und Christologie**
Die Gottesfrage im hellenistischen Judentum und Urchristentum
J. Gnilka, P. Hofrichter, R. Hoppe, H.-J. Klauck (Hg.), M. Küchler, K. Löning, G. Sellin, M. Theobald 232 Seiten. ISBN 3-451-02138-2

139 **Edmund Arens, Christopraxis.** Grundzüge theologischer Handlungstheorie
176 Seiten. ISBN 3-451-02139-0

140 **Neue Formen der Schriftauslegung?**
Ch. Dohmen, Ch. Jacobs, Th. Söding, Th. Sternberg (Hg.)
168 Seiten. ISBN 3-451-02140-4

141 **Karl Gabriel, Christentum zwischen Tradition und Postmoderne**
224 Seiten. ISBN 3-451-02141-2

142 **Ingolf U. Dalferth, Jenseits von Mythos und Logos**
Die christologische Transformation der Theologie 318 Seiten. ISBN 3-451-02142-0

143 **Der einzige Weg zum Heil?** Die Herausforderung des christlichen Absolutheitsanspruchs durch pluralistische Religionstheologien.
M. von Brück und J. Werbick (Hgg.) 208 Seiten. ISBN 3-451-02143-9

144 **Das neue Europa.** Herausforderung für die Kirche und Theologie
P. Hünermann (Hg.) 128 Seiten. ISBN 3-451-02144-7

145 Hans-Joachim Schulz, Die apostolische Herkunft der Evangelien
416 Seiten. ISBN 3-451-02145-5

146 Der neue Bund im Alten. Zur Bundestheologie der beiden Testamente
E. Zenger (Hg.) 216 Seiten. ISBN 3-451-02146-3

147 Den Glauben denken. Neue Weg der Fundamentaltheologie
Heinrich Döring, Armin Kreiner, Perry Schmidt-Leukel
224 Seiten. ISBN 3-451-02147-1

148 Paul Josef Cordes, Communio, Utopie oder Programm?
184 Seiten. ISBN 3-451-02148-X

149 Philipp Schmitz, Wohin treibt die Politik? Über die Notwendigkeit von Ethik
280 Seiten. ISBN 3-451-02149-8

150 Weltgericht und Weltvollendung. Zukunftsbilder im Neuen Testament
H.-J. Klauck (Hg.) 268 Seiten. ISBN 3-451-02150-1

151 Der Glaubenssinn des Gottesvolkes – Konkurrent oder Partner des Lehramts?
Dietrich Wiederkehr (Hg.) 216 Seiten. ISBN 3-451-02151-X

153 Moraltheologie im Abseits? Antwort auf die Enzyklika »Veritatis splendor«
Dietmar Mieth (Hg.) 320 Seiten. ISBN 3-451-02153-6

154 Hans-Joachim Höhn, Gegen-Mythen
Religionsproduktive Tendenzen der Gegenwart 152 Seiten. ISBN 3-451-02154-4

155 Osterglaube ohne Auferstehung? Diskussion mit Gerd Lüdemann
Hansjürgen Verweyen (Hg.) 144 Seiten. ISBN 3-451-02155-2

156 Anerkennung der Anderen.
Eine theologische Grunddimension interkultureller Kommunikation
Edmund Arens (Hg.) 208 Seiten. ISBN 3-451-02156-0

157 Geschieden – Wiederverheiratet – Abgewiesen? Antworten der Theologie
Theodor Schneider (Hg.) 448 Seiten. ISBN 3-451-02157-9

158 Bertram Stubenrauch, Dialogisches Dogma. Der christliche Auftrag zur interreligiösen Begegnung 264 Seiten. ISBN 3-451-02158-7

159 Christologie der Liturgie
Der Gottesdienst der Kirche – Christusbekenntnis und Sinaibund
K. Richter und B. Kranemann (Hgg.) 304 Seiten. ISBN 3-451-02159-5

160 Christus allein? Der Streit um die pluralistische Religionstheologie
R. Schwager (Hg.) 208 Seiten. ISBN 3-451-02160-9

161 Sünde und Erlösung im Neuen Testament
H. Frankemölle (Hg.) 224 Seiten. ISBN 3-451-02161-7

162 Das Kreuz im Widerspruch. Der Kruzifix-Beschluß des Bundesverfassungsgerichts in der Kontroverse 160 Seiten. ISBN 3-451-02162-5

163 Hans-Joachim Schulz, Bekenntnis statt Dogma. Kriterien der Verbindlichkeit kirchlicher Lehre 424 Seiten. ISBN 3-451-02163-3

164 Philipp Schmitz, Forschritt ohne Wachstum?
Christliche Ethik und technische Allmacht 256 Seiten. ISBN 3-451-02164-1

165 Gott – ein Fremder in unserem Haus? Die Zukunft des Glaubens in Europa
P. Hünermann (Hg.) 224 Seiten. ISBN 3-451-02165-X

166 Dialog als Selbstvollzug der Kirche?
G. Fürst (Hg.) 344 Seiten. ISBN 3-451-02166-8

167 Gott – mehr als Ethik? Der Streit um LER und Religionsunterricht
A. Biesinger und J. Hänle (Hgg.) 188 Seiten. ISBN 3-451-021167-6

168 Armin Kreiner, Gott im Leid
Zur Stichhaltigkeit der Theodizee-Argumente 432 Seiten. ISBN 3-451-0268-4

HERDER FREIBURG · BASEL · WIEN